“十三五”职业教育国家规划教材
“课程思政”建设探索教材
新形态立体化教材

铁道车辆机械装置
（第2版）

主　编　李　纯　张　文
副主编　张　莉　李宁宁
主　审　吴海超

北京交通大学出版社
·北京·

内 容 简 介

本书是“十三五”职业教育国家规划教材，是铁道车辆专业核心课程“铁道车辆机械装置（车辆构造）”的教学用书。为贯彻立德树人根本任务，本书将思政元素与专业知识技能进行深度融合，以党史的视角介绍我国铁道车辆的发展历程，融入新中国成立以来，特别是十八大以来，我国铁道车辆的新发展、新技术、新成就。本书以目前运用较多的车型为主线，由浅入深、图文并茂地介绍了铁道车辆各部分的结构与特点。本书分为7个项目，分别为铁道车辆的基础知识、轮对及轴箱装置、弹簧及减振装置、转向架、车端连接装置、车体、动力集中动车组。

本书适合作为应用型本科院校、高等职业学校、中等职业学校铁道车辆及相关专业的教材，也可作为铁路企业铁道车辆部门干部职工、新转岗到铁道车辆工作岗位人员的培训资料，还可供相关工程技术人员参考。

图书在版编目（CIP）数据

铁道车辆机械装置／李纯，张文主编. --2版. --北京：北京交通大学出版社，2021.11
ISBN 978-7-5121-4499-6

Ⅰ.①铁…　Ⅱ.①李…②张…　Ⅲ.①铁路车辆-机械设备　Ⅳ.①U27

中国版本图书馆CIP数据核字（2021）第132445号

铁道车辆机械装置
TIEDAO CHELIANG JIXIE ZHUANGZHI

策划编辑：刘　辉　张　亮　　责任编辑：刘　辉
出版发行：北京交通大学出版社　　电话：010-51686414　　http：//www.bjtup.com.cn
地　　址：北京市海淀区高梁桥斜街44号　　邮编：100044
印 刷 者：艺堂印刷（天津）有限公司
经　　销：全国新华书店
开　　本：185 mm×260 mm　　印张：13.75　　字数：343千字
版 印 次：2019年5月第1版　2021年11月第2版　2021年11月第1次印刷
印　　数：1~3 000册　　定价：62.00元

本书如有质量问题，请向北京交通大学出版社质监组反映。对您的意见和批评，我们表示欢迎和感谢。
投诉电话：010-51686043，51686008；传真：010-62225406；E-mail：press@bjtu.edu.cn。

第2版前言

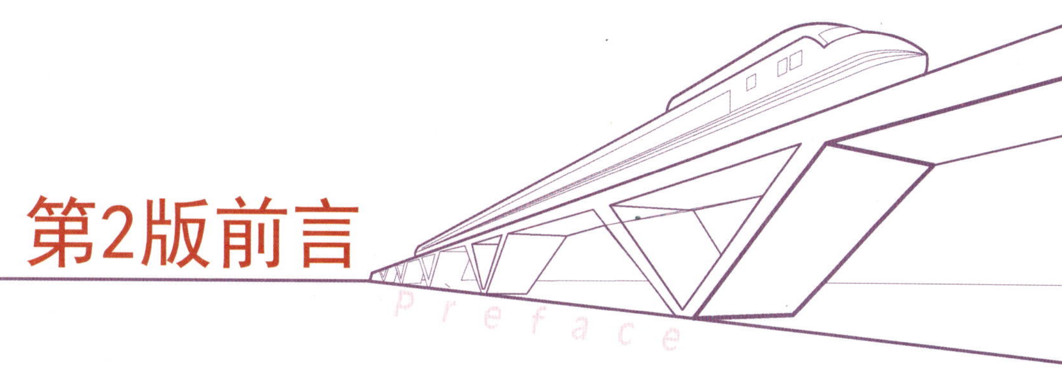

《铁道车辆机械装置》（第1版）于2019年出版发行。编者所在学校和部分兄弟学校将该书作为教材使用，教学效果良好；多家铁道机车车辆装备制造企业和铁路运输企业职教部门也将该书作为职工岗位培训参考书，同样取得了较好的应用效果。《铁道车辆机械装置》（第1版）于2020年入选“十三五”职业教育国家规划教材。

为落实《教育部办公厅关于公布“十三五”职业教育国家规划教材书目的通知》（教职成厅函〔2020〕20号）的要求，我们对《铁道车辆机械装置》进行了修订改版。

本次修订改版，主要从以下角度进行着手。

（1）为贯彻落实习近平总书记关于把立德树人作为教育根本任务的重要指示，我们对本书所有7个项目进行了思政内容的融入。根据不同项目的特点，分别从行业发展历程，重点企业自主创新、优良革命传统，铁道车辆重点装备科技攻关历程，重大铁道车辆应用项目介绍等角度，将思政教育元素与专业知识技能进行了有机的结合，培育学生践行社会主义核心价值观，牢固树立“四个自信”。

（2）2021年恰逢中国共产党成立100周年，党史学习教育活动在全国广泛开展。为了加强对学生进行党史、新中国史、改革开放史、社会主义发展史教育，我们将“四史”教育内容与教材内容进行了深度融合。在项目1铁道车辆基础知识中，创新性地将铁道车辆发展历程、技术演进与党史进行对照，让学生在专业学习中，学党史、强信念、跟党走。通过党史视角下的铁道车辆发展历程知识学习，让学生自然地认识到铁道车辆在洋务运动、变法维新、资产阶级革命下未真正发展，在党的领导下才具备独立自主的设计、制造能力。在项目2轮对及轴箱装置、项目3弹簧及减振装置、项目4转向架、项目5车端连接装置、项目6车体中，将新中国史、改革开放史、社会主义发展史与铁道车辆各核心部件的技术发展进行融合对照。在项目7动力集中动车组中，融入十八大以来，中国铁路自主创新，成功研发“复兴号”系列动车组的巨大成就，培育学生在牢固树立“四个自信”的同时，做到“两个维护”。

（3）根据“各教材编写单位、主编和出版单位要注重吸收产业升级和行业发展的新知识、新技术、新工艺、新方法，对入选的‘十三五’国规教材内容进行每年动态更新完善，并不断丰富相应数字化教学资源，提供优质服务”的要求，我们对项目1和项目4的内容进行了较大修改，将铁道车辆领域的新知识、新技术及时进行介绍，结合铁路最新技术要求，更新了书中的部分数据与图片，使《铁道车辆机械装置》第 2 版的内容体现铁道车辆技术的新发展。为了方便学习者更好地掌握专业知识技能，同时提升阅读体验，本次修订改版升级、扩充、更新了教材配套的数字资源，使数字资源贴合每一个项目的主要知识点。

《铁道车辆机械装置》第 2 版充分挖掘课程中思政元素的价值内涵，将党史故事、党史大事件、行业模范企业及十八大以来的新成就等融入教材中，使思想政治教育实现“有形灌输”与“润物无声”相统一。既将思政元素与专业知识做润物无声的融合，又在必要的关键节点旗帜鲜明地讲政治理论，显隐结合、全方位、多角度地将思政教育融入专业教学。

2021 年 4 月 19 日，习近平总书记在清华大学考察并发表重要讲话，强调：“要想国家之所想、急国家之所急、应国家之所需，抓住全面提高人才培养能力这个重点，坚持把立德树人作为根本任务，着力培养担当民族复兴大任的时代新人。”在习近平总书记重要讲话精神的指引下，我们深感身上责任的重大，内心既有努力编好教材，教书育人的光荣使命感，又深知自身能力的不足。本书不完善之处在所难免，恳请广大读者批评指正。

《铁道车辆机械装置》第 2 版由南京铁道职业技术学院李纯、张文担任主编，中车太原机车车辆有限公司张莉、李宁宁担任副主编，南京铁道职业技术学院吴海超担任主审。反馈本书意见、索取相关教学资源，请与出版社编辑刘辉联系（邮箱：cbslh@ jg.bjtu.edu.cn；QQ:39116920）。

编 者

2021 年 8 月

第1版前言

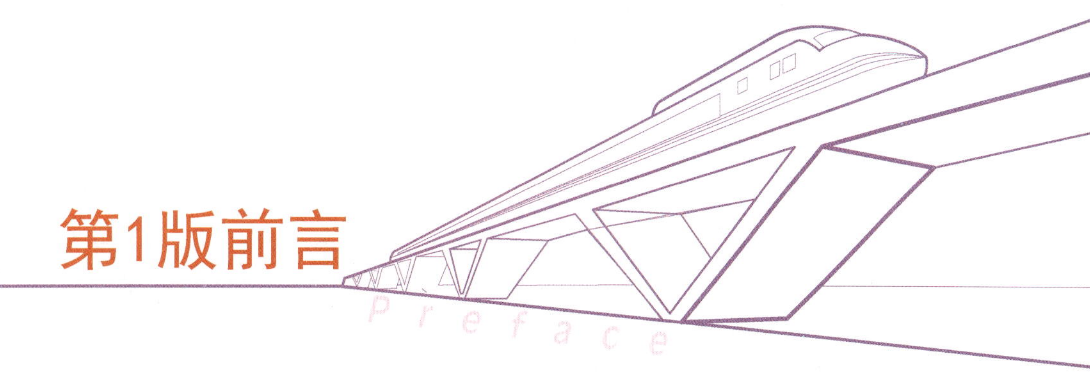

中国铁路的发展，“轻舟已过万重山”。在“交通强国、铁路先行”的新形势下，中国铁路将顺应时代潮流，积极进取，开拓创新。

随着我国铁路事业的迅速发展，铁道车辆采用了大量的新技术、新材料、新工艺和新装备。学习铁道车辆机械装置是进行车辆检修的前提，因而铁道车辆机械装置（车辆构造）课程是铁道车辆专业的核心课程，目前，关于铁道车辆机械装置（车辆构造）的教材比较匮乏，为了适应高等职业教育教学改革的需要，通过校企联合模式，我们编写了这本教材。

本教材主要内容包括铁道车辆的基础知识、轮对及轴箱装置、弹簧及减振装置、转向架、车端连接装置、车体等内容。在讲述理论知识时，以目前运用较多的车型为主线，由浅入深、图文并茂地描述了铁道车辆各部分的结构与特点，对于初学者和新转入铁道车辆岗位的人员来说，这种编写方式有利于增强他们学习新知识的信心。

本教材项目 1 主要介绍我国铁道车辆的发展历史、标记、技术参数、基本尺寸等内容，为今后的学习奠定基础；项目 2 主要介绍车轴、车轮的结构与参数，以及轴箱装置的类型与组成；项目 3 主要介绍铁道车辆减振装置的特点，包括钢弹簧、空气弹簧、橡胶元件、斜楔、抗侧滚扭杆等装置的结构；项目 4 以目前运用较广的转向架为例，介绍了转向架的组成与技术特点；项目 5 主要介绍客、货车辆的车端连接装置，包括车钩缓冲装置及客车风挡与阻尼装置等；项目 6 以常见通用货车、常见专用货车、25T 型车为例介绍了客、货车辆的车体结构；项目 7 主要介绍动力集中动车组 CR200J 的相关知识。

在本教材编写过程中，我们精选相关知识模块，避免与其他专业课程内容冲突，力求通过具体内容提炼出铁道车辆结构的普适规律，帮助学生提升自主探究的学习能力。学生可结合每个项目的实训内容进行相关知识的学习，真正做到“学做一体”。

本教材的内容涉及国内多家铁道车辆生产厂家，这些厂家大多具有悠久的历史，经历了多次更名与重组，为使教材论述更加简洁，方便广大读者阅读，正文中均使用这些厂家的最新企业名称（截至 2019 年 1 月）。为使读者对这些厂家的名称沿革有所了解，特作如下说明。

中车青岛四方机车车辆股份有限公司的前身是四方机车车辆厂、中国南车集团青岛四方机车车辆股份有限公司等，在本教材部分图表中其被简称为四方。

中车青岛四方车辆研究所有限公司的前身是四方车辆研究所、青岛四方车辆研究所、中国北车集团四方车辆研究所、青岛四方车辆研究所有限公司等。

中车长春轨道客车股份有限公司的前身为长春客车厂、中国北车集团长春轨道客车股份有限公司等，在本教材部分图表中其被简称为长客。

中车齐齐哈尔车辆有限公司的前身为齐齐哈尔车辆厂、中国北车集团齐齐哈尔轨道交通装备有限责任公司等。

中车唐山机车车辆有限公司的前身为唐山机车车辆厂、中国北车集团唐山轨道客车有限责任公司等，在本教材部分图表中其被简称为唐山。

中车南京浦镇车辆有限公司的前身为浦镇车辆厂、中国南车集团南京浦镇车辆厂、中国南车集团南京浦镇车辆有限公司等，在本教材部分图表中其被简称为浦镇。

中车长江车辆有限公司由原株洲车辆厂、武汉江岸车辆厂、铜陵车辆厂、武昌车辆厂和戚墅堰机车车辆厂（货车部分）整合组建。

中车眉山车辆有限公司的前身为眉山车辆工厂、中国南车集团眉山车辆厂等。

中车大连机车车辆有限公司的前身为大连机车车辆厂、中国北车集团大连机车车辆有限公司等。

中车株洲电力机车有限公司的前身为株洲电力机车厂、中国南车集团株洲电力机车有限公司等。

中车大同电力机车有限公司的前身为大同机车厂、中国北车集团大同电力机车有限责任公司等。

本教材的编写，得到了中国铁路上海局集团有限公司合肥车辆段、中车太原机车车辆有限公司的大力支持和帮助，这两家单位向我们提供了相关图纸资料，极大地丰富了本书的内容。借此机会，我们向有关铁路单位及所有参考资料的作者们和对本书有帮助的专家、学者、同窗、学生表示衷心的感谢。

本教材可作为应用型本科院校、高等职业院校、中等职业学校铁道车辆及相关专业的教材，也可作为铁道车辆部门干部职工、新转岗到铁道车辆工作岗位人员的培训资料，还可供相关工程技术人员参考。

本教材由南京铁道职业技术学院李纯、张文担任主编，中车太原机车车辆有限公司张莉担任副主编。本教材由南京铁道职业技术学院吴海超主审。本教材图片素材由南京铁道职业技术学院李宗仪同学整理。

由于编者水平有限，本教材难免会存在疏漏和不足之处，敬请使用和阅读本教材的广大师生和其他读者给予批评指正。

索取本教材相关教学资源可与出版社编辑刘辉联系（cbslh@ jg. bjtu. edu. cn，QQ39116920）。

编 者

2019 年 1 月

目录

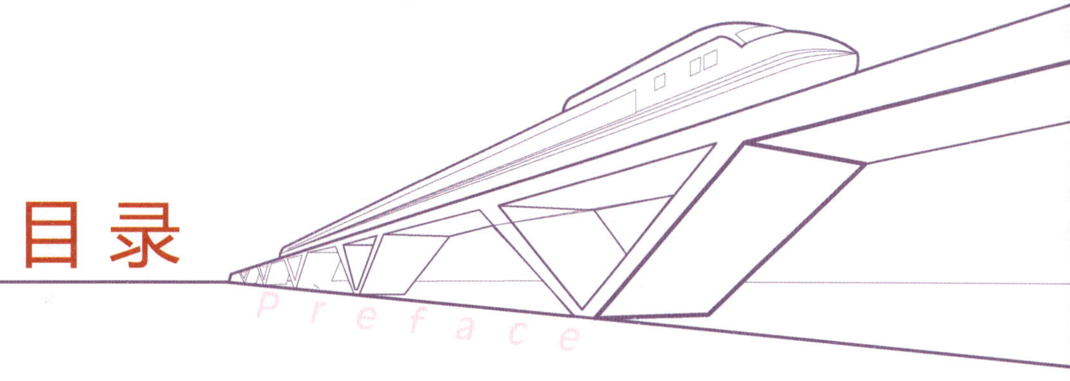

项目1

铁道车辆的基础知识

导言

铁道车辆不仅印证了人类工业文明的发展，也印证了时代的进步。当前，铁路运输以绿色、重载、高速的特点在众多交通运输方式中脱颖而出，铁道车辆作为铁路运输的载体，发挥着至关重要的作用。

中国铁路在半殖民地半封建社会中发端，这一历史环境，也正是中国共产党诞生并担负历史重任的时代背景。铁道车辆作为铁路系统的一个重要组成部分，其发展过程是铁路发展历史的一个缩影。本项目以党史发展时间轴为主线，介绍我国铁道车辆的发展历史，从中可以得出中国共产党作为先进生产力的代表——工人阶级的政党，是真正能够带领中华民族实现伟大复兴使命的承担者。本项目还介绍了车辆的基本标记参数及基本尺寸等内容。

任务 1.1　铁道车辆的发展

任务 1.2　铁道车辆标记

任务 1.3　铁道车辆方位及基本尺寸

实训　　铁道车辆认知实训

复习思考题

任务 1.1　铁道车辆的发展

任务目标

1. 了解客车车辆与货车车辆的发展历史
2. 了解铁道车辆新技术

知 识 点

1. 铁道车辆的发展历史
2. 新时期的新车辆

知识点 1. 1. 1　铁道车辆的发展历史

铁道客车是指载运旅客的车辆、为旅客提供服务的车辆及挂运在旅客列车中的其他用途车辆。铁路上用于运载货物的车辆统称为铁道货车。客货车种类繁多，这里只列举常见的类型。

一般认为，1876 年的吴淞铁路是在我国出现的第一条真实运营的铁路，有了铁路，我国铁道车辆的历史也就自然展开了。铁道车辆出现在半殖民地半封建社会的清朝末期，这一时期也是中国共产党成立的历史背景，接下来，我们以党史时间轴为主线，探究我国铁道车辆的发展历史，在探究的过程中，大家可以思考，为什么地主阶级自救的洋务运动、资产阶级改良派的维新变法、资产阶级民主革命都无法带来中国铁道车辆自主设计、制造的能力，而在中国共产党领导的社会主义新中国，中国铁道车辆才获得了真正的发展。

1. 新中国成立前我国铁道车辆的发展

用党史时间轴对照我国铁道车辆发展历史（新中国成立前）如图 1-1-1 所示。

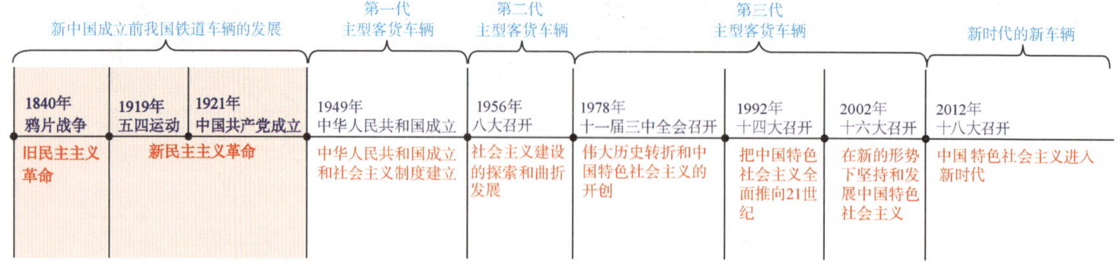

图 1-1-1　用党史时间轴对照我国铁道车辆发展历史（新中国成立前）

我国铁道机车车辆的发展历程可追溯到 1881 年，当年中国第一台蒸汽机车——“龙号”机车诞生在中车唐山机车车辆有限公司的前身——胥各庄修车厂。该厂陆续制造了中国第一辆货车、第一辆客车、第一辆铁路邮政车、第一辆钢质外皮餐车、第一台“米卡度”式大型机车、第一台“太平洋”式先进干线机车，以及京张铁路系列机车车辆等主打产品，成为中国民族工业的一面旗帜。胥各庄修车厂工人合影如图 1-1-2 所示。中车唐山机车车辆有限公司厂区大门如图 1-1-3 所示。

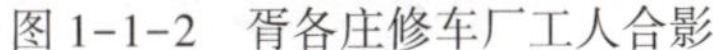

图 1-1-2 胥各庄修车厂工人合影

图 1-1-3 中车唐山机车车辆有限公司厂区大门

1898 年 9 月，清政府决定委托英国和德国承办津镇铁路（天津至镇江）。之后，清政府为让铁路连接南京，将南下终点改为浦口，津镇铁路也正式更名为津浦铁路。在开工修建津浦铁路的同时，英国方面提出由中英合资在津浦铁路南段成立铁路修理厂，以修配津浦铁路所使用的铁路机车和客货车辆，同时制造和维修线路、桥梁、轮渡等所需配件。工厂建设筹备工作由英国工程师负责，厂址最初选定在长江北岸的浦口，工厂定名为浦镇机厂（现中车南京浦镇车辆有限公司）。浦镇机厂于 1908 年建成投产，和许多其他中国早期的铁路工厂一样，浦镇机厂也成立了中国共产党的早期组织，并发生过多次工人运动。中国共产党早期领导人、中国工人运动的卓越领导人、中国共产党纪律检查事业的奠基人之一——王荷波同志就是浦镇机厂的一名机匠（钳工）。浦镇机厂旧址如图 1-1-4 所示。中国共产党早期领导人王荷波同志如图 1-1-5 所示。

图 1-1-4 浦镇机厂旧址

图 1-1-5 中国共产党早期领导人王荷波同志

新中国成立前，无论是地主阶级自救的洋务运动、资产阶级改良派的维新变法，还是资产阶级民主革命，都未能改变我国半殖民地半封建社会的社会性质，中国依然是山河破碎、积贫积弱，列强依然在中国横行霸道、攫取利益，反映在铁道机车车辆领域，铁道线上行驶的是“万国牌”机车车辆，铁道机车车辆工业基础非常薄弱，只能修理或组装机车车辆，完全不具备自主设计及制造机车车辆的能力。

2. 第一代主型客货车辆

新中国成立后，为执行国家“一五”计划，改善铁路工业布局，加强对铁路工业的统一规划和领导，铁道部将各铁路局下属的23个机车车辆工厂中的20个改为部直属企业，并明确大连（现中车大连机车车辆有限公司）、四方（现中车青岛四方机车车辆股份有限公司）等6个机车车辆工厂为制造工厂，唐山（现中车唐山机车车辆有限公司）、太原（现中车太原机车车辆有限公司）、浦镇（现中车南京浦镇车辆有限公司）、株洲（现中车株洲电力机车有限公司）等14个机车车辆工厂为修理工厂。

铁道机车车辆生产力的调整为第一代主型客货车辆的研制、生产创造了良好的条件。从1949年到1956年，新中国铁道机车车辆制造业处于调整布局、改造旧厂和增建新厂的过程中，生产能力逐步提高，各工厂生产各类机车车辆共4万多辆，解决了大规模经济建设带来的机车车辆严重不足的问题。到“一五”计划完成时，新中国铁道机车车辆工业已经初具规模，形成体系，成为新中国铁路行业一个重要的组成部分。

用党史时间轴对照我国铁道车辆发展历史（第一代主型客货车辆）如图1-1-6所示。

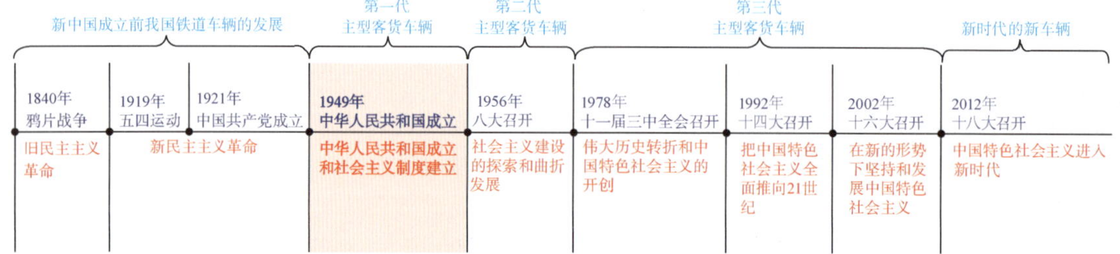

图1-1-6 用党史时间轴对照我国铁道车辆发展历史（第一代主型客货车辆）

21型客车是中国铁路第一代主型客车，1953年开始生产，1961年停止生产。其车长21.97 m，车宽3.00 m，构造速度80~100 km/h。21型客车如图1-1-7所示。

敞车是铁路货物运输中的主型车辆，在我国目前的货车总数中，敞车数量最多，约占60%。敞车有非常广泛的用途，可以用来运载木材、集装箱、钢材和矿石等多种货物。敞车属于通用型的货车。敞车在我国简写为“C”（取敞车汉语拼音changche的首字母）。

20世纪五六十年代，我国设计了C_1型敞车，其载重30 t，现已退役。C_1型敞车如图1-1-8所示。

图1-1-7 21型客车

图1-1-8 C_1型敞车

C_{40}型通用敞车属于高边敞车，现已退役。此型号敞车曾经被大量地使用，至今还可以在一些厂区的自备铁路线上见到。C_{40}型通用敞车如图1-1-9所示。

C_{50}型通用敞车载重50 t，车身侧墙使用木质挡板，其曾经被大量地使用，现已退役。C_{50}型通用敞车如图1-1-10所示。

图 1-1-9　C_{40}型通用敞车

图 1-1-10　C_{50}型通用敞车

棚车是设有顶棚、侧墙、端墙、排气（水）窗（孔）及门的货车。棚车用来运载怕湿、怕晒，以及容易散失的货物，其属于通用型的货车。棚车在我国的简写为“P”（取棚车汉语拼音 pengche 的首字母）。

P_3 型通用棚车是中华人民共和国成立初期的车型，已经退役多年，其曾经是棚车中的主力。该车型结构简单且落后，侧墙和端墙基本都是由木板组成，容积小，载重量也小。P_3 型通用棚车如图 1-1-11 所示。

图 1-1-11　P_3 型通用棚车

P_{50}型通用棚车是一款很老的车型，载重 50 t，曾是货物运输的主型车，现在该车型已经被淘汰。P_{50}型通用棚车如图 1-1-12 所示。

罐车车体为卧式的圆柱体罐体（有的是立式的非圆柱体罐体），并装有安全装置，专门装载液态的货物，如石油制品、食用油、化学液体等。罐车在我国的简写为“G”（取罐车汉语拼音 guanche 的首字母）。

G_6 型轻油罐车是我国早期自行研制的罐车，载重 50 t，早已退役，其样车现展示在北京铁道博物馆内。G_6 型轻油罐车如图 1-1-13 所示。

图 1-1-12　P_{50}型通用棚车

图 1-1-13　G_6 型轻油罐车

3. 第二代主型客货车辆

1956 年，党的八大召开，毛泽东在会议开幕词中满怀信心地说：“一定能够一步一步地把我国建设成为一个伟大的社会主义工业化的国家。”我国第二代主型客货车辆的研制和生产在社会主义建设的良好开端中启动。

用党史时间轴对照我国铁道车辆发展历史（第二代主型客货车辆）如图 1-1-14 所示。

新中国成立前我国铁道车辆的发展			第一代主型客货车辆	第二代主型客货车辆	第三代主型客货车辆			新时代的新车辆
1840年 鸦片战争	1919年 五四运动	1921年 中国共产党成立	1949年 中华人民共和国成立	**1956年 八大召开**	1978年 十一届三中全会召开	1992年 十四大召开	2002年 十六大召开	2012年 十八大召开
旧民主主义革命	新民主主义革命		中华人民共和国成立和社会主义制度建立	**社会主义建设的探索和曲折发展**	伟大历史转折和中国特色社会主义的开创	把中国特色社会主义全面推向21世纪	在新的形势下坚持和发展中国特色社会主义	中国特色社会主义进入新时代

图 1-1-14　用党史时间轴对照我国铁道车辆发展历史（第二代主型客货车辆）

22 型客车是中国铁路第二代主型客车，它有一个通俗的名字——“绿皮车”，其于 1959 年开始生产，1994 年停止生产。22 型客车车体长 23.6 m，车宽 3.105 m，构造速度 120 km/h。22 型客车外观如图 1-1-15 所示，22 型客车内饰如图 1-1-16 所示。

图 1-1-15　22 型客车外观

图 1-1-16　22 型客车内饰

22A 型客车是中车长春轨道客车股份有限公司生产的，车体结构广泛采用耐候钢，并在车厢平面布置上和内饰上进行了较大改进，该车型曾获得国家优质奖。22A 型客车如图 1-1-17 所示。

图 1-1-17　22A 型客车

22B 型客车是在 22 型客车原型车（采用碳素结构钢）及 22A 型客车的基础上研制、生产的。22B 型客车外观如图 1-1-18 所示，22B 型客车内饰如图 1-1-19 所示。

图 1-1-18　22B 型客车外观

图 1-1-19　22B 型客车内饰

另外，18、19、23、31 型客车也为 22 型系列客车的车型，其中 18、19 型客车是用于国际联运的客车，构造速度为 140~160 km/h，18 型客车如图 1-1-20 所示，19 型客车如图 1-1-21 所示。

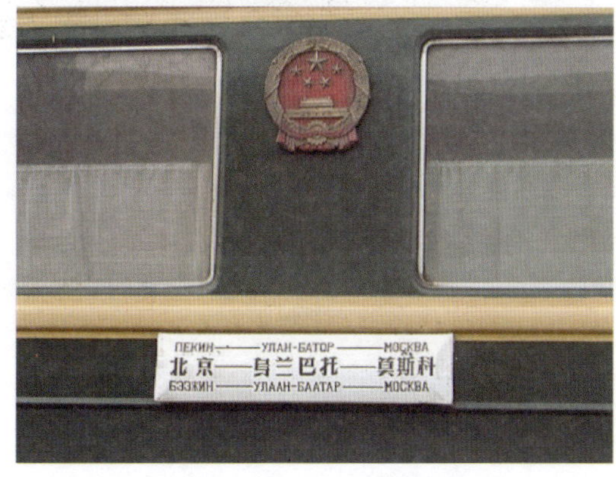

图 1-1-20　18 型客车

图 1-1-21　19 型客车

24 型客车是 20 世纪 80 年代由德意志民主共和国制造的。其车体结构沿用了社会主义

阵营国家标准国际联运列车的客车尺寸，采用 211 型转向架。用于广深铁路的 24 型客车列车组，当时称 RW24 型客车，RW24 型客车如图 1-1-22 所示。

30 型客车是中国铁路在 1991 年之前用于米轨（轨距为 1 m 的窄轨）的主要客车车型，其主要作为昆明铁路局管内昆河铁路和昆石铁路上的通勤列车，30 型客车如图 1-1-23 所示。

图 1-1-22　RW24 型客车

图 1-1-23　30 型客车

M1 型客车是中国铁路适用于米轨的客车，于 1991 年开始陆续生产、使用，现主要作为昆明铁路局管内昆河铁路的通勤列车，其构造速度为 80 km/h。M1 型客车外观如图 1-1-24 所示，M1 型客车内饰如图 1-1-25 所示。

图 1-1-24　M1 型客车外观

图 1-1-25　M1 型客车内饰

C_{61}型通用敞车是为适应多种运输要求而设计制造的，其可运载货柜、木材、矿石及固体散装物料等货物。C_{61}型通用敞车如图 1-1-26 所示。

C_{62}型通用敞车在过去很长的一段时间内是我国货运车辆的主力，在敞车系列中，C_{62}型通用敞车及其系列敞车的数量一度是最庞大的。随着 C_{64}型通用敞车的诞生，其主力的位置已经被取代，并处于被逐渐淘汰的过程中。C_{62}型通用敞车如图 1-1-27 所示。

C_{63}型煤矿专用敞车是由中车齐齐哈尔车辆有限公司于 1986 年设计的，其载重 61 t，适用于在标准轨距线路上运行。C_{63}型煤矿专用敞车专门用于煤炭运输，是在大秦线（大同—秦皇岛）上使用的专用敞车，C_{63}型煤矿专用敞车如图 1-1-28 所示。

图 1-1-26　C_{61}型通用敞车

图 1-1-27　C_{62}型通用敞车

图 1-1-28　C_{63}型煤矿专用敞车

C_{64}型通用敞车是中车齐齐哈尔车辆有限公司于 1986 年设计的，该型号是新一代 C_{64}型系列敞车的基本型，之后在此基础上还陆续开发了许多派生车型。C_{64}型通用敞车如图 1-1-29 所示。

图 1-1-29　C_{64}型通用敞车

P_{60}型通用棚车载重 60 t，在 20 世纪 60 年代至 20 世纪 80 年代被大量使用，是当时货物运输的主型车。现在该车型已经被淘汰。P_{60}型通用棚车如图 1-1-30 所示。

P_{62}型通用棚车曾是我国铁路货物运输的主力车型。直到 21 世纪初，其数量仍十分庞大。P_{62}型通用棚车有较长的生产历史，其有众多的派生产品。P_{62}型通用棚车如图 1-1-31所示。

图 1-1-30　P_{60}型通用棚车

图 1-1-31　P_{62}型通用棚车

P_{64}型通用棚车是我国较新型的棚车，载重 60 t，相关厂家在其基础上还开发了多种派生车型。P_{64}型通用棚车逐渐代替了 P_{62}型通用棚车的主力位置。P_{64}型通用棚车如图 1-1-32 所示。

图 1-1-32　P_{64}型通用棚车

G_{11}型高腐蚀性化学物品罐车是一种专为石油化工产业而设计的专用罐车，其主要用于运载盐酸、液碱和硫酸等高腐蚀性化学物品，载重 62 t。G_{11}型高腐蚀性化学物品罐车如图 1-1-33 所示。

G_{17}型黏油罐车是装运原油、润滑油、重柴油等黏油类介质，带加温装置的上装下卸式四轴铁路罐车。G_{17}型黏油罐车如图 1-1-34 所示。

G_{60}型轻油罐车是一种专为石油化工产业设计的专用罐车，是中国罐车运输中的主力车型，其数量庞大，载重 52 t。G_{60}型轻油罐车如图 1-1-35 所示。

4. 第三代主型客货车辆

1978 年，党的十一届三中全会实现了伟大的历史转折，开启了改革开放和社会主义现

图 1-1-33 G_{11}型高腐蚀性化学物品罐车

图 1-1-34 G_{17}型黏油罐车

图 1-1-35 G_{60}型轻油罐车

代化建设的新时期，历经了“把中国特色社会主义全面推向 21 世纪”和“在新的形势下坚持和发展中国特色社会主义”时期后，我国铁路第三代主型客货车辆的研究开发与生产制造结出了丰硕的成果。

用党史时间轴对照我国铁道车辆发展历史（第三代主型客货车辆）如图 1-1-36 所示。

25 型客车是中国铁路第三代主型客车，其车长为 25.5 m，是中国第一代车长为 25.5 m 的铁路客车。其于 1962 年开始研制，1978 年设计了车体长为 25.5 m、车辆轴

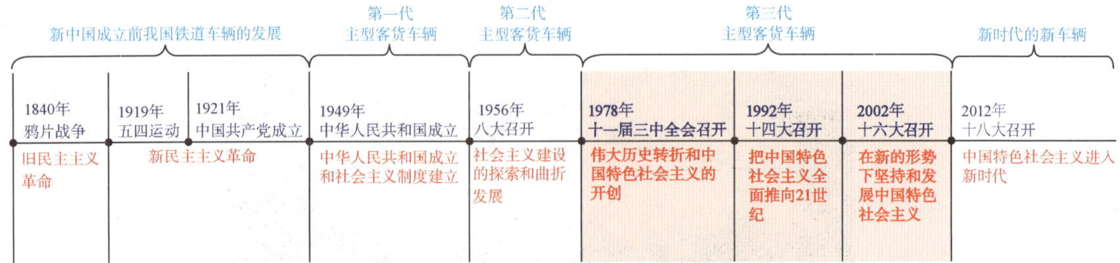

图 1-1-36　用党史时间轴对照我国铁道车辆发展历史（第三代主型客货车辆）

距为 18 m 的新结构四轴全钢客车，可以说，25 型客车是在十一届三中全会后加快研制与生产的。

25A 型客车是通过国际招标后一次性生产的集中供电空调客车，是我国与英国、日本的公司合作试制的。25A 型客车一共生产了 168 辆，也称“168”客车。这批客车限定在北京以南的区间运行，其构造速度为 140 km/h，25A 型客车如图 1-1-37 所示。

图 1-1-37　25A 型客车

25B 型客车是 25A 型客车的升级换代产品，其颜色涂装与 22 型客车一样，除软卧车、餐车安装本车柴油发电机向空调供电外，其余车种无空调，25B 型硬座客车如图 1-1-38 所示，25B 型双层硬卧客车如图 1-1-39 所示。

图 1-1-38　25B 型硬座客车

25G 型客车是集中供电空调客车，是 25A 型空调客车国产化改进型，其技术条件与 25A 型相同，但降低了生产成本。25G 型客车的构造速度为 140 km/h，最大允许速度是 120 km/h。

图 1-1-39 25B 型双层硬卧客车

25G 型客车如图 1-1-40 所示。

图 1-1-40 25G 型客车

25Z 型准高速客车是为广深准高速铁路线而研制的，设计速度为 160 km/h，最高试验速度达 183 km/h。25Z 型准高速客车是中国铁路第一代准高速客车，其主要作为中短途城际特快列车使用，25Z 型硬座客车如图 1-1-41 所示，25Z 型双层客车如图 1-1-42 所示。

图 1-1-41 25Z 型硬座客车

图 1-1-42 25Z 型双层客车

25K 型客车为中国铁路在第一次大提速时开始开行的特快列车车型，是在借鉴 25Z 型准高速客车研制经验的基础上设计的。25K 型客车如图 1-1-43 所示。

图 1-1-43　25K 型客车

25T 型客车为中国铁路在第五次大提速时开始开行的直达特快列车车型，是 25K 型客车的后续型号，其最高运营速度为 160 km/h。25T 型客车外观如图 1-1-44 所示，25T 型客车内饰如图 1-1-45 所示。

图 1-1-44　25T 型客车外观

图 1-1-45　25T 型客车内饰

C_{70}型敞车是我国新一代的敞车，载重 70 t，是吸收了 C_{64}型系列敞车优点的产品，其增加了载量和容量，还使用了提速转向架。C_{70}型敞车如图 1-1-46 所示。

C_{80}型煤矿专用敞车是我国专门为大秦线（大同—秦皇岛）而设计制造的专用敞车。其主要用于煤炭运输，载重 80 t。C_{80}型煤矿专用敞车如图 1-1-47 所示。

图 1-1-46　C_{70}型敞车

图 1-1-47　C_{80}型煤矿专用敞车

C_{100}型通用敞车突破了传统的两支点承载货车技术，采用了 3 个两轴转向架等距离承载的三支点承载方式。在轴重与我国传统通用敞车相同的条件下，其通过增加轴数提高了车辆载重，可在不改造我国既有线路和桥梁的条件下实现重载运输，符合铁路重载需求，达到了良好的运输扩能效果，实现了良好的经济效益。C_{100}型通用敞车如图 1-1-48 所示。

图 1-1-48　C_{100}型通用敞车

P_{70}型通用棚车是在P_{64}型通用棚车的基础上设计、制造的，其载重量增至 70 t，采用了新型的重载提速转向架。P_{70}型通用棚车如图 1-1-49 所示。

图 1-1-49　P_{70}型通用棚车

P_{80}型棚车是由中车齐齐哈尔车辆有限公司等单位于 2014 年开始研制、生产的 23 t 轴重大容积棚车，其最高速度为 120 km/h。P_{80}型棚车如图 1-1-50 所示。

图 1-1-50　P_{80}型棚车

G_{70K}型轻油罐车是为适应铁路货物运输车辆的发展和货运提速的要求而研制、生产的新一代无中梁罐车，其采用了新型的提速转向架。G_{70K}型轻油罐车如图 1-1-51 所示。

图 1-1-51　G_{70K}型轻油罐车

5. 重载货运车辆

国际重载协会认为，重载铁路必须满足以下三条标准中的至少两条：经常、定期开行或准备开行总重至少为 8 000 t 的单元列车或组合列车；在长度至少为 150 km 的线路区段上，年计费货运量至少达 4 000 万 t；经常、正常开行或准备开行轴重 27 t 以上（含 27 t）的列车。

请扫描下面的二维码，观看“重载铁路”视频。

大秦铁路是我国自行设计、修建的第一条双线电气化重载运煤专线，其西起我国煤都大同，东至秦皇岛港，全长 653 km。该线路最小曲线半径：困难地区 400 m，一般地区 800 m。大秦线一度每天开行重载列车 86 列，年完成煤炭运量 3.4 亿 t，成为世界上在一条线路上（单方向）运量最多的铁路，堪称“世界之最”。

大秦铁路如图 1-1-52 和图 1-1-53 所示。

图 1-1-52　大秦铁路 1

前面介绍的 C_{80} 型煤矿专用敞车是我国专门为大秦线（大同—秦皇岛）而设计制造的专用敞车，其也是为提高运量而设计的重载型货车。运行于大秦铁路的 C_{80} 型煤矿专用敞车如图 1-1-54 所示。

运行于大秦铁路的 C_{100} 型敞车为新型重载货车，前面已作过介绍。

图 1-1-53　大秦铁路 2

图 1-1-54　运行于大秦铁路的 C_{80} 型煤矿专用敞车

知识点 1.1.2　新时代的新车辆

2012 年党的十八大召开后，中国特色社会主义进入新时代，中国铁路取得了举世瞩目的伟大成就，铁道机车车辆行业实现了质的飞跃，以“复兴号”标准动车组、“复兴号”动力集中动车组为代表的一系列铁道机车车辆成果相继问世。铁道机车车辆的发展历程无疑是中华民族伟大成就的一个具体缩影，这份成就凝结了无数铁路人的艰辛和汗水，也凝聚了无数铁路人的智慧和激情。

2020 年 10 月 29 日，习近平总书记在十九届五中全会第二次全体会议上指出：进入新发展阶段，是中华民族伟大复兴历史进程的大跨越。新时代中国铁道机车车辆的发展正是我国现代化建设最生动的实践写照。

用党史时间轴对照我国铁道车辆发展历史（新时代的新车辆）如图 1-1-55 所示。

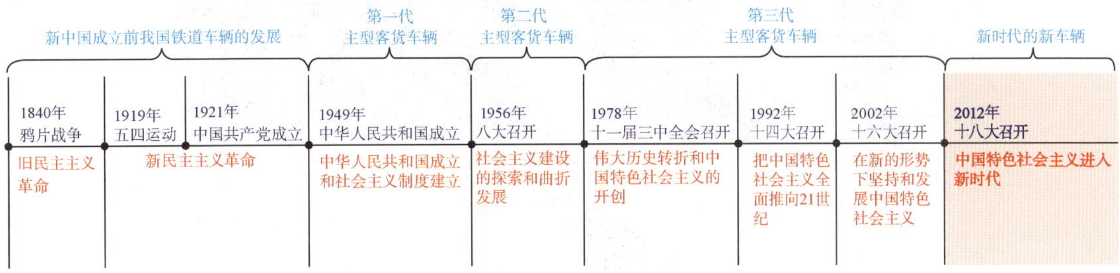

图 1-1-55　用党史时间轴对照我国铁道车辆发展历史（新时代的新车辆）

1. 高速铁路

中国国家铁路局将高速铁路定义为：新建设计开行 250 km/h（含预留）及以上动车组列车、初期运营速度不小于 200 km/h 的客运专线铁路。

中国通过引进加创新，研制了 CRH 系列动车组，后来又研制了 CR 系列中国标准动车组。2018 年中国高铁运营里程超过 2.9 万 km。

自 2008 年 8 月 1 日中国第一条 350 km/h 的高速铁路——京津城际铁路开通运营以来，高速铁路在中国迅猛发展。按照国家中长期铁路网规划，以“八纵八横”快速客运网为主骨架的高速铁路网建设已经全面展开，建成了京津、沪宁、京沪、京广、哈大等一批设计时速 350 km、具有世界先进水平的高速铁路，形成了比较完善的高铁技术体系。通过引进、消化、吸收、再创新，我国系统掌握了时速 200~250 km 动车组的制造技术，成功搭建了时速 350 km 的动车组技术平台，研制生产了 CRH380 型新一代高速列车。

CRH380 系列动车组如图 1-1-56 所示。

图 1-1-56　CRH380 系列动车组

请扫描下面的二维码，观看“复兴号动车组宣传片”。

中国标准动车组（CEMU），是体现中国标准体系的动车组，其功能标准和配套轨道的施工标准都高于欧洲标准和日本标准，具有鲜明的中国特征。2016 年 8 月 15 日，中国标准动车组载客运行。

中国标准动车组——“复兴号”如图 1-1-57 所示。

图 1-1-57　中国标准动车组——“复兴号”

请扫描下面的二维码，观看“复兴号动车组首发”视频。

2. 磁悬浮技术

磁悬浮列车是一种现代高科技轨道交通工具，它通过电磁力实现列车与轨道之间无接触的悬浮和导向，再利用直线电机产生的电磁力牵引列车运行。

2017 年 12 月 30 日，由北京控股磁悬浮技术发展有限公司和国防科技大学合作的中低速磁悬浮列车，在通往门头沟的 S1 轨道线路上运行，这是中国具有完全自主知识产权的磁悬浮列车。

磁悬浮列车如图 1-1-58 所示。

图 1-1-58 磁悬浮列车

2014 年 5 月 16 日，长沙中低速磁悬浮铁路在长沙动工，此线路连接了长沙火车南站和长沙黄花国际机场，全长 18.5 km。长沙磁悬浮快线是中国首条拥有自主知识产权的中低速磁悬浮商业运营铁路，标志着中国磁悬浮技术实现了从研发到应用的全覆盖，成为世界上少数几个掌握该项技术的国家之一。

根据《增强制造业核心竞争力三年行动计划（2018—2020 年）》，国家发改委制定了我国轨道装备产业发展的目标，其中，时速 600 km 高速磁悬浮列车研发试验工程是一大重点。该工程由行业龙头企业牵头、联合有关单位，开展时速 600 km 高速磁悬浮列车及关键装备的研发试验，力图突破高速磁悬浮列车及核心部件设计、制造技术，掌握调试、评估方法。

3. 动力集中动车组

2015 年 8 月 28 日，中国铁路总公司运输局以会议纪要的形式下发通知，强调：为进一步发挥既有线旅客列车开行效益，提高运输效率，中国铁路总公司组织相关单位进行技术研讨，按照机辆一体化的思路，研发时速 160 km 动车组。通知明确了该型动车组的动力方式、编组构成、运用范围和检修整备方式，要求各铁路局结合客运市场开发需要，研究测算时速 160 km 动力集中动车组组数（按照 18 辆和 9 辆分别测算），提出开行区段和对数的具体建议。

时速 160 km CR200J 型复兴号动力集中动车组（俗称绿巨人）于 2019 年 1 月 5 日在京沪普速线路上投入运营。动力集中动车组将在项目 7 中进行具体介绍。

任务 1.2 铁道车辆标记

任务目标

1. 掌握铁道车辆的组成及类型知识
2. 掌握常见的车辆标记知识

知 识 点

1. 铁道车辆的组成及分类
2. 铁道客车车辆的常见标记
3. 铁道货车车辆的常见标记

知识点 1.2.1 铁道车辆的组成及分类

1. 车辆的组成

客车车辆的组成如图 1-2-1 所示。

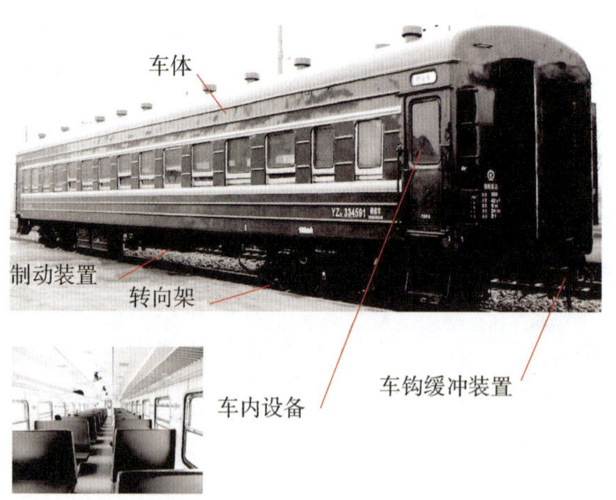

图 1-2-1 客车车辆的组成

货车车辆的组成如图 1-2-2 所示。

根据不同的运输需要，我国铁道车辆的种类较多，但不同种类的铁道车辆基本都由以下几个部分组成。

1）车体

车体是容纳运输对象的空间，又是重要的安装与连接部件。车体结构大多数采用钢墙板与梁、柱结合为一体的全钢焊接结构，车体材料一般采用普通碳素钢和低合金钢两种材料。将图 1-2-1与图 1-2-2 进行对比，就会发现客车车体与货车车体结构区别较大。

图 1-2-2 货车车辆的组成

2）转向架

转向架又称走行部，是能相对于车体回转的一种独立走行装置，其安装在车体底架下方，实现车辆的承载和走行，是车辆的重要组成部分。客车转向架种类较多，结构各异，典型的转向架有中车青岛四方机车车辆股份有限公司生产的 206 系列、SW 系列转向架，中车南京浦镇车辆有限公司生产的 209 系列、PW 系列转向架等。货车转向架为传统三大件式转向架，有摇动台式转向架，如转 K4、转 K5 转向架；有交叉支撑式转向架，如转 K2、转 K6 转向架；还有 U 型副构架式转向架，如转 K7 转向架。

3）制动装置

制动装置由制动机、风源系统、管路系统、基础制动装置与辅助阀件等部分组成，是一套完整机构的总称，其是保证列车准确停车与安全运行必不可少的装置。传统的铁路车辆制动系统均采用自动式空气制动机，其悬挂在车底架上。客车车辆常见的制动机类型有 104 制动机、F8 制动机、PM 制动机、LN 制动机等。基础制动装置悬挂在转向架上，根据车辆速度不同，基础制动装置又分为闸瓦制动装置与盘形制动装置。货车车辆常见的制动机类型有 103 制动机、120 制动机等，货车车辆均采用闸瓦基础制动装置。

4）车钩缓冲装置

车钩缓冲装置安装在车底架上，是实现车辆之间的连接、牵引及缓冲的结构。传统的铁路车辆采用的均为非刚性的自动车钩，可实现连挂、牵引、缓冲的作用，常见的客车车钩为 15 号车钩，其属于下作用式车钩装置，配备 G1 等类型缓冲器。常见的货车车钩有 13A、16、17 号车钩等，其中 16、17 号车钩配备在重载货车上。

5）车内设备

车内设备是指设于车体内部，能实现更好运输条件的固定附属设施，如座椅、空调、取暖设施、通风设施、给水设施等，由于客车车辆类型不同，车内设备种类也不同。货车车辆的车内设备较为简单，例如，保温冷藏车内的空调装置，平车上的货物固定装置等。

2. 客车车辆的分类

1）按运营类型划分

（1）高速客车：新建设计开行 250 km/h（含预留）及以上动车组列车、初期运营速度不小于 200 km/h 的客车车辆。

（2）准高速客车：运行技术速度为 160~200 km/h 的客车车辆。

（3）普通客车：运行速度小于 160 km/h 的客车车辆。

（4）城市轨道交通车辆：在城市中或城际间运行的短途车辆，如轻轨、地铁、低地板车辆等。

2）按车辆用途划分

（1）运输旅客车辆。

运输旅客车辆是客车车辆中数量最多的种类，其又可分为硬座车、软座车、硬卧车、软卧车、双层客车等。

硬座车供旅客乘坐使用，是设有硬席座椅设备的座车，其是旅客列车中的主要类型，每节车厢可容纳的旅客人数较多。我国新造的硬座车座席定员 118 人（带有办公席的硬座车定员 112 人）。硬座车座位的靠背为高回弹聚氨酯材料，相对的两组座椅中心距离在 1 800 mm以下。

硬座车如图 1-2-3 所示。

图 1-2-3　硬座车

软座车的基本作用与硬座车相同，也是供旅客乘坐使用。软座车内的主要设备虽然还是座席，但座垫和靠背均有弹簧装置，座椅间距离较大，相对的两组座椅中心距离在 1 800 mm以上。软座车座席定员为 80 人左右，车内装饰比硬座车考究，软座车舒适性较高。

软座车如图 1-2-4 所示。

图 1-2-4　软座车

硬卧车供长途旅客乘坐及睡眠使用。目前，在长途旅客列车中，它是仅次于硬座车的主要车型。硬卧车车内的主要设备是硬席卧铺，硬卧车一般定员 66 人，车内分成若干个敞开式的隔间，每个隔间内设有上、中、下 3 层共 6 个铺位，少数硬卧车像软卧车那样设计成包间式。

硬卧车如图 1-2-5 所示。

图 1-2-5　硬卧车

软卧车的基本作用与硬卧车相同，也是供长途旅客乘坐及睡眠使用。软卧车编挂在长途旅客列车中，车内主要设备是软席卧铺，卧铺垫有弹簧装置，软卧车设计成包间式，一般定员 36 人，每个包间定员不超过 4 人，分上、下两层。

软卧车如图 1-2-6 所示。

图 1-2-6　软卧车

双层车为上、下两层客室的座车或卧车。

双层车如图 1-2-7 所示。

(2) 服务旅客车辆。

为旅客服务的车辆一般分为餐车、行李车、邮政车等，其编挂在旅客列车中。

图 1-2-7　双层车

餐车如图 1-2-8 所示。

图 1-2-8　餐车

行李车如图 1-2-9 所示。

图 1-2-9　行李车

邮政车如图 1-2-10 所示。

图 1-2-10　邮政车

（3）特殊用途车辆。

特殊用途车辆是指具有某些特定用途的专用车辆，如轨道检测车、公务车，等等。轨道检测车局部如图 1-2-11 所示。

图 1-2-11　轨道检测车局部

图 1-2-12 为轨道检测车在工作。

图 1-2-12　轨道检测车在工作

轨道检测车外观如图 1-2-13 所示。

图 1-2-13　轨道检测车外观

3. 货车车辆的分类

铁路货车是用于运输货物、为运输货物服务，以及原则上编组在货物列车中使用的车辆。按其用途分为通用货车、专用货车和特种货车三类。

1）通用货车

通用货车的特点是能够装运各种不同类型的货物，其主要分为以下几种类型。

（1）敞车。

敞车不设车顶，用于运输各种无须严格防止湿损的货物。通常其端墙和侧墙的高度在 0.8 m 以上，故又称高边车。敞车主要用于装运散装粒状货物（如煤炭、矿石、砂石等）、木材、钢材等，也可装运质量、体积均不太大的机械设备。若加盖防雨篷布，敞车便可装运怕风吹雨淋的货物。敞车约占铁路货车总数的 56%。敞车如图 1-2-14 所示。

图 1-2-14　敞车

（2）棚车。

设有车顶和门、窗，可防止雨水进入，供运输各种防止湿损、日晒或散失的货物的车辆称为棚车。棚车主要用于运送粮食、化肥、纺织品、仪器等。棚车设有简单的车内设备，必要时可用来运输人员或动物。棚车如图 1-2-15 所示。

图 1-2-15　棚车

（3）平车。

平车底架承载面为一平面，通常两侧设有柱插，有时还设有可向下翻倒的端墙和侧墙。平车主要用于装运木材、钢材、汽车、拖拉机、机械设备及军用装备等较大的货物。平车如图 1-2-16 所示。

图 1-2-16　平车

2）专用货车

专用货车是专供装运某些限定种类货物的货车，其主要分为以下几种类型。

（1）罐车。

设有罐体，供运输液体、液化气体或粉状货物等的车辆称为罐车。罐车根据运送货物的不同可分为轻油罐车、黏油罐车、酸碱类罐车、液化气体罐车和粉状货物罐车五类。

罐车按卸货方式可分为上卸式罐车、下卸式罐车等。罐车如图 1-2-17 所示。

（2）集装箱车。

底架承载面与平车相同但无地板，设有固定集装箱的设备，专供运输集装箱的车辆称为集装箱车。采用集装箱车运输可大幅度提高装卸车效率，加速车辆周转。集装箱车如图 1-2-18 所示。

图 1-2-17　罐车

图 1-2-18　集装箱车

（3）保温车。

保温车车体设有隔热层，能减少车内外的热交换，常用于运输易腐或对温度有特殊要求的货物。根据制冷及保温方式的不同，保温车有加冰冷藏车（冰保车）和机械冷藏车（机保车）之分。保温车如图 1-2-19 所示。

图 1-2-19　保温车

（4）矿石车。

用于运输矿石的车辆称为矿石车。矿石车的车体有固定的侧端墙和卸货用的特殊车门（如底开门）。矿石车如图 1-2-20 所示。

图 1-2-20　矿石车

（5）长大货物车。

用于运输特大或特长货物的车辆称为长大货物车，如凹底平车、落下孔车、双支撑车、钳夹车，以及载重在 90 t 及以上、车长在 19 m 以上的平车等。长大货物车如图 1-2-21 所示。

图 1-2-21　长大货物车

（6）家畜车。

设有运输活家畜（家禽）设备的车辆称为家畜车，其主要用于运输活牛、活猪、活羊等活家畜（家禽）。家畜车车体内还设有押运人员乘坐间。家畜车如图 1-2-22 所示。

图 1-2-22　家畜车

（7）水泥车。

水泥车用于运输散装水泥。水泥车按卸货方式可分为上卸式水泥车和下卸式水泥车等；按罐体的结构分为立罐式水泥车和卧罐式水泥车。使用水泥车装运水泥可节约大量的包装材料和劳动力，降低生产成本。水泥车如图 1-2-23 所示。

图 1-2-23　水泥车

（8）毒品车。

运输有毒物品（如农药等）的车辆称为毒品车。毒品车在车体两侧车门上涂打有“毒品专用车”和毒品标志，车体一般刷成黄色或刷有黄色色带。毒品车如图 1-2-24 所示。

图 1-2-24　毒品车

（9）自动倾翻车。

车体在绕轴向任一侧回转的过程中，侧门能自动打开卸货的车辆称为自动倾翻车。自动倾翻车按动力分为风动倾翻车和液压倾翻车等。自动倾翻车主要用于运送煤炭、矿石等，可大大提高卸车效率，减轻作业人员劳动强度。自动倾翻车如图 1-2-25 所示。

图 1-2-25　自动倾翻车

3）特种货车

具有特别用途或特殊结构的货车称为特种货车，其主要分为以下几种类型。

（1）救援车。

救援车是用于排除线路障碍物及修复线路故障的车辆。一般在编成编组的救援列车中，包括起重吊车、修复线路材料车、工具车、救援人员食宿车等。救援车如图 1-2-26 所示。

图 1-2-26　救援车

（2）检衡车。

检衡车是设有砝码或其他相关操作设备，用于检定轨道衡（大型专用地秤）性能的车辆。检衡车如图 1-2-27 所示。

图 1-2-27　检衡车

（3）无缝钢轨运输车。

无缝钢轨运输车用于运送、回收 250 m 的超长钢轨，其一般由多种车辆组合而成。无缝钢轨运输车如图 1-2-28 所示。

（4）除雪车。

除雪车主要用于扫除铁道上的积雪，其头部设有除雪板，尾部与机车连接。除雪车如图 1-2-29所示。

图 1-2-28　无缝钢轨运输车

图 1-2-29　除雪车

知识点 1.2.2　铁道客车车辆的常见标记

为了便于铁道车辆的运用管理，在铁道车辆指定部位涂打的用于标明车辆的配属、用途、编号、主要参数、方向、位置等的文字、数字与代号称为车辆标记。车辆标记包括共同标记和特殊标记两类。共同标记包括车型车号标记、产权制造标记及性能标记。

《铁路技术管理规程》（普速铁路部分）规定，车辆应有识别的标记：路徽、车型、车号、制造厂名及日期、定期修理的日期及处所、自重、载重、容积、换长等；车辆应有车号自动识别标签；客车及固定配属的货车上应有所属局段的简称；客车还应有车种、定员、最高运行速度标记；罐车还应有容量计表标记；电气化区段运行的客车、机械冷藏车等应有“电化区段　严禁攀登”标记。

1. 车型车号标记

车型车号标记由基本型号、辅助型号、车辆制造顺序号码三部分组成，其简称“车号”。客车的车号涂打在车体两外侧墙板靠车门处，并在客车内部两内端门上方各安装 1 块带定员标识的车内车号牌。

车体外的车型车号标记如图 1-2-30 所示。

图 1-2-30　车体外的车型车号标记

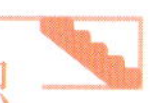

车内车号牌如图 1-2-31 所示。

图 1-2-31　车内车号牌

1）基本型号

基本型号指代的是车辆的车种，其用字母来表示，客车车辆基本型号如表 1-2-1 所示。

表 1-2-1　客车车辆基本型号

序号	车种	基本型号	序号	车种	基本型号
1	软座车	RZ	9	医疗车	YL
2	硬座车	YZ	10	卫生车	WS
3	软卧车	RW	11	文教车	WJ
4	硬卧车	YW	12	公务车	GW
5	行李车	XL	13	特种车	TZ
6	邮政车	UZ	14	试验车	SY
7	餐　车	CA	15	救援车	JY
8	发电车	KD	16	轨道检测车	DJ

2）辅助型号

辅助型号如图 1-2-32 所示。同一车种的车辆会存在不同的结构、材料或设施分布，为了区分这些不同的系列，将阿拉伯数字和字母进行组合作为下标，附在基本型号右侧，将这些下标标记称为辅助型号，例如，图 1-2-32 中“RZ_{25T}”中的“25T”。

图 1-2-32　辅助型号

3）车辆制造顺序号码

车辆制造顺序号码是按照预先规定的规则而编排的某一车种的制造顺序号码，用以区分同一类型的不同车辆，其用阿拉伯数字表示，标记在辅助型号右侧，例如，图 1-2-32 中“RZ_{25T} 111055”中的“111055”。

2. 产权制造标记

1）国徽标记

参加国际联运的客车，在车体两侧外墙板中心必须安装国徽标记，国徽标记如图 1-2-33 所示。

2）路徽标记

中国铁路总公司所属的客车均应在车体两端外墙板上涂打路徽标记，路徽标记如图 1-2-34 所示。

图 1-2-33　国徽标记

图 1-2-34　路徽标记

3）制造厂铭牌

新造客车应在车体二位或三位脚蹬上安装金属的制造厂铭牌，其内容包括制造厂名与制造年份，式样由制造单位确定。制造厂铭牌如图 1-2-35 所示。

图 1-2-35　制造厂铭牌

4）配属标记

客车车辆配属给指定局、段和有关单位管理的客车，应在车体两端外墙板左侧涂打配属单位的简称，例如，图 1-2-36 中的“哈局三段”，其指的是该车隶属于中国铁路哈尔滨局集团有限公司三棵树车辆段。

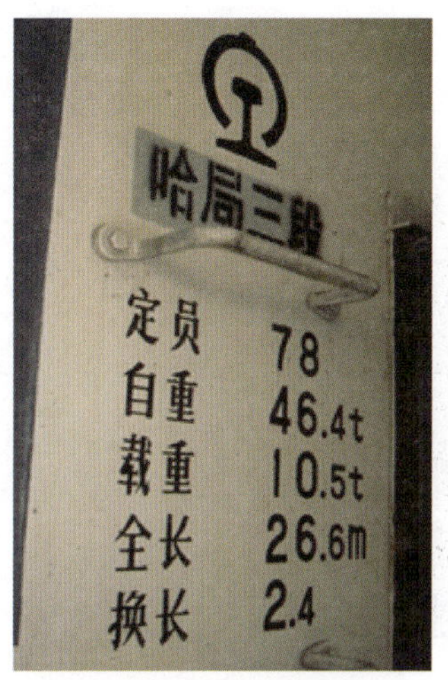

图 1-2-36　客车配属标记和性能标记

3. 性能标记

如图 1-2-36 所示，客车的性能标记包括定员、自重、载重、全长、换长和容积（行李车、邮政车）等，多数性能标记涂打在客车车体端墙板左侧。

1）定员标记

每辆车上允许乘坐的旅客人数，即定员。

2）自重标记

在空车时，车辆自身具备的质量称为自重。其以 t 为计量单位，保留一位小数。

3）载重标记

车辆可装载的货物或旅客及行李包裹的质量，称为车辆的载重。其以 t 为单位，保留一位小数。

4）全长标记

全长指车辆在不受纵向外力影响时，当两端车钩闭锁时连接线间的距离，其以 m 为单位，保留一位小数。

5）换长标记

车辆长度除以 11 所得之值称为车辆的换长，它是车辆长度换算标记，保留一位小数，采用换长标记是为了简化计算列车的编组长度。

6）容积标记

车辆内部可容纳货物的体积为车辆的容积，此标记只用于行李车与邮政车。其以 m^3 为单位，保留一位小数，涂打在载重标记下方。

7）最高运行速度标记

在客车车体的 1、4 位侧梁上涂打该车的最高运行速度标记，最高运行速度标记如图 1-2-37 所示。一般最高运行速度离最高试验速度还有一定的余量，以保证行车安全。

图 1-2-37　最高运行速度标记

8）“电化区段　严禁攀登”标记

为了保证电气化区段的作业安全，在电气化区段运行的客车，应有“电化区段　严禁攀登”的安全性标记，其一般标记在车辆 1、4 位端部的登顶扶梯处。“电化区段　严禁攀登”标记如图 1-2-38 所示。

图 1-2-38　“电化区段　严禁攀登”标记

知识点 1.2.3　铁道货车车辆的常见标记

货车车辆标记与客车车辆标记类似，由共同标记与特殊标记构成，其中共同标记由车型车号标记、产权制造标记、性能标记组成，本书只介绍其与客车车辆不同的标记内容。

1. 车型车号标记

货车车辆应在车体两侧侧墙或活动墙板上涂打“大车号”，在车底架侧梁或侧墙下缘涂打“小车号”（车底架侧梁为鱼腹梁除外）。当车辆各处“涂打”的车型车号不一致时，以车辆 1 位侧梁上“涂打”的车型车号为准。货车车型车号标记如图 1-2-39 所示。

图 1-2-39　货车车型车号标记

1）基本型号

货车车辆基本型号如表 1-2-2 所示。

表 1-2-2 货车车辆基本型号

序号	车种	基本型号	序号	车种	基本型号
1	敞车	C	8	长大货物车	D
2	棚车	P	9	毒品车	W
3	平车	N	10	家畜车	J
4	罐车	G	11	水泥车	U
5	保温车	B	12	粮食车	L
6	集装箱车	X	13	特种车	T
7	矿石车	K	14	守车	S

2）辅助型号

同一车型系列的货车车辆会存在不同之处，例如，在载重、车体材料、内部特殊设施等方面会有所不同，这些特征用阿拉伯数字或大写字母表示，附在基本型号右下角，例如，图 1-2-40 中“P_{64GK}”中的“64GK”。

图 1-2-40 货车辅助型号标记

3）车辆制造顺序号码

图 1-2-40 中“P_{64GK} 3461073”中的“3461073”即为车辆制造顺序号码。

2. 产权制造标记

货车车辆的产权制造标记与客车车辆类似，在此不再赘述。

3. 性能标记

货车车辆的性能标记包括载重、自重、容积、换长、冰重（加冰冷藏车）、整备重（发电乘务车）等，性能标记“涂打”在车体两侧外墙板上。货车性能标记如图 1-2-41 所示。本书只对与客车车辆不同的标记内容做介绍。

1）容积

容积标记下方需要附括号，在括号内列出长、宽、高标记，其以 m^3 为计量单位，保留一位小数。敞车及煤车在括号内仅“涂打”长、宽标记；平车、砂石车、长大货物车不“涂打”容积标记，仅“涂打”长、宽标记；罐车在容积标记下方应“涂打”编号标记——“容量计表 XB”（XB 表示新的容量计表），其是表示容量计算表的号码。除了规定的淘汰型罐车与路用水槽车外，罐车还应在有走板一端的端板上“涂打”容积计表标记。

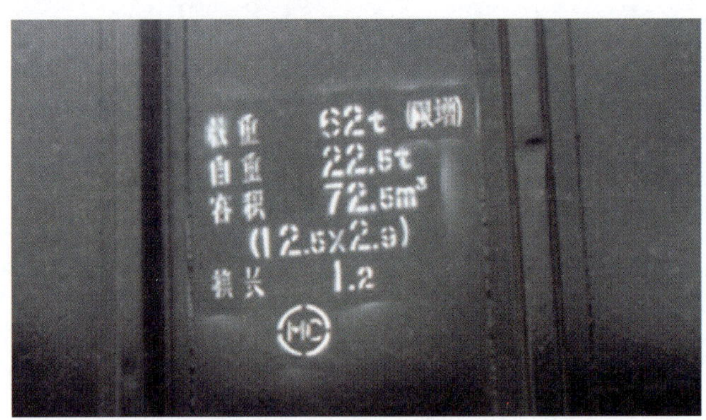

图 1-2-41　货车性能标记

2）冰重

加冰冷藏车（冰冷车）要标明车内允许的装冰量，即“冰重”，其以 t 为计量单位，“涂打”在载重标记下方。

3）整备重

在机械冷藏车组的发电乘务车等车辆中，为保证编组车辆的正常工作而必须配备的食品、燃料、水、工具等的质量之和称为“整备重”，其以 t 为计量单位，涂打在自重标记下方。

4. 特殊标记

1）集中载重标记

集中载重标记是标明货车车辆中部一定尺寸范围内允许承受装载质量的标记。载重大于或等于 60 t 的平车、长大货物车和需要标明集中载重的货车，应按照规定在车底架侧梁中部涂打集中载重标记。

2）货车结构特点标记

货车结构特点标记如表 1-2-3 所示。

表 1-2-3　货车结构特点标记

标记	含义
(拴马环符号)	具有拴马环或其他拴马装置的货车。该标记涂打在车体两侧性能标记的下方
(MC)	符合参加国际联运技术条件的货车。该标记涂打在车体两侧性能标记的下方
(卷)	在侧梁端部装有卷扬机挂钩的货车。该标记涂打在 1、4 位端部
(特)	允许运输特殊货物的货车。该标记涂打在车体两侧性能标记的下方
(人)	具有车窗、床托等设备，当必要时可运输人员的货车。该标记涂打在车体两侧性能标记的下方
(关)	当活动墙板及其他活动部分翻下时超过车辆限界的货车。该标记涂打在门内侧及侧梁中部
(驼峰符号)	禁止通过机械化驼峰的货车。该标记涂打在车体两侧性能标记的下方
(超)	某部分结构超出车辆限界的货车。该标记涂打在明显位置

3）运用特殊标记

在部分货车车辆上还“涂打”了各种运用特殊标记，如毒品车上应“涂打”“毒品专用车”的字样，以及毒品标志，毒品车运用特殊标记如图 1-2-42 所示。长大货物车上应“涂打”限速标记和限制曲线半径标记，长大货物车运用特殊标记如图 1-2-43 所示。

图 1-2-42　毒品车运用特殊标记

图 1-2-43　长大货物车运用特殊标记

任务 1.3　铁道车辆方位及基本尺寸

任务目标

1. 掌握铁道车辆的方向及方位知识
2. 掌握车辆的轴距与定距知识

知 识 点

1. 车辆方位
2. 车辆基本尺寸

知识点 1.3.1　车辆方位

为了便于管理和检修，车辆的方向与配件位置有统一的确定方法。

1. 车辆方向

当车辆位于平直线路时，沿轨道方向定为车辆纵向，垂直于轨道方向为车辆横向。车辆方向示例如图 1-3-1 所示。

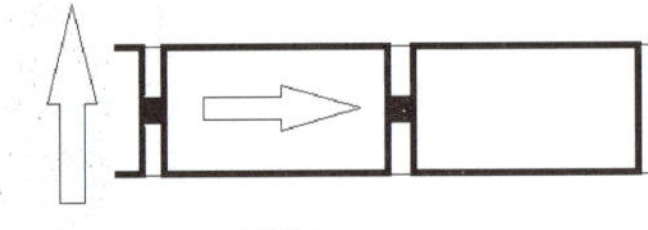

图 1-3-1　车辆方向示例

2. 车辆的方位

车辆方位示例如图 1-3-2 所示。车辆的方位规定：以制动缸活塞杆伸出的一端为 1 位端，与 1 位端相反的另一端为 2 位端。在 1 位端一般装有手制动机。对于有多个制动缸的情况（长大货物车），应以装有手制动机的一端为 1 位端；当车辆两端均装有手制动机时，由设计部门自行规定 1 位端的位置，以出厂时所“涂打”的标记为准。

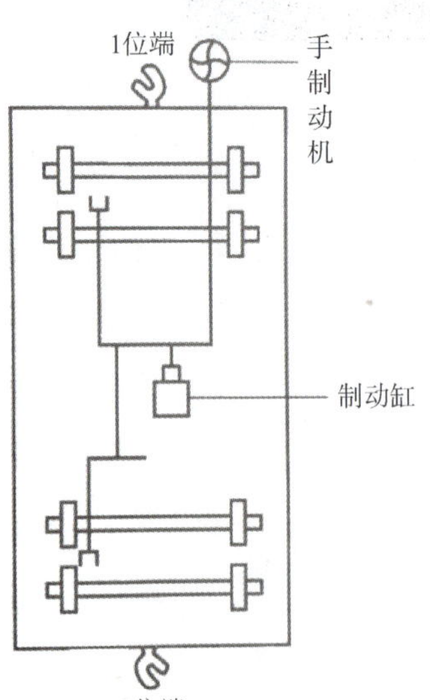

图 1-3-2　车辆方位示例

车辆 1 位端示例如图 1-3-3 所示。

3. 车辆零部件方位

车辆上的车轴、车轮、轴箱、车钩、转向架、车底架各梁和其他部件的位置，如果是纵向排列的，由 1 位端起至 2 位端止，以自然数顺次标注；如果位置是左右对称的，则站在 1 位端，面向 2 位端，由 1 位端开始，从左到右以自然数顺次标注。车辆零部件方位示例如图 1-3-4 所示。

图 1-3-3　车辆 1 位端示例

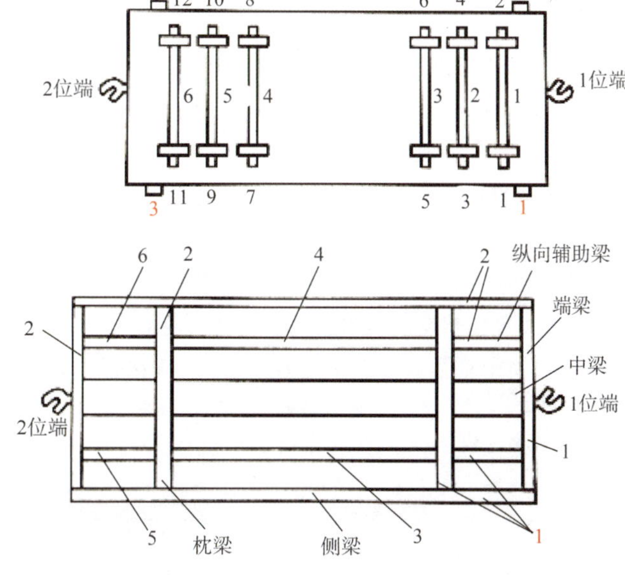

图 1-3-4　车辆零部件方位示例

轴箱装置位置如图 1-3-5 所示。

图 1-3-5　轴箱装置位置

知识点 1.3.2　车辆基本尺寸

1. 车辆的轴距与定距

当车辆运行在曲线上时，车体或转向架中心线与线路中心线不一致，这种不一致的程度越大，轮缘与钢轨之间的磨损越大。为了克服这种问题，除在线路铺设时限制曲线半径及设置外轨超高与轨距加宽外，在车辆制造上，对轮轴尺寸也要加以规定与限制。

1）全轴距

全轴距如图 1-3-6 中的 B 所示。在一辆车中，最前位车轴和最后位车轴中心线间的水平距离称为全轴距。对于四轴车来说，全轴距不得小于 17 000 mm，全轴距过小，会引起车体剧烈的点头振动，也容易引起脱轨或脱钩事故。

2）车辆定距

车辆定距如图 1-3-6 中的 C 所示。车辆定距又称心盘中心距，是车辆心盘中心销（或牵引销）中心线之间的水平距离。车辆定距是车辆计算中不可缺少的技术参数，在设计车辆时，一般取车辆全长与车辆定距之比为 1.4∶1。铁路车辆定距一般为 18 000 mm，双层客车车辆定距一般为 18 500 mm。

3）固定轴距

固定轴距如图 1-3-6 中的 D 所示。同一转向架中最前位车轴和最后位车轴中心线间的水平距离称为固定轴距。固定轴距过大，在车辆通过曲线时，会导致外侧车轮挤压钢轨内侧面，加剧轮缘与钢轨的磨耗；固定轴距过小，会增大车辆的振动，导致乘坐舒适度下降。一般铁路货车车辆的固定轴距为 2 400~2 600 mm，铁路客车车辆的固定轴距为 2 400~2 700 mm。

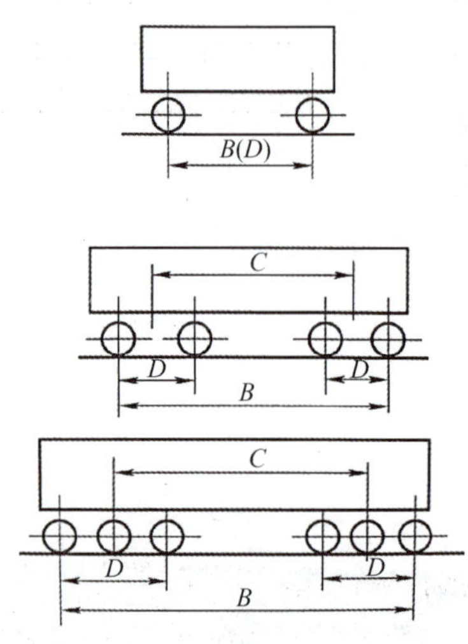

图 1-3-6　车辆的轴距与定距

2. 车辆其他尺寸

1）车体长度

车体长度指车体两端墙外表面的水平距离（非压筋处）。

2）底架长度

底架长度指底架两端梁外表面间的水平距离。

3）车体高度

车体高度指当空车时，车体上部外表面至钢轨水平面的垂直距离。

4）车体宽度

车体宽度指车辆两侧墙的最外凸出部位之间的水平距离。

5）最大宽度

最大宽度指车辆侧面的最外凸出部位与车体纵向中心线间的水平距离的 2 倍。

6）最大高度

最大高度指当空车时，车辆上部最高部位至钢轨水平面的垂直距离。

7）车钩中心线高

车钩中心线高指当空车时，车钩钩舌中心线至钢轨水平面的垂直距离。

8）车体内部主要尺寸

（1）车体内长：车体两端墙板内表面间的水平距离。

（2）车体内宽：车体两侧墙板内表面间的水平距离。

（3）车体内中心高：由地板上平面至车顶中央部位内表面间的垂直距离。

9）地板面高度

地板面高度指当空车时，地板上表面至轨面的垂直距离。

实训　铁道车辆认知实训

<table>
<tr><td>实训名称</td><td colspan="2">铁道车辆认知实训</td></tr>
<tr><td>实训目标</td><td colspan="2">1. 掌握铁道车辆类型知识
2. 掌握铁道车辆基本组成知识
3. 识别铁道车辆常见标记</td></tr>
<tr><td>实训设备</td><td colspan="2">铁道客车一辆、铁道货车一辆</td></tr>
<tr><td>实训要求</td><td colspan="2">1. 穿好实训服，做好自身安全防护
2. 实训期间不得随意翻越、攀爬铁道车辆，不得随意离开实训场地</td></tr>
<tr><td rowspan="3">实训内容</td><td>铁道客车车辆（40%）
1. 判断铁道客车车辆的类型并识别车型、车号标记
2. 识别铁道客车车辆产权制造标记与性能标记</td><td>完成情况：</td></tr>
<tr><td>铁道货车车辆（40%）
1. 判断铁道货车车辆的类型并识别车型、车号标记
2. 识别铁道货车车辆产权制造标记、性能标记，以及特殊标记</td><td>完成情况：</td></tr>
<tr><td>说明铁道客车车辆与铁道货车车辆在结构上的区别（20%）</td><td>完成情况：</td></tr>
<tr><td rowspan="2">实训考核结果</td><td colspan="2">自我评价</td></tr>
<tr><td colspan="2">教师考核</td></tr>
<tr><td>备注</td><td colspan="2">1. 实训是否分组进行，可根据实训条件进行调整
2. 教师考核方式可根据真实情况确定</td></tr>
</table>

复习思考题

1. 常见的通用货车有哪些类型？
2. 车辆的 1 位端如何确定？
3. 车辆的轴距与定距有何意义？

项目2

轮对及轴箱装置

导言

铁道车辆的轮轴通常指轮对及轴箱（油润）装置组成的整体结构。

轮对是车辆与钢轨接触的部分，由左右两个车轮压装在同一根车轴上。轮对的作用是保证铁道车辆在钢轨上运行和转向，承受来自车辆的全部静、动载荷并将其传递给钢轨，将因线路不平顺产生的载荷传递给车辆各零部件，另外，车辆的驱动和制动也是通过轮对起作用的。轴箱装置将轮对和构架紧密地联系在一起，防止热轴，保证车辆安全、可靠运行。

自轮轴出现以来，其结构、材料、尺寸、设计理念等都经历了较大的变化。我们通过对轮轴研发、制造的重点企业进行分析，探究我国轮轴制造的自主创新之路。

太原重工股份有限公司（简称太原重工）是轮轴生产行业中的典型榜样，为我国轨道交通装备事业的发展做出了诸多贡献。

1950 年，党的七届三中全会在北京召开，会议提出要集中力量恢复我国的财政经济状况，同年，太原重工的前身太原重型机器厂成立，这是新中国自行设计、建造的第一座重型机械制造企业。1964 年，周恩来连续两日在三届全国人大一次会议上作政府工作报告，指出：今后发展国民经济的主要任务，就是要在不太长的历史时期内，把我国建设成为一个具有现代农业、现代工业、现代国防和现代科学技术的社会主义强国，赶上和超过世界先进水平。也正是在那一年，太原重工研制了我国第一条车轮生产线的大型锻造设备，为中国铁路的发展做出了重要贡献，但当时太原重工的生产模式是单件小批，而铁路轮轴产品适合批量化生产，这是一种全新的挑战。

1978 年，党的十一届三中全会拉开了改革开放的大幕，随着经济体制改革的不断深入，企业经营自主权也越来越大。1989 年，太原重工引进了奥地利生产的精锻机，建成年产 8 万根轮轴的生产线，这是太原重工历史上第一个批量化产品。从 20 世纪 90 年代中期开始，太原重工在市场经济的冲击下陷入低迷，加快产品结构调整势在必行，而引进国外先进技术或许会给太原重工的发展带来转机，但引进成本高达 1.45 亿元，当时企业处于经营困难时期，人们将引进国外先进技术看作是“希望之光、胜利之火、生命线工程”，希望它能带来规模和效益。1997 年 3 月，引进的钢轮生产线正式进入大规模的设备安装阶段，来自 20 多个单位的职工，一起在现场加班加点，都在为这条钢轮生产线奉献着，厂区里一派热火朝天的“大战”景象。1997 年 6 月 30 日，在香港回归祖国和党的 76 岁生日前夜，太原重工人战胜了无数困难，终于成功轧制了第一片合格的钢轮。

正当人们沉浸在喜悦中时，意想不到的情况出现了：钢轮生产线反复出现不正常状况，生产不能连续，更无法形成规模，最少时一年只能生产几千个钢轮。造成这种现象的根本原因是由于企业在引进生产设备时对批量化连续生产缺乏理解，技术人员对批量化连续生产没有概念，他们所熟悉的工艺流程、设备管理等都是针对单件小批量模式的。加上对流水线的集中管理缺乏经验，导致了产量低下，废品率高，这使得太原重工钢轮厂年年亏损，累计亏损额高达五六千万元之巨。当初的“生命线工程”，反而“拖了企业发展的后腿”，关键时刻，钢轮厂全体职工的信念是坚定的：批量化转型的成功，不是一朝一夕的事，走一条新路，必须付出代价，但更值得坚守。

要实现“两个一百年”奋斗目标，一些重大核心技术必须靠自己攻坚克难。1999 年，太原重工一次性下拨 3 000 余万元巨资用于技术改革，对钢轮厂的生产线进行“完善化改造”。2005 年，钢轮厂第一次出现盈利，单月锻轧钢轮量第一次突破了 7 000 片。2006 年单月锻轧钢轮量突破了 1 万片。2010 年，单月锻轧钢轮量突破了 2.5 万片，钢轮成为了太原重工效益最好的产品板块之一。2007 年，太原重工轮轴分公司成立，2009 年新建的轮对厂投产。此时，太原重工已经成为国内唯一可以同时生产铁路车轮、车轴及轮对产品的企业，也成为欧洲地区外第一家获得欧洲铁路产品 EC 认证的公司。

“十一五”末，随着国内高速铁路和城市轨道交通领域的快速发展，拉动了对动车组列车、城市轨道交通车辆及快速重载货车的需求。虽然太原重工已经对批量化生产轮轴产品有了技术和管理储备，但生产线相对于新型车辆来说已经较为老旧，无法满足国家和企业发展的需要。凭借着对批量生产轮轴能力的充足信心，太原重工投资 20 多亿元，在太原经济开发区上马了高速列车关键零部件国产化项目。2012 年 10 月，太原重工高速列车关键零部件国产化项目基地投产，当今世界上最先进的轮轴生产线投入运行，成功锻轧出第一批参数合格的轮轴。这条生产线，成为世界上自动化、信息化、数字化程度最高，单线生产能力最大的轮轴生产线。来自德国西马克公司的鲁道夫先生说：“这里每个区域的设备都代表了当今世界行业内最尖端的水平。”

“科技体制改革要敢于啃硬骨头，敢于涉险滩、闯难关，破除一切制约科技创新的思想障碍和制度藩篱。”2018 年 5 月 28 日，在中国科学院第十九次院士大会、中国工程院第十四次院士大会上，习近平总书记作出重要指示。而太原重工轨道交通业务几经重大历史抉择，从连年亏损到盈利大户，从绝境般的谷底到无止境的高峰，从黑暗中的坚守到春天里的曙光，浓墨重彩地书写了大写加粗的“卓越”，彪炳着太原重工人敢于打拼、敢于奋进的卓然气质。

太原重工生产的轮对及轴箱装置正是本项目介绍的主要内容。

本项目介绍了轮对的组成、结构及技术参数，轴箱装置的组成与类型。

任务2.1 车 轴

任务目标

1. 掌握车轴结构知识
2. 掌握车轴型式、尺寸及标记知识

知 识 点

1. 车轴结构及材质
2. 车轴型式、尺寸及标记

知识点2.1.1 车轴结构及材质

车轴作为铁道车辆走行部中重要的组成部件，对车辆行车安全起着非常重要的作用。

我国铁道车辆的车轴最初装用滑动轴承（如A、B、C、D等型号的车轴），随着铁道车辆车轴由滑动轴承向滚动轴承转变，20世纪70年代，RB_2、RC_2、RD_2、RE_2等型号的车轴开始使用，从1983年起，我国铁道车辆的车轴已全部采用滚动轴承。21世纪初，车轴型式逐渐增多，又出现了RE_{2A}、RD_{3A}等型号的车轴，其材质为40钢和50钢。为满足70 t级货车的需要，2005年，我国设计了RE_{2B}型车轴，材质为50钢。

我国铁道车辆的车轴最初选用的材质为碳素结构钢，由于该钢中所含的硫、磷比优质碳素结构钢多，机械性能相对较差，从20世纪80年代开始，我国确定车轴材质采用专用优质碳素结构钢即40钢。随着科学技术的不断进步，考虑到40钢车轴技术性能的某些不足，我国又研发了50钢车轴，与40钢车轴相比，其允许工作应力有了显著提高，疲劳寿命延长了一倍以上。从2000年起，我国新制车轴已全部采用50钢。

由于我国早期车轴磨削设备落后，车轴只能采用轴颈根部带有卸荷槽的形式，随着磨削设备技术的不断进步，车轴又被设计成两种有卸荷槽（A、C型）和一种无卸荷槽（B型）形式。2005年，中车青岛四方车辆研究所有限公司设计出轴颈与防尘板座均采用无卸荷槽形式的RE_{2B}型车轴。无卸荷槽车轴的出现，极大地避免了有卸荷槽车轴在货车重载、高速运行时易在卸荷槽部位发生冷切事故的现象。

1. 车轴结构

目前，车轴一般采用阶梯形、圆截面结构，分为非盘形轮对车轴（见图2-1-1）及盘形轮对车轴（见图2-1-2）。

轴颈是安装轴承的部位；防尘板座是轴颈和轮座之间的过渡部分，是用来安装后挡的部位；轮座是车轴与车轮相互结合的部位；轴身为车轴中间部分；中心孔是加工车轴或轮对踏面时，机床装夹车轴的位置；轴端螺栓孔用来安装轴端螺栓，轴承前盖可以通过轴端螺栓安装。

车轴在运用过程中，主要承受4类载荷（因车辆自重及载重引起的垂向静载荷；因线

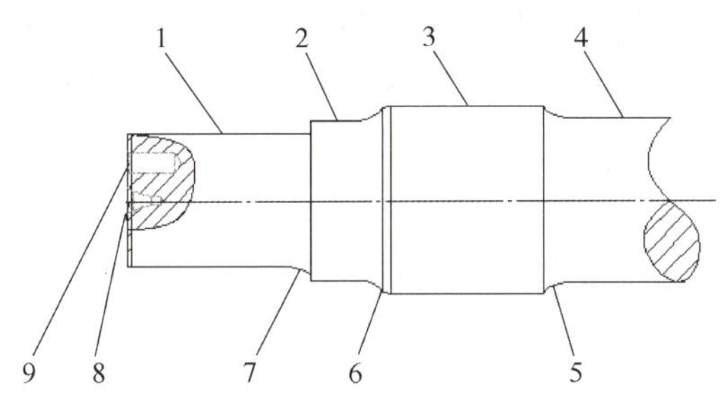

1—轴颈；2—防尘板座；3—轮座；4—轴身；
5—轮座后肩圆弧；6—轮座前肩圆弧；7—轴颈后肩圆弧；8—中心孔；9—轴端螺栓孔。

图 2-1-1 非盘形轮对车轴

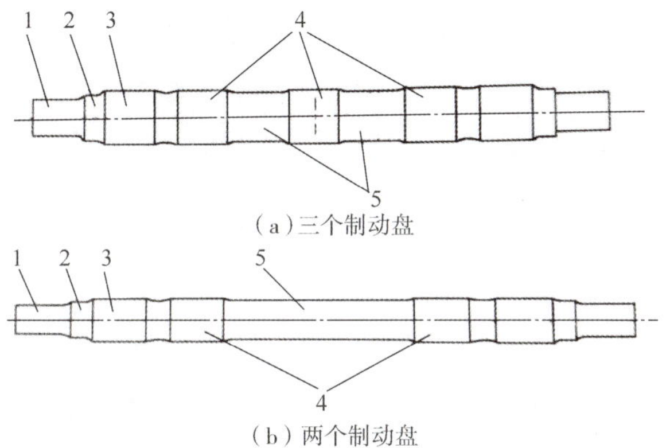

1—轴颈；2—防尘板座；3—轮座；4—制动盘座；5—轴身。

图 2-1-2 盘形轮对车轴

路不平顺等引起车辆振动而产生的垂向动载荷；因车辆上的风力和离心力等引起的横向载荷；因横向载荷引起的轴颈上的垂向附加载荷)。由于车轴各部位承受的载荷不同，各部位截面直径都不相同。防尘板座直径一般应比轴颈大 30 mm。为使轮座和轴身强度比较均衡，轮座直径与轴身直径比值一般为 1. 12~1. 15。

成品车轴轴颈、防尘板座及轮座表面尺寸（直径、圆度、圆柱度）及粗糙度都有严格的要求。轴颈直径不允许在全长范围内向轴颈端部方向逐渐增大，轮座直径不允许在全长范围内向轮座引入端逐渐增大。

2. 车轴的材质要求

铁道车辆用车轴按化学成分进行分类，可分为碳素钢车轴和合金钢车轴，货车和普通客车大部分采用碳素钢车轴，高速列车大多采用合金钢车轴。

车轴由模铸（或连铸）钢坯经过轧制、锻造、热处理、机械加工等流程制造而成。车轴用途不同，其选用的材质也不同，同种材质在不同热处理工艺下，车轴疲劳极限也有较大差别。

碳、锰、硅是钢中最基本的元素，对钢的机械性能和工艺性能有非常明显的影响，将它们控制在一定范围内，能保证钢有较高的综合力学性能。一般情况下，磷、硫都是有害元素。磷将增加钢的冷脆性，使焊接性能变差，降低钢的塑性，使冷弯性能变差，因此，通常要求钢中含磷量较小。硫使钢产生热脆性，降低了钢的延展性和韧性，在锻造和轧制时易造成裂纹，为了避免硫引起热脆现象，通常在钢中加入一定量的锰元素，使硫与锰生成高熔点的 MnS，压力加工后 MnS

将使材料的各向异性增加，因此，应尽可能地降低车轴用钢的硫含量，以保证钢的性能。铬、镍是作为残余元素加以控制的，铬能与碳形成多种碳化物，改善钢的抗氧化作用，提高钢的耐腐蚀性；镍和碳不形成碳化物，镍能细化钢的晶粒度，改善钢的低温韧性。

知识点 2. 1. 2　车轴型式、尺寸及标记

《铁道车辆轮对及轴承型式与基本尺寸》（TB/T 1010—2016）中规定了铁道车辆通用车轴的型号及基本尺寸。

1. 车轴型号说明

车轴型号说明见表 2-1-1。

表 2-1-1　车轴型号说明

代号名称	代号组成	代号	说明
装用轴承类型	用一位字母表示	R	R 表示滚动轴承
轴颈直径系列	用一位字母表示	C	轴颈直径 120 mm
		D	轴颈直径 130 mm
		E	轴颈直径 150 mm
		F	轴颈直径 160 mm
客货型	用一位阿拉伯数字表示	2	货车
		3	客车
		4	车轴带有加长端的客车
制动盘数（无制动盘，无此代号）	客车用一位字母表示	A 或 B	A—客车两盘；B—客车三盘
	货车用一位阿拉伯数字表示	2 或 3	2—货车两盘；3—货车三盘
改型系列（基本型，无此代号）	客车用一位阿拉伯数字表示	1	客车改型
	货车用一位字母表示	A 或 B	货车改型

根据表 2-1-1，RE_{2B}型车轴可理解为：该车轴为滚动轴承车轴，车轴型号为 E 型，轴颈直径为 150 mm，运用于货车，B 为相同轴重型号的车轴增加结构型式的顺序号。

2. 车轴基本尺寸

RD_2型、RE_{2A}型、RE_{2B}型、RF_2型、RC_3型、RD_3型车轴示意图如图 2-1-3 所示。

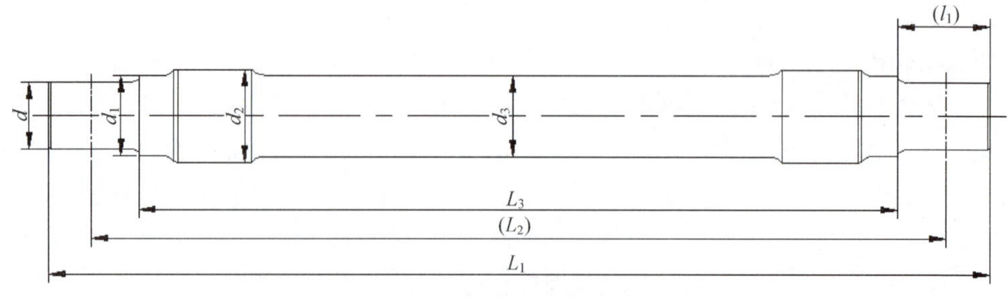

图 2-1-3　RD_2型、RE_{2A}型、RE_{2B}型、RF_2型、RC_3型、RD_3型车轴示意图

RC_4型和 RD_4型车轴示意图如图 2-1-4 所示。

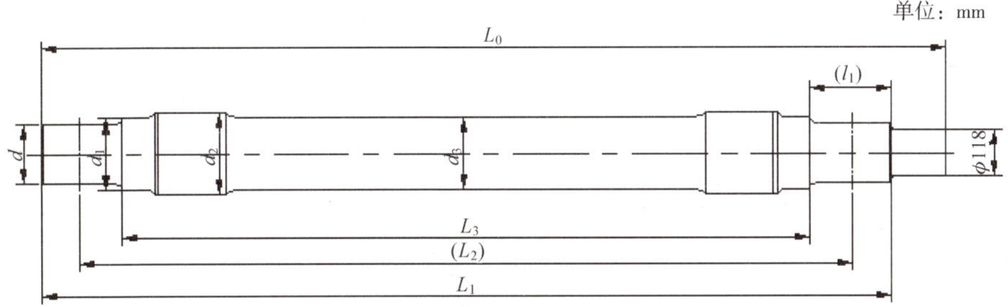

图 2-1-4　RC_4型和 RD_4型车轴示意图

RD_{3A}型和 RD_{3A1}型车轴示意图如图 2-1-5 所示。

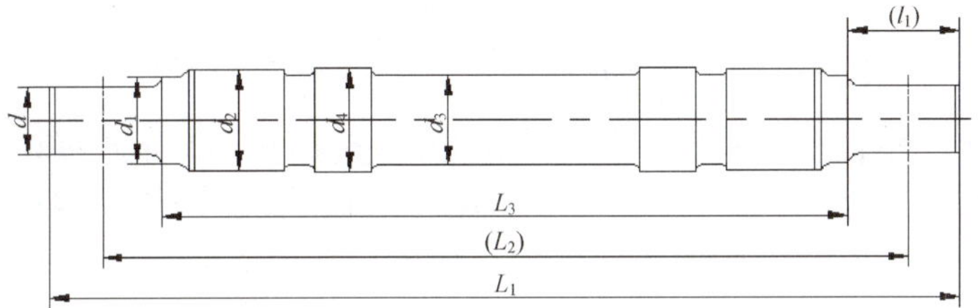

图 2-1-5　RD_{3A}型和 RD_{3A1}型车轴示意图

RD_{4A}型车轴示意图如图 2-1-6 所示。

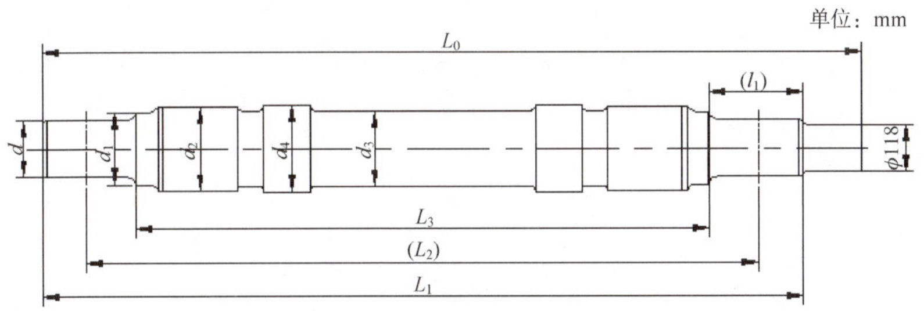

图 2-1-6　RD_{4A}型车轴示意图

车轴基本尺寸见表 2-1-2。

表 2-1-2　车轴基本尺寸　　单位：mm

车轴型号	d	d_1	d_2	d_3	d_4	L_0	L_1	(L_2)	L_3	(l_1)
RD_2	130	165	194	174	—	—	2 146	1 956	1 706	220
RE_{2A}	150	180	210	184	—	—	2 191	1 981	1 731	230
RE_{2B}	150	180	210	184	—	—	2 181	1 981	1 761	210
RF_2	160	190	230	200	—	—	2 214	2 006. 6	1 776. 6	218. 7
RC_3	120	145	178	158	—	—	2 110	1 930	1 728	191
RC_4	120	145	178	158	—	2 270	2 110	1 930	1 728	191
RD_3	130	165	194	174	—	—	2 146	1 956	1 756	195
RD_4	130	165	194	174	—	2 286	2 146	1 956	1 756	195
RD_{3A}	130	165	194	174	198	—	2 146	1 956	1 756	195
RD_{3A1}	130	165	194	174	198	—	2 146	2 000	1 800	195
RD_{4A}	130	165	194	174	198	2 286	2 146	1 956	1 756	195

3. 车轴标记

如图 2-1-7 所示，在车轴两端面上，以轴端中心孔中心与轴端三个螺栓孔中心的假想线及其延长线将轴端分成三等份，形成三个扇区。

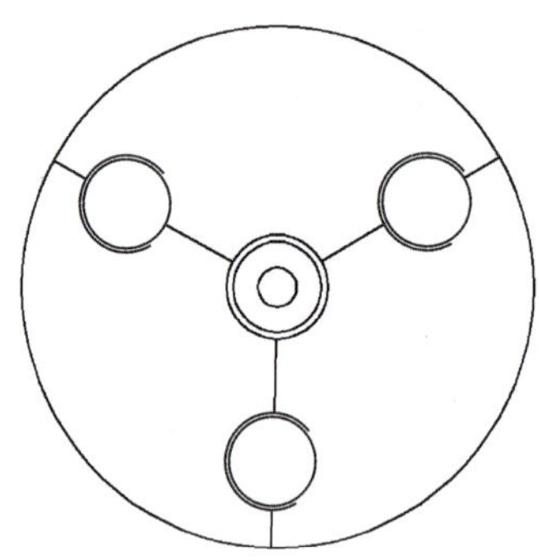

图 2-1-7　车轴标记分区示意图

如图 2-1-8 所示，车轴标记须按规定刻打在某一扇区内，车轴标记包括车轴钢冶炼熔炼号、钢种标记、制造（锻造）单位代号、锻造年月、锻造顺序号（轴号）、方位标记、轴型标记、车轴制造超声波穿透探伤检查钢印标记、超声波穿透探伤工作者的责任钢印标记等。

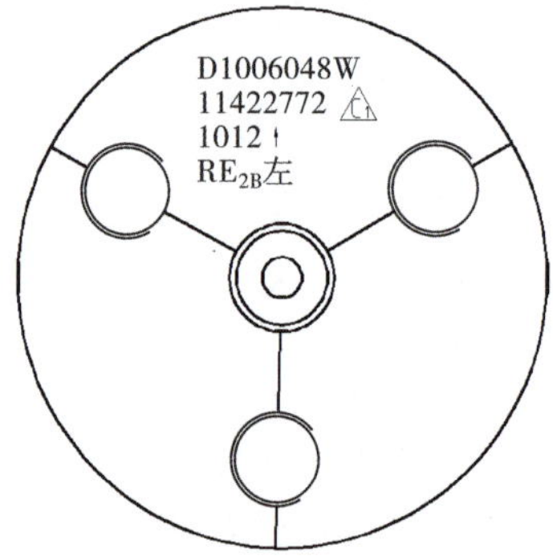

图 2-1-8　车轴标记示意图

任务 2.2 车 轮

任务目标

1. 掌握车轮结构及材质知识
2. 掌握车轮型式、尺寸及标记知识

知 识 点

1. 车轮结构及材质
2. 车轮型式、尺寸及标记

知识点 2.2.1 车轮结构及材质

车轮，同车轴一样，担负着车辆行走的重要任务，发挥着承载、导向、传递制动力和牵引力等作用。

车轮的结构、形状、尺寸、材质是多种多样的，按用途来分，车轮一般可分为整体轮和轮毂轮。轮毂轮一般是主要用于机车等的大型车轮，国外也有一些车辆采用带箍车轮，还有一些专利设计车轮（如“弹性车轮”“消音车轮”等）也采用了分体车轮。整体轮按其材质可分为整体辗钢车轮和整体铸钢车轮。

1. 车轮类型

我国铁道车辆使用的车轮主要有整体辗钢车轮和整体铸钢车轮两种型式。

1）整体辗钢车轮

辗钢车轮是用圆锭和圆坯经过热成形、热处理及机加工等流程制造而成的。

20 世纪 60 年代以前，我国使用的辗钢车轮都是进口的，20 世纪 60 年代初期，我国在国内没有任何车轮制造标准的情况下，按照冶金部、铁道部“两部协议”制造了 840D 型车轮，该型车轮一直采用斜辐板结构型式，踏面为锥形踏面，辐板为不加工的原始轧制表面，车轮辐板上设有两个工艺孔，该型车轮的缺陷是承受制动热负荷的能力较低，轮缘磨耗较严重，辐板孔应力集中比较严重，这些问题影响了铁路运输安全。1984 年，我国成功研制了 LM 磨耗型踏面，减轻了轮缘磨耗。1991 年，我国成功研制了 S 型辐板车轮，取消了车轮辐板孔，消除了因辐板孔边缘应力集中所带来的安全隐患。20 世纪 90 年代，我国最终定型了 HDS 型车轮，该型车轮采用 S 型辐板车轮，轮辋厚度为 65 mm。为了减轻簧下质量，我国设计了轮辋厚度为50 mm的车轮，如 HDSA 型、HESA 型车轮，其辐板均为 S 型，且轮辋、轮毂厚度和车轮质量小。

整体辗钢车轮在综合性能、力学性能、金属利用率和使用寿命方面均优于铸钢车轮。

2）整体铸钢车轮

铸钢车轮是用钢水直接浇铸而成的。

我国铸钢车轮生产起步较晚，20 世纪 90 年代，铁道部从美国引进铸钢车轮制造技术，开始在我国生产铸钢车轮。早期铸钢车轮的型号为 840HZD。为了减轻车轮重量，我国相继设计出 HDZA 型、HDZB 型、HDZC 型车轮。2003 年，我国设计出 HEZB 型车轮，2006 年，又设计出 HDZD 型、HEZD 型车轮等新型车轮。目前，我国 21 t 轴重货车主要使用 HDZD 型车轮，25 t 轴重货车主要使用 HEZD 型车轮。

铸钢车轮具有质量稳定、踏面耐磨性好、生产成本低及安全可靠等优点，但其塑性、韧性等指标劣于辗钢车轮。

2. 车轮结构

自铁路产生以来，人们就对车轮进行了不断的完善、改造。现应用最广的车轮结构示意图如图 2-2-1 所示。

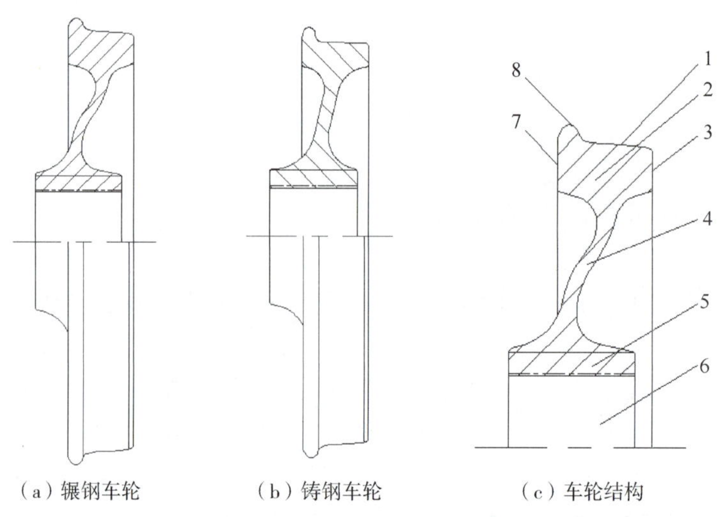

1—踏面；2—轮辋；3—轮辋外侧面；4—辐板；5—轮毂；
6—轮毂孔；7—轮辋内侧面；8—轮缘。

图 2-2-1　现应用最广的车轮结构示意图

踏面是车轮与钢轨接触的部位；轮辋是车轮沿踏面圆周的厚度部分，是车轮运行过程中的磨耗部位；轮辋内、外侧面都属于车轮轮辋；辐板是轮辋与轮毂的连接部分；轮毂位于车轮中央，与辐板相连；轮毂孔是车轮与车轴相配合的部位。轮缘是车轮踏面上靠内侧的凸起部分，是用于保持车轮在钢轨上运行，使车辆转弯并防止其脱轨的部位。

车轮各组成部位都有一定的形状及尺寸要求（如踏面、辐板等的形状，车轮轮径、轮辋厚度、轮缘厚度及高度等尺寸），任何一个部位的形状或尺寸发生变化，都将极大地影响车轮的强度及使用性能。

车轮直径小，可以降低车辆重心，提升车辆动力学性能，增大车体容积，减小车辆簧下质量，但阻力增加，又将增大轮轨的接触应力，增加车轮磨耗，而且，小直径车轮通过轨道凹陷和接缝处对车辆振动的影响将会加大，由此可见，车轮直径的大小，对车辆的运行有很大的影响。目前，国内 21 t、25 t 轴重货车及客车大多采用 840 mm 直径车轮，27 t、30 t 轴重货车及某些动车组车辆一般采用 915 mm 直径车轮。

轮辋宽度尺寸是由车轮和钢轨的搭接量来决定的。只有选取足够的轮轨搭接量，才能保证轮对不脱轨，但轮辋过宽，又将增加车轮自身重量，因此，必须选择合适的轮辋宽度尺寸。目前，铁道车辆轮辋宽度为135~140 mm。

我国铁道车辆采用的踏面为LM磨耗型踏面，该种踏面是在锥形踏面的基础上不断改进、完善形成的。通过多年的运用检验，事实证明，磨耗型踏面可明显减少轮与轨的磨耗，延长车轮的使用寿命，减少车轮检修时修复踏面需镟除的材料，保证车辆直线运行的横向稳定性，改善列车通过曲线的性能。

车轮报废的主要原因是车轮踏面旋修而不是磨耗。在轮辋到限厚度一定的前提下，适当增加轮辋厚度，可以延长车轮使用寿命，减少车轮和轴承退卸次数；但轮辋越厚，车轮质量越大。

请扫描下面的二维码，观看“车轮镟修”视频。

轮毂厚度和宽度影响到轮轴紧固度，在保证轮轴紧固度的前提下，轮毂厚度和宽度应尽可能小，以降低车轮质量。

辐板形状对车轮的强度和刚度影响很大，好的辐板形状可以在不增加车轮质量的情况下大幅度地提高结构的强度、改善结构的刚度。

成品车轮轮毂孔表面尺寸（直径、圆度、圆柱度）及粗糙度有明确的要求。轮毂孔直径不允许在全长范围内向车轮外侧端逐渐增大。

车轮外形尺寸测量位置示意图如图2-2-2所示。

请扫描下面的二维码，观看“第四种检查器”视频。

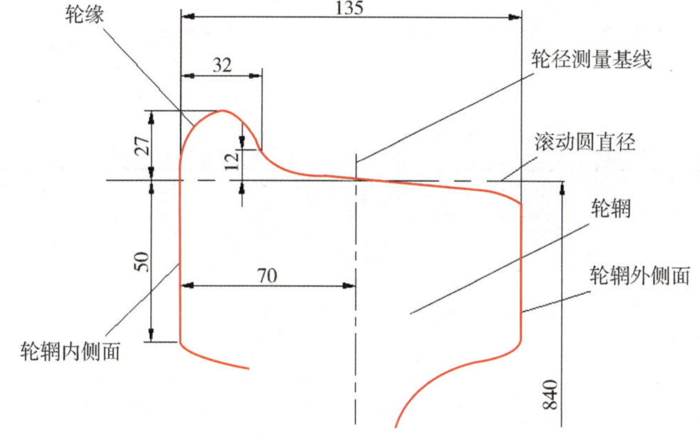

单位：mm

轮缘厚度：距车轮踏面滚动圆12mm高处所测得的车轮轮缘厚度，如图中尺寸32mm。
轮缘高度：轮缘最高点与车轮踏面滚动圆之间的距离，如图中尺寸27mm。
轮辋厚度：轮辋内侧面和内径面交线到车轮踏面滚动圆的径向距离，如图中尺寸50mm。
轮辋宽度：轮辋内侧面与轮辋外侧面之间距离，如图中尺寸135mm。
车轮直径：距离轮辋内侧面70mm处车轮踏面滚动圆直径，如图中尺寸840mm。

图2-2-2 车轮外形尺寸测量位置示意图

LM磨耗型踏面如图2-2-3所示，S型辐板如图2-2-4所示。

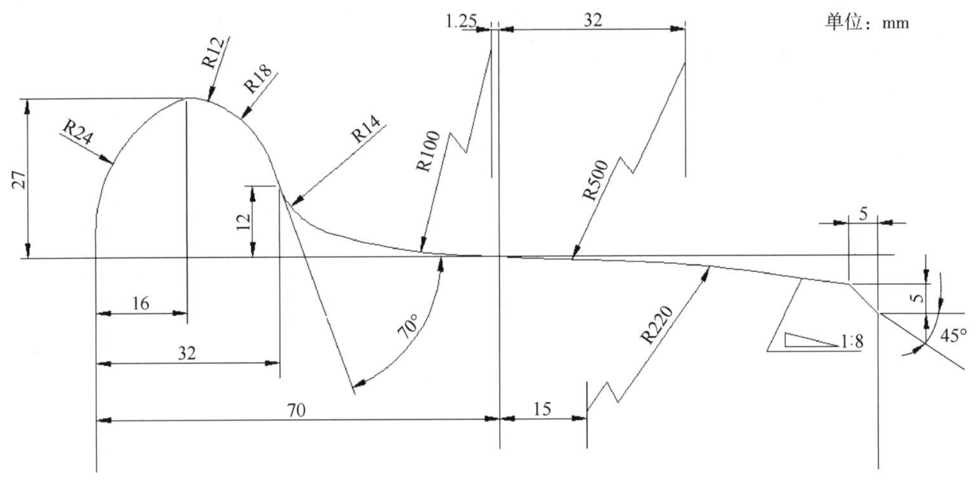

图 2-2-3　LM 磨耗型踏面

3. 车轮材质要求

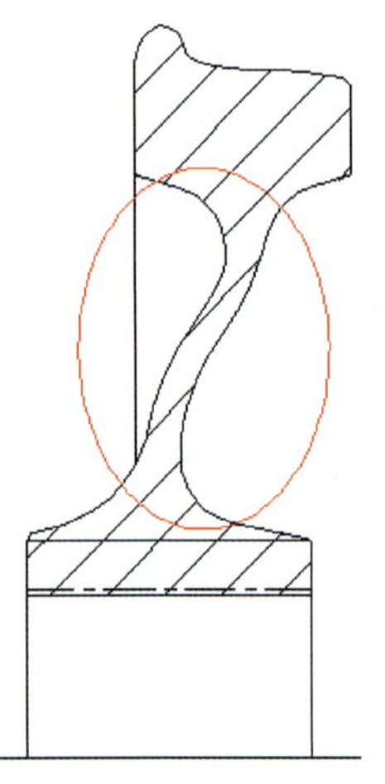

图 2-2-4　S 型辐板

车轮把车辆承受的载荷传递到钢轨，车辆在制动时，它又承受闸瓦的作用，车辆通过弯道时，它还承受水平方向的作用力，可见，车轮是在复杂应力的状态下工作的。一般情况下，车辆速度越高，车轮承受的冲击载荷越大，轴重越大，车轮的磨损和接触疲劳缺陷也都会增加，因此，车轮除要有足够的强度和耐磨性能外，还应具有良好的韧性和抗热裂性。

车轮的冲击韧性、抗接触疲劳和抗磨损能力与碳含量有直接关系。车轮碳含量低，将导致其硬度不足，车轮的磨损速度将加快。随着车轮碳含量的增加，车轮的强度、硬度和耐磨性增加，但又会增加车轮的热裂敏感性。为了减少车轮的热裂敏感性，在车速和载重增加的情况下，车轮应具有适当的碳含量。目前，铁道车辆辗钢车轮采用的材质主要有 CL60 钢、CL65 钢、CL70 钢。铸钢车轮采用的材质主要有 ZL-C 钢、ZL-B 钢。

CL60 钢、CL65 钢、CL70 钢车轮的化学成分（熔炼分析）应符合表 2-2-1 的规定，车轴热处理后，辗钢车轮机械性能应符合表 2-2-2 的规定。铸钢车轮机械性能应符合表 2-2-3 的规定。

表 2-2-1　CL60 钢、CL65 钢、CL70 钢车轮的化学成分（熔炼分析）

钢牌号	钢代号	化学成分（质量分数）/%										
		C	Si	Mn	P	S	Cr	Cu	Ni	Mo	V	Cr+Mo+Ni
CL60	Ⅱ	0.55～0.65	0.17～0.37	0.50～0.80	≤0.035	≤0.040	≤0.25	≤0.25	≤0.25	—	—	≤0.50
CL65	Ⅲ	0.57～0.67	≤1.00	≤1.20	≤0.025	≤0.025	≤0.30	≤0.30	≤0.25	≤0.06	≤0.08	≤0.50
CL70	Ⅳ	0.67～0.77	≤1.00	≤1.20	≤0.025	≤0.025	≤0.30	≤0.30	≤0.25	≤0.06	≤0.08	≤0.50

表 2-2-2　辗钢车轮机械性能

钢牌号	拉伸试验					
	轮辋				辐板	
	上屈服强度 R_{eH}/（N/mm²）	抗拉强度 R_m/（N/mm²）	断后伸长率 A_4/%	断面收缩率 Z/%	抗拉强度 R_m 减小值/（N/mm²）	断后伸长率 A_5/%
CL60		≥910	≥10	≥14		
CL65	≥620	≥1 010	≥10	≥14	≥130	≥12
CL70	≥650	≥1 050	≥10	≥14	≥130	≥10
钢牌号	硬度		常温冲击功（KU_2，缺口深度 2 mm）/J			
	踏面下 30 mm 或磨耗极限处/（HBW10/3 000）	轮辋表面/（HBW10/3 000）	轮辋	辐板		
CL60	265～320	270～341		≥16		
CL65	≥280	≥302	平均值≥20	平均值≥16		
CL70	≥300	≥321	平均值≥18	平均值≥12		

表 2-2-3　铸钢车轮机械性能

钢牌号	拉伸试验		硬度/（HBW10/3 000）		常温轮辋冲击功（KU_2，缺口深度 2 mm）/J
	抗拉强度 R_m/（N/mm²）	断后伸长率 A_5/%	踏面下 30 mm	轮辋表面	
ZL-B	≥910	≥5	≥265	277～341	≥12
ZL-C	≥1 030	≥4	≥300	321～363	≥10

知识点 2. 2. 2　车轮型式、尺寸及标记

《铁道车辆轮对及轴承型式与基本尺寸》（TB/T 1010—2016）中规定了铁道车辆通用车轮的型号及基本尺寸。

1. 车轮型号说明

车轮命名由客货型代号、轴颈直径系列代号、辐板型式代号或制造方式代号及改造系列代号依次组成，车轮型号说明见表 2-2-4。

表 2-2-4　车轮型号说明

代号名称	代号组成	代号	说明
客货型	用一位至两位字母表示	H	货车
		K	客车
		KK	客车快速
轴颈直径系列	用一位字母表示	C	轴颈直径 120 mm
		D	轴颈直径 130 mm
		E	轴颈直径 150 mm
		F	轴颈直径 160 mm

续表

代号名称	代号组成	代号	说明
辐板型式或制造方式	用一位字母表示	S	S型辐板（辗钢）
		Z	铸造
改型系列	用一位字母表示	A、B、C或D	改型

根据表2-2-4，HESA型车轮可理解为：该车轮为货车车轮，型号为E型，所装配车轴轴颈直径为150 mm，辐板型式为S型，A为相同轴重型号的车轮增加结构型式的顺序号。

2. 车轮基本尺寸

HDS型、HDSA型、HESA型、HFS型和KKD型车轮示意图如图2-2-5所示。

HDZ型、HDZA型、HDZB型、HDZC型、HDZD型、HEZB型、HEZD型、HFZ型车轮示意图如图2-2-6所示。

车轮基本尺寸见表2-2-5。

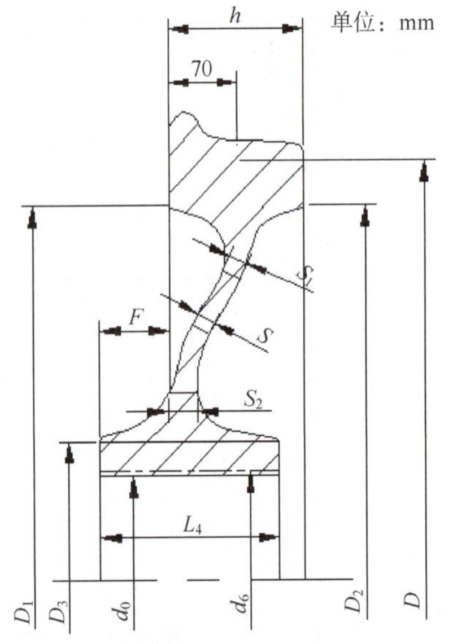

图2-2-5　HDS型、HDSA型、HESA型、HFS型和KKD型车轮示意图

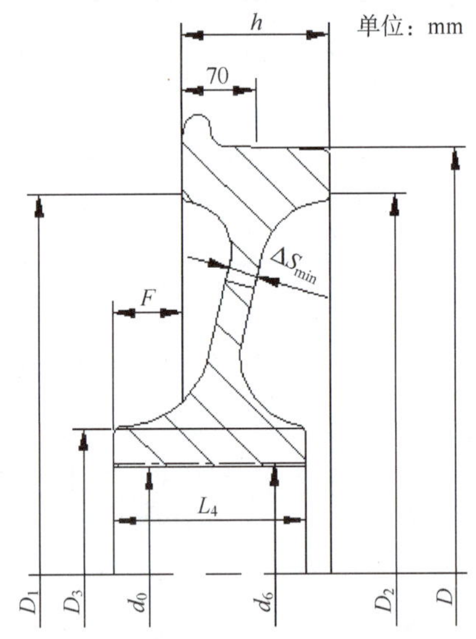

图2-2-6　HDZ型、HDZA型、HDZB型、HDZC型、HDZD型、HEZB型、HEZD型、HFZ型车轮示意图

表2-2-5　车轮基本尺寸　　单位：mm

车轮型号	D	D_1	D_2	D_3	d_0	d_6	L_4	h	F	S_1	S_2	S	ΔS_{min}
HDS	840	710	710	274	186	194	178	135	68	19	25	—	—
HDSA	840	740	740	264	186	194	178	135	68	19	25	—	—
HESA	840	740	740	286	198	206/210	178	135	68	20	26	—	—
HFS	915	815	815	310	222	230	178	135	68	—	—	23	—
HDZ	840	710	710	289	186/198	194/206	178	135	68	—	—	—	25
HDZA	840	710	710	260	186	194	178	135	68	—	—	—	25

续表

车轮型号	D	D_1	D_2	D_3	d_0	d_6	L_4	h	F	S_1	S_2	S	ΔS_{min}
HDZB	840	740	740	260	186	194	178	135	68	—	—	—	23
HDZC	840	740	740	260	186	194	178	135	68	—	—	—	20
HDZD	840	740	740	263	186	194	178	135	68	—	—	—	21
HEZB	840	740	740	278	198	206/210	178	135	68	—	—	—	21
HEZD	840	740	740	282	198	206/210	178	135	68	—	—	—	22
HFZ	915	815	815	308	222	230	178	135	68	—	—	—	25
KKD	915	785	785	274	170/186	178/194	178	135	68	19	25	—	—

3. 车轮标记

1）辗钢车轮标记

辗钢车轮标记包括：制造年月；制造单位代号；车轮钢种代号；车轮型号；熔炼炉罐号（视具体情况）；车轮顺序号；检验人员标记。

如图 2-2-7 所示，标记示例：1412　TZ Ⅱ HESA　220436 △。

2）铸钢车轮标记

铸钢车轮标记包括：制造年月；制造单位代号；车轮钢种代号；铸钢车轮代号；车轮型号；车轮顺序号。

如图 2-2-8 所示，标记示例：07　02　CO　B　Z　HDZD　001456。

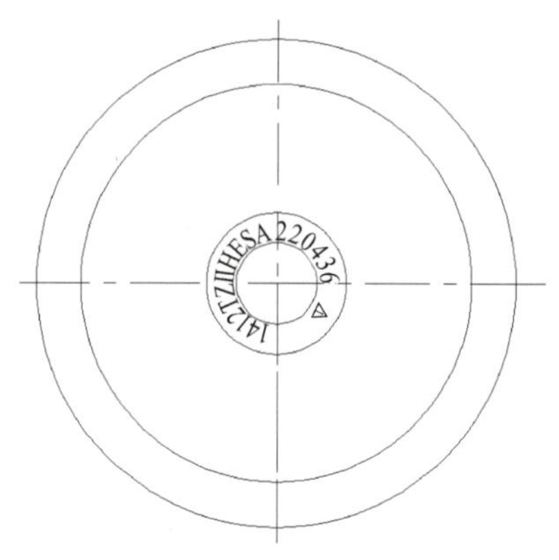

图 2-2-7　辗钢车轮标记示例图

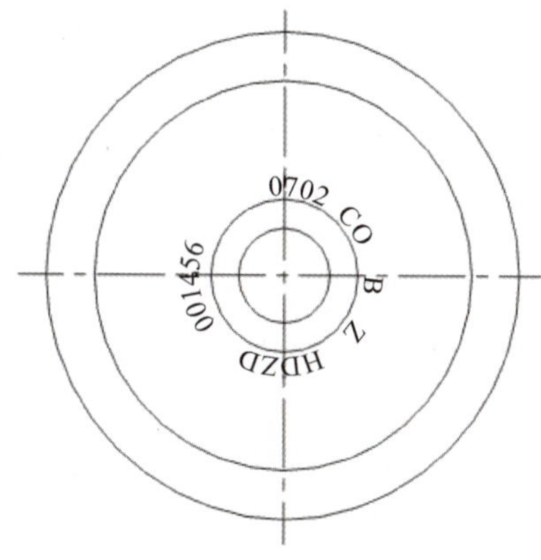

图 2-2-8　铸钢车轮标记示例图

任务 2.3 轮　对

任务目标

1. 掌握轮对作用及结构知识
2. 掌握轮对型式、尺寸及标记知识

知 识 点

1. 轮对作用及结构
2. 轮对型式、尺寸及标记

知识点 2. 3. 1　轮对作用及结构

轮对是转向架中的重要部件之一，它的结构、材质和技术状态的好坏对车辆能否安全、平稳地运行具有十分重要的作用。

铁道车辆轮对由一根车轴和两个车轮组成。车轴、车轮采用过盈配合方式，组装过程由计算机控制。

请扫描下面的二维码，观看“轮对压装”视频。

轮对组装质量对车辆行驶安全有着决定性的作用，因此，车轴和车轮必须牢固结合在一起。车轮和车轴由轮对压装机压装成轮对后，压装压力曲线、轮位差及轮对内距是判定轮对压装合格与否的重要依据。压装压力曲线由压装设备自动记录，压装压力曲线如图 2-3-1 所示。轮位差是指同一轮对两轴肩至车轮轮辋内侧面的距离之差的绝对值。轮对内距是指同一轮对两车轮轮辋内侧面之间的距离。

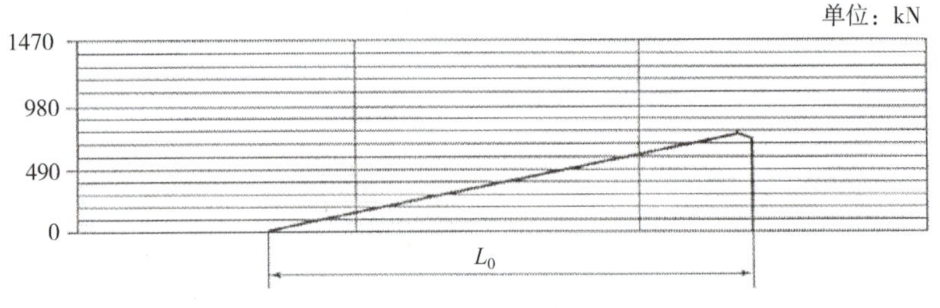

图 2-3-1　压装压力曲线

《机车车辆轮对组装　第 2 部分：车辆》（TB/T 1718. 2—2017）中规定了轮对组装后轮位差及轮对内距等的具体要求（见表 2-3-1）。

表 2-3-1　轮对组装后轮位差及轮对内距等的具体要求　单位：mm

项目	要求		
	v≤120 km/h	120 km/h<v≤160 km/h	160 km/h<v≤200 km/h
轮位差	≤3.0	≤1.0	≤1.0
内侧距	1 353±2	1 353±2	1 353±1
轮对内侧距任意三处相差	≤1	≤1	≤1

知识点 2.3.2　轮对型式、尺寸及标记

1. 轮对型式及尺寸

轮对型号由装用轴承类型代号、轴颈直径系列代号、客货型代号、制动盘数代号及改型系列代号依次组成，如 RE_{2B} 型轮对。

RD_2 型、RE_{2A} 型、RE_{2B} 型、RF_2 型、RC_3 型、RD_3 型轮对示意图如图 2-3-2 所示。

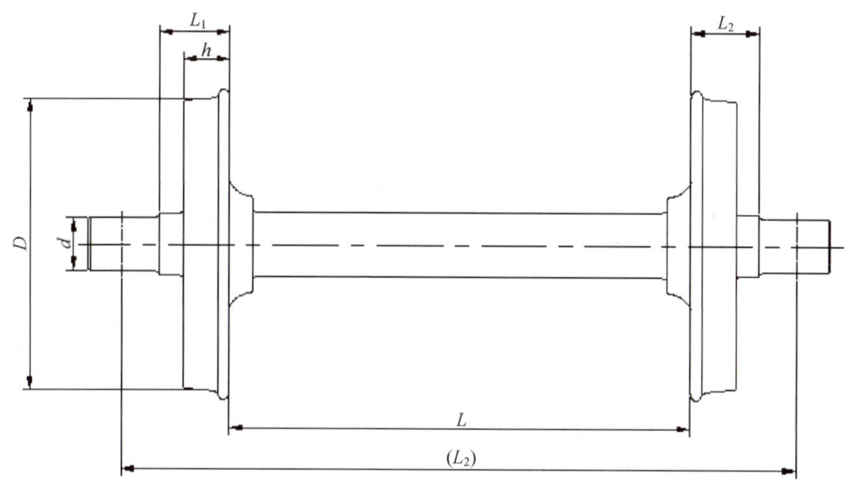

图 2-3-2　RD_2 型、RE_{2A} 型、RE_{2B} 型、RF_2 型、RC_3 型、RD_3 型轮对示意图

RC_4 型和 RD_4 型轮对示意图如图 2-3-3 所示。

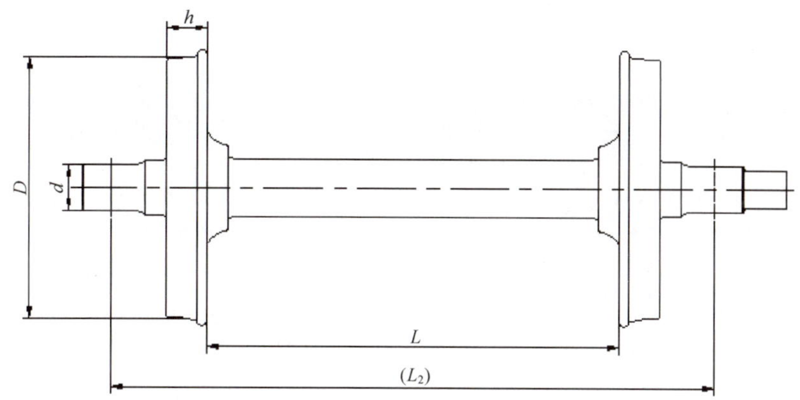

图 2-3-3　RC_4 型和 RD_4 型轮对示意图

RD_{3A}型和RD_{3A1}型轮对示意图如图 2-3-4 所示。

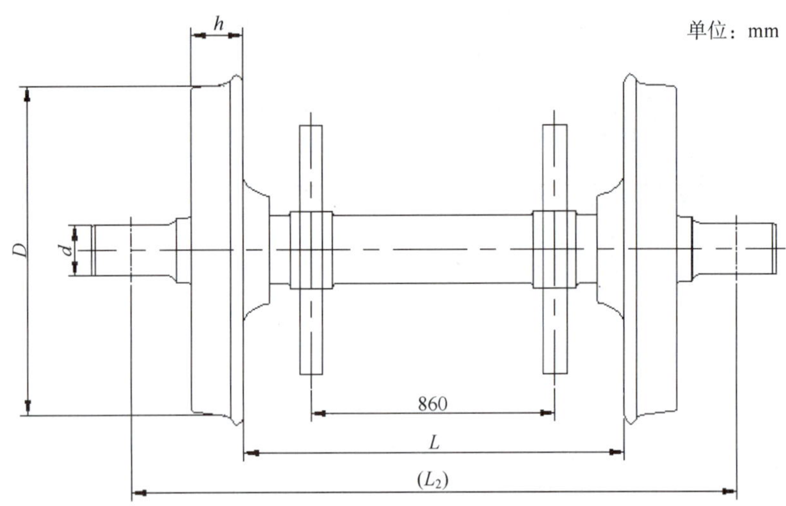

图 2-3-4　RD_{3A}型和RD_{3A1}型轮对示意图

RD_{4A}型轮对示意图如图 2-3-5 所示。

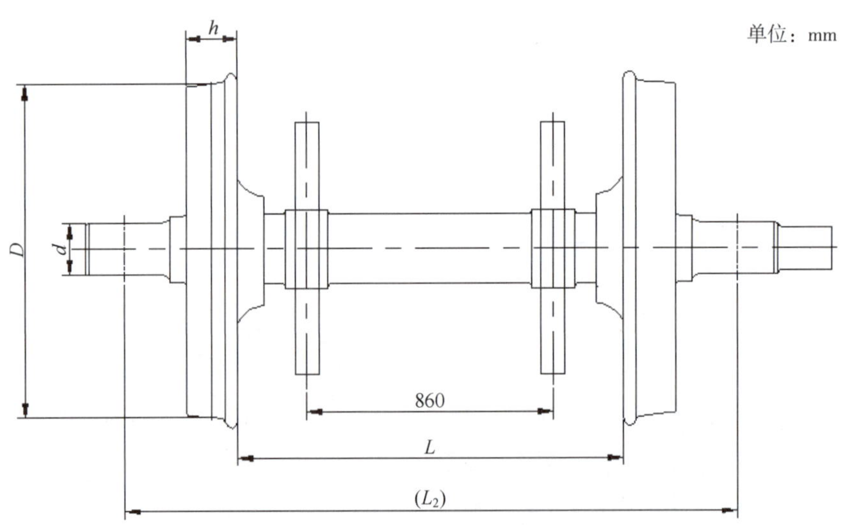

图 2-3-5　RD_{4A}型轮对示意图

轮对基本尺寸见表 2-3-2。

表 2-3-2　轮对基本尺寸　　单位：mm

轮对型号	d	D	(L_2)	L	h
RD_2	130	840	1 956	1 353	135
RE_{2A}	150	840	1 981	1 353	135
RE_{2B}	150	840	1 981	1 353	135
RF_2	160	915	2 006. 6	1 353	135
RC_3	120	915	1 930	1 353	135

续表

轮对型号	d	D	(L_2)	L	h
RC_4	120	915	1 930	1 353	135
RD_3	130	915	1 956	1 353	135
RD_4	130	915	1 956	1 353	135
RD_{3A}	130	915	1 956	1 353	135
RD_{3A1}	130	915	2 000	1 353	135
RD_{4A}	130	915	1 956	1 353	135

2. 轮对标记

轮对由车轴与车轮组装完成后，须在车轴端面刻打轮对组装标记，轮对组装标记包括：轮对组装单位标记（轮对组装单位代号）、轮对组装时间。

轮对第一次组装标记须在车轴制造标记所处扇区按顺时针方向排列的下一个扇区内刻打，轮对标记示意图如图 2-3-6 所示，轮对第一次组装标记须永久保留。

轮对再次组装时，组装标记在轮对第一次组装标记所处扇区按顺时针方向排列的下一个扇区内刻打，左端打满后在右端刻打，依次类推。各扇区均打满后，依次选择第二次及以后各次组装标记中可不保留者，将该扇区的所有标记全部磨除，重新刻打组装标记。

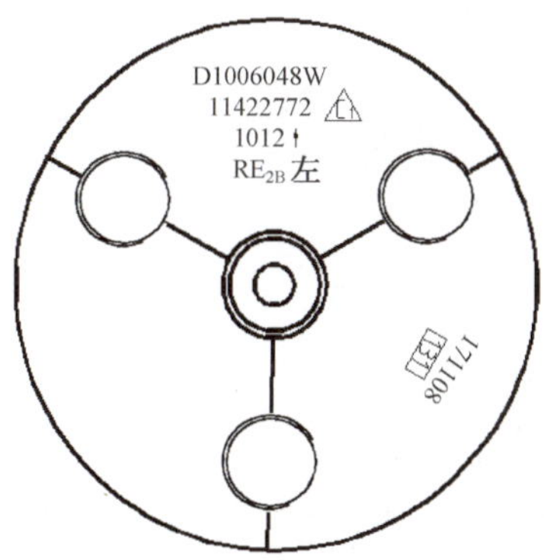

图 2-3-6　轮对标记示意图

任务 2.4　轴箱装置

任务目标

1. 掌握铁道车辆用轴承的类型与基本结构知识
2. 掌握客车轴箱装置结构知识
3. 掌握货车轴箱装置结构知识
4. 了解常见的轴箱定位方式知识

知 识 点

1. 滚动轴承
2. 轴箱装置

在铁道机车和车辆上，套在轴颈上，连接轮对和转向架构架的部件，称为轴箱装置。轴箱装置是铁道车辆的重要组成部分，其主要作用是连接轮对与构架，传递牵引力、横向力和垂直力，实现轮对与构架间的垂直运动和横向运动。

目前我国铁道车辆基本上全部使用滚动轴承轴箱装置。

知识点 2.4.1　滚动轴承

滚动轴承借助滚动体的滚动摩擦实现传导和滚动，其具有摩擦阻力小、功率消耗小的优点，可以支承、旋转轴，引导轴转动或移动，并可承受由轴或零件传递来的载荷。

滚动轴承如图 2-4-1 所示。

（a）球轴承

（b）滚子轴承

图 2-4-1　滚动轴承

1. 滚动轴承的结构

轴承一般由内圈、外圈、滚动体、保持架四部分构成。

滚动轴承的组成如图 2-4-2 所示。

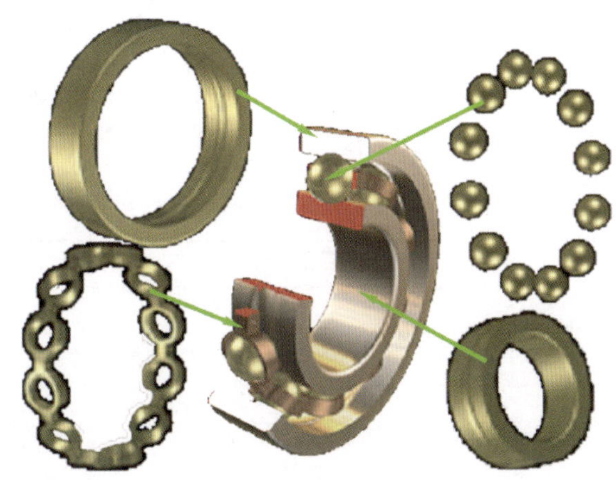

图 2-4-2　滚动轴承的组成

（1）内圈：用于和轴颈过盈配合，内圈的内径为滚动轴承的重要技术指标。

（2）外圈：用于支承零件。

（3）滚动体：用于滚动接触，分为滚子滚动体、球滚动体等。

（4）保持架：用于将滚动体分开，保证滚动体的正常工作。

滚动轴承存在径向游隙与轴向游隙，以保证滚动体能够自由转动。

径向游隙是指内外圈滚道与滚子之间的内部间隙，是在轴承自由状态下，当外圈不动，内圈和滚子转动时，每 120°测量一次，共测量 3 次的数据的算术平均值。由于铁道车辆轴承负荷较大，轴承工作时内外圈温差较大，因此车辆轴承的径向游隙比机械轴承要大，例如圆柱轴承的径向游隙一般为 0. 12～0. 17 mm。径向游隙过小，导致滚子与外圈滚道发生摩擦，径向游隙过大，导致滚子偏载，会缩短轴承寿命。径向游隙如图 2-4-3 所示。

轴向游隙是指轴承内外圈沿其轴线的相互位移量，其作用是避免滚子端部与内外圈挡边的摩擦，保证轴承在转向架倾斜或轮对蛇行运动时正常工作，防止车辆通过曲线时滚子被卡住。单个圆柱轴承的轴向游隙一般为 0. 4～0. 7 mm，成对圆柱轴承的轴向游隙定为 0. 8～1. 4 mm。轴向游隙如图 2-4-4 所示。

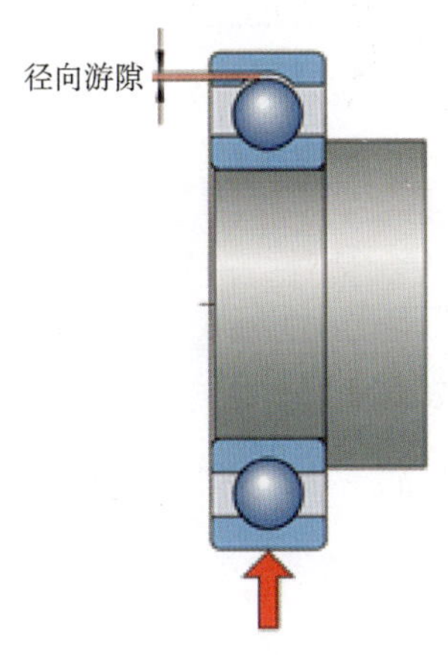

图 2-4-3　径向游隙

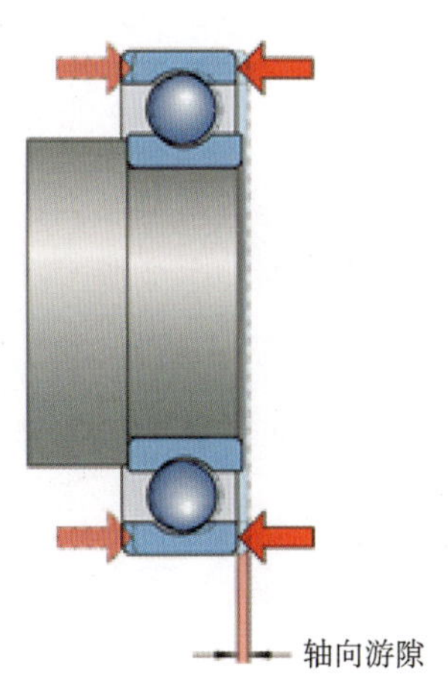

图 2-4-4　轴向游隙

2. 轴承代号

按照《滚动轴承　代号方法》（GB/T 272—2017）规定，轴承代号由前置代号、基本代号、后置代号依次组成，基本代号表示轴承的基本类型、结构和尺寸，是轴承代号的基础部分，前置代号与后置代号是轴承结构型式、尺寸、技术要求有改变时的补充代号，轴承代号组成见表 2-4-1。

表 2-4-1　轴承代号组成

<table>
<tr><td colspan="12">轴承代号</td></tr>
<tr><td>前置代号</td><td colspan="3">基本代号</td><td colspan="8">后置代号</td></tr>
<tr><td rowspan="2">成套轴承分部件</td><td rowspan="2">类型代号</td><td>尺寸代号</td><td>内径代号</td><td>1</td><td>2</td><td>3</td><td>4</td><td>5</td><td>6</td><td>7</td><td>8</td></tr>
<tr><td colspan="2">配合安装代号</td><td>内部结构</td><td>密封与防尘套圈</td><td>保持架及材料</td><td>轴承材料</td><td>公差等级</td><td>游隙</td><td>配置</td><td>其他</td></tr>
</table>

常见轴承类型代号、尺寸代号示例见表 2-4-2。

表 2-4-2　常见轴承类型代号、尺寸代号示例

轴承类型	类型代号	尺寸代号	举例
双内圈双列圆锥滚子轴承	35		350000
双外圈双列圆锥滚子轴承	37		370000
内圈无挡边圆柱滚子轴承	NU	23	NU2300
内圈单挡边圆柱滚子轴承	NJ	23	NJ2300
内圈单挡边并带平挡圈圆柱滚子轴承	NUP	23	NUP2300
双列圆柱滚子轴承	NN	30	NN3000
内圈无挡边但带平挡圈圆柱滚子轴承	NJP		NJP0000
无挡边的圆柱滚子轴承	NB		NB0000

尺寸代号：尺寸代号由宽度系列代号和直径系列代号构成，宽度系列指对应同一轴承内径的宽度尺寸系列，直径系列指对应同一轴承内径的外径尺寸系列。

宽度尺寸系列如图 2-4-5 所示。

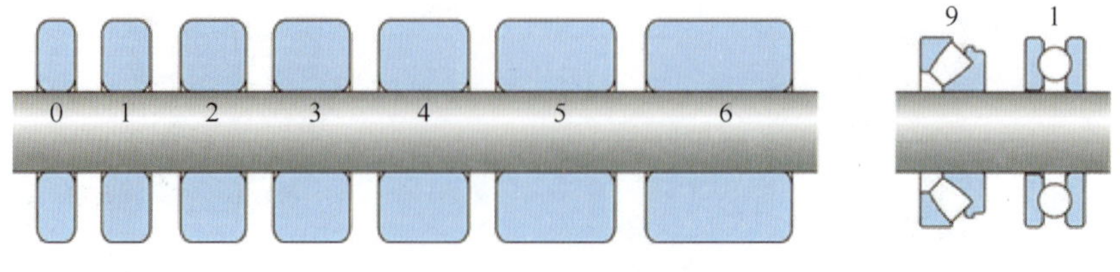

图 2-4-5　宽度尺寸系列

外径尺寸系列如图 2-4-6 所示。

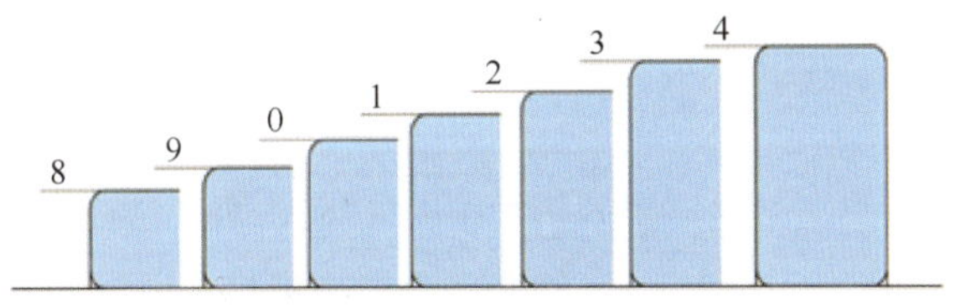

图 2-4-6　外径尺寸系列

内径代号说明见表 2-4-3。

表 2-4-3　内径代号说明

轴承公称内径/mm		内径代号	举例
0.6~10		用公称内径数直接表示，并用“/”与尺寸代号隔开	深沟球轴承 618/2.5　d=2.5
1~9 的整数		用公称内径数直接表示，并用“/”与尺寸代号隔开	深沟球轴承 625 618/5　d=5
10~17	10	00	深沟球轴承 6200　d=10
	12	01	
	15	02	
	17	03	
20~480（除 22/28/32）		公称内径 5 的商数，为个位数时，需要在商数左边加“0”	调心滚子轴承 23208　d=40
≥500 及 22/28/32		用公称内径数直接表示，并用“/”与尺寸代号隔开	调心滚子轴承 230/500　d=500

以我国货车使用的轴承代号 353130 为例，35 是指轴承类型为双内圈双列圆锥滚子轴承；31 表示轴承宽度系列代号为 3，直径系列代号为 1；30 表示轴承内径为 150 mm。

知识点 2.4.2　轴箱装置

1. 轴箱装置基本结构

我国铁道车辆滚动轴承轴箱装置的结构依据转向架的类型而有所不同，所用轴承的类型也不同。

1）客车轴箱装置

（1）橡胶密封式轴箱装置。

橡胶密封式轴箱装置的结构如图 2-4-7 所示，轴箱装置由轴箱体、后盖、防尘挡圈、橡胶油封、前盖、压板等组成。

橡胶密封式轴箱装置的轴箱体如图 2-4-8 所示，轴箱体为铸钢筒形结构，两侧铸有弹簧托盘，用来安装轴箱弹簧；轴箱筒内安装滚动轴承，与轴承外圈为间隙配合，其主要作用是组装、支承各零件，连接构架，传递载荷。

橡胶密封式轴箱装置的轴箱后盖如图 2-4-9 所示，轴箱后盖内侧凸起缘嵌入轴箱筒内，支承内侧轴承外圈，在凸起缘外圆周面上和根部设有密封圈槽，用以安装密封圈，在内圆周面安装橡胶油封座。

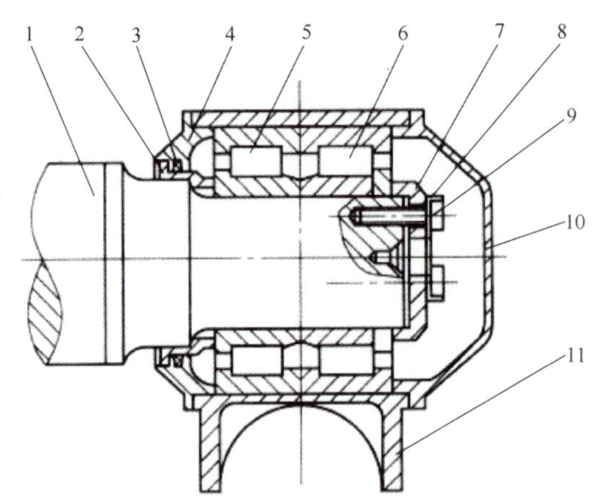

1—车轴；2—防尘挡圈；3—橡胶油封；4—轴箱后盖；5—42726T 轴承；6—152726T 轴承；7—压板；8—防松片；9—螺栓；10—轴箱前盖；11—轴箱体。

图 2-4-7　橡胶密封式轴箱装置的结构

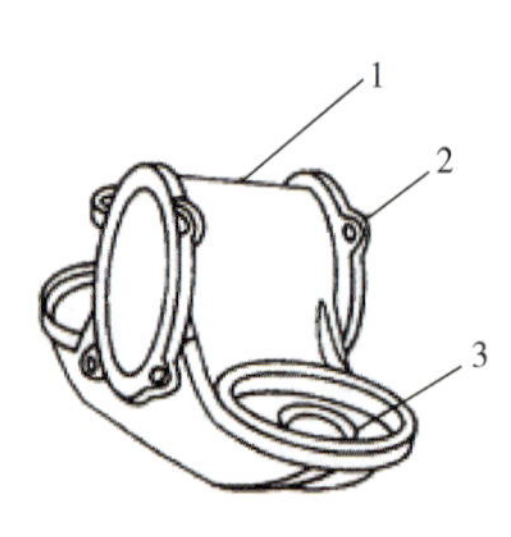

（a）示意图

（b）实物图

1—轴箱筒；2—轴箱耳；3—弹簧托盘。

图 2-4-8　橡胶密封式轴箱装置的轴箱体

橡胶密封式轴箱装置的防尘挡圈如图 2-4-10 所示，防尘挡圈过盈配合于车轴防尘板座上，与橡胶油封配合起密封作用，其内圆周端面支承内侧轴承内圈端面。

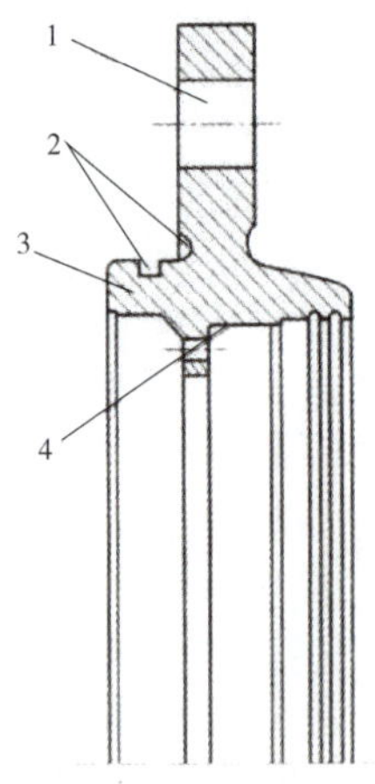

1—螺栓孔；2—密封圈槽；3—凸起缘；4—橡胶油封座。

图 2-4-9　橡胶密封式轴箱装置的轴箱后盖

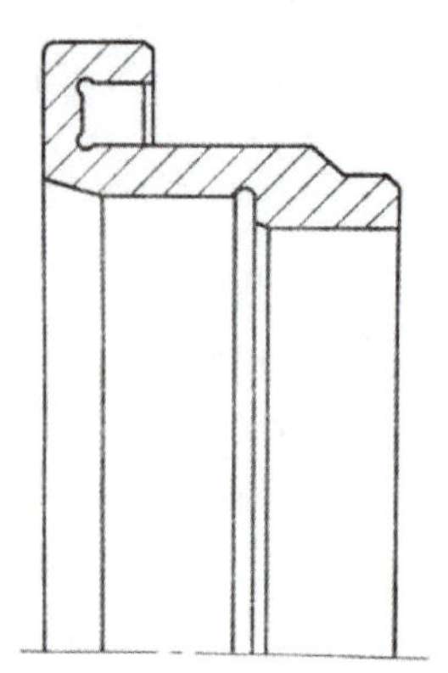

图 2-4-10　橡胶密封式轴箱装置的防尘挡圈

橡胶密封式轴箱装置的橡胶油封如图 2-4-11 所示，橡胶油封内有钢骨架，以增加其刚度，橡胶油封安装在轴箱后盖内圆周面上，与防尘挡圈配合。

橡胶密封式轴箱装置的轴箱前盖如图 2-4-12 所示，轴箱前盖内侧凸起缘嵌入轴箱筒内，支承外侧轴承外圈。在凸起缘外圆周上和根部设有密封圈槽，以安装密封圈，其结构与金属迷宫式轴箱装置的轴箱前盖相同。

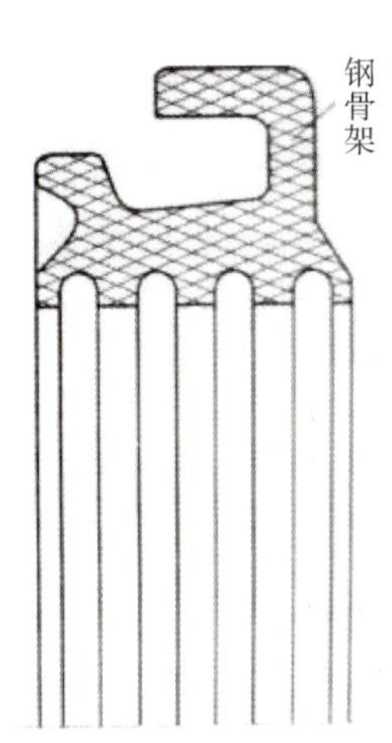

图 2-4-11　橡胶密封式轴箱装置的橡胶油封

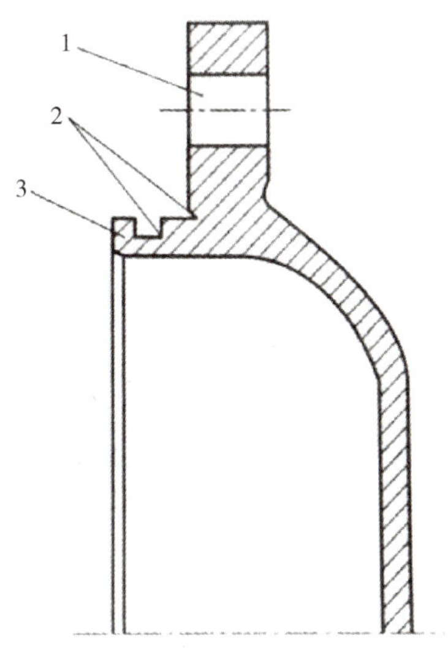

1—螺栓孔；2—密封圈槽；3—凸起缘。

图 2-4-12　橡胶密封式轴箱装置的轴箱前盖

橡胶密封式轴箱装置的压板如图 2-4-13 所示，压板由 3 个螺栓固定在车轴端面上，在螺栓与压板之间安装防松片，防止螺栓松动。压板内侧凸起缘顶在外侧轴承内圈端面，起支承作用，其结构与金属迷宫式轴箱装置的压板相同。

（2）金属迷宫式轴箱装置。

金属迷宫式轴箱装置如图 2-4-14 所示，金属迷宫式轴箱装置由轴箱体、防尘挡圈、轴箱前盖、压板等组成，其中轴箱前盖、压板与橡胶密封式轴箱装置通用。

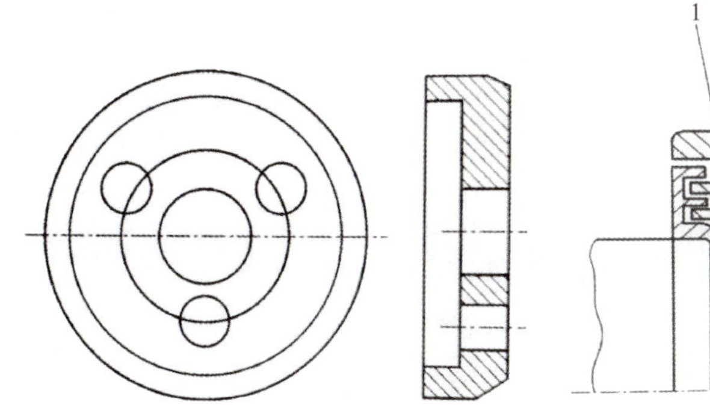

图 2-4-13　橡胶密封式轴箱装置的压板

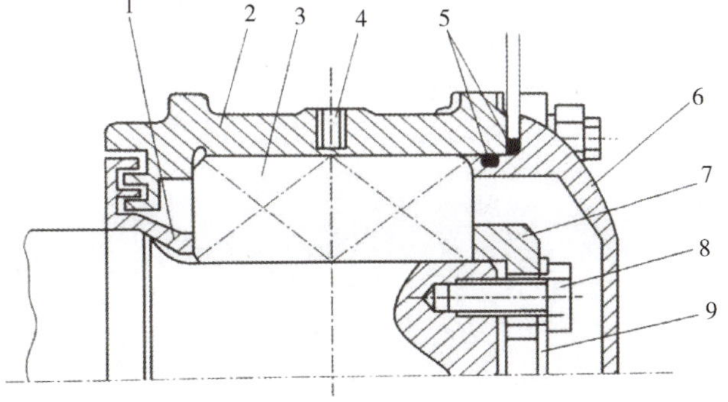

1—防尘挡圈；2—轴箱体；3—圆柱滚子轴承；4—轴温报警器安装孔；5—密封圈；6—轴箱前盖；7—压板；8—压板螺栓；9—防松片。

图 2-4-14　金属迷宫式轴箱装置

金属迷宫式轴箱装置的轴箱体如图 2-4-15 所示，金属迷宫式轴箱装置的轴箱体后端不设轴箱耳，因为没有轴箱后盖，而设有迷宫槽，其与防尘挡圈的迷宫槽配合起密封作用，并在后端筒内设有台阶，用于支承轴承外圈。

金属迷宫式轴箱装置的防尘挡圈如图 2-4-16 所示，防尘挡圈安装在车轴防尘板座上，与车轴过盈配合，外圆设有迷宫槽，与轴箱体上的迷宫槽配合。轴箱后部的密封是靠轴箱与防尘挡圈形成很小间隙的迷宫槽配合，起到密封作用，为无接触式密封。

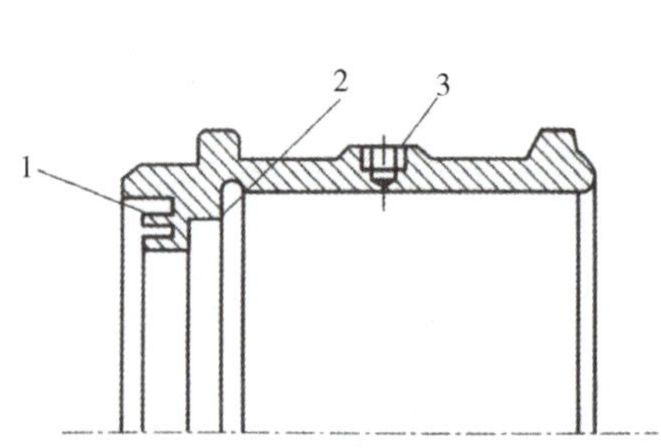

1—迷宫槽；2—台阶；3—轴温报警器安装孔。

图 2-4-15　金属迷宫式轴箱装置的轴箱体

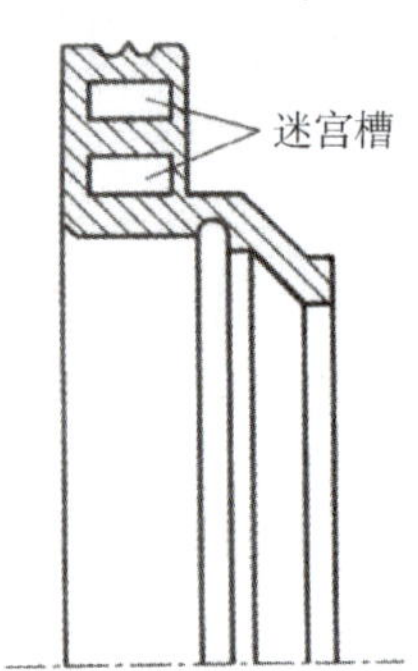

图 2-4-16　金属迷宫式轴箱装置的防尘挡圈

（3）圆锥滚子轴承轴箱装置。

我国 25T 型客车中的 AM96 型转向架是从法国进口的转向架，其采用圆锥滚子轴承轴箱装置，1、3、5、7 位安装速度传感器，2、8 位安装接地装置，4、6 位为菱形轴箱盖。

圆锥滚子轴承轴箱装置如图 2-4-17 所示，圆锥滚子轴承轴箱装置由轴箱前盖、螺栓、密封圈、轴箱后盖、轴箱体、压板、防松片、后挡、润滑器、注油装置和轴承内圈等组成。

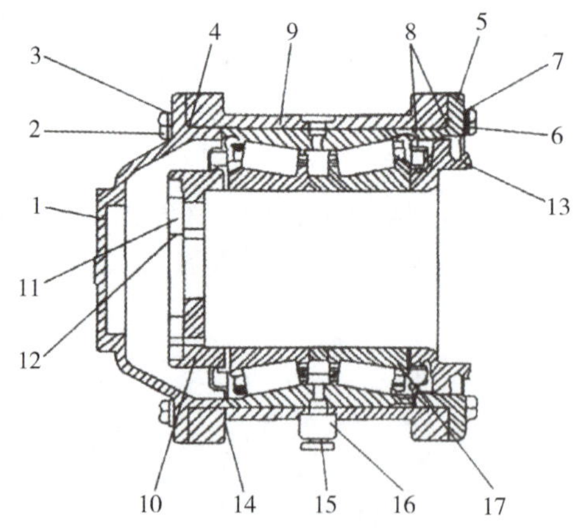

1—轴箱前盖；2—螺栓；3—垫圈；4—密封圈；5—轴箱后盖；6—螺栓；7—垫圈；8—密封圈；9—轴箱体；10—压板；11—螺栓；12—防松片；13—后挡；14—密封圈；15—润滑器；16—注油装置；17—轴承内圈。

图 2-4-17　圆锥滚子轴承轴箱装置

（4）轴箱标志板。

轴箱装置组装完成后应安装施封锁，并在车轴左端面右上角安装轴箱标志板。轴箱标志板如图 2-4-18所示，轴箱标志板上应该按规定刻打轮对轴号、组装单位代号、组装时间。

2）货车轴箱装置

货车轴箱装置一般不使用轴箱体，货车轴箱装置如图 2-4-19 所示，其结构主要包括滚子、后挡、轴箱前盖、防松片等。

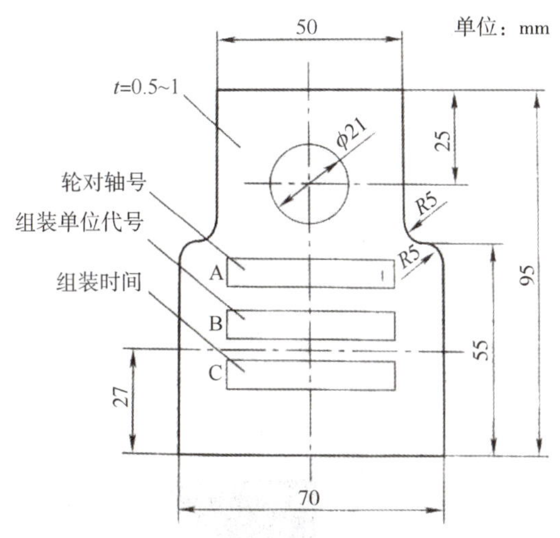

图 2-4-18 轴箱标志板

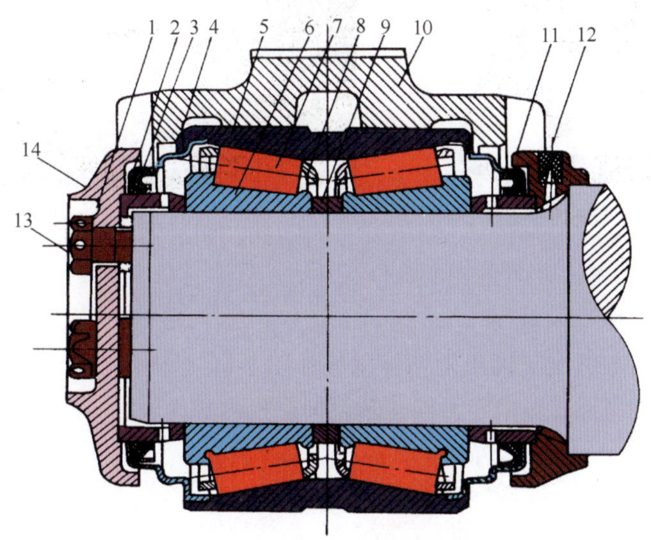

1—螺栓；2—盖板；3—密封座；4—密封罩；5—外圈；6—内圈；7—滚子；8—保持架；9—中隔圈；10—承载鞍；11—后挡；12—通气栓孔；13—防松片；14—轴箱前盖。

图 2-4-19 货车轴箱装置

货车轴箱装置的后挡如图 2-4-20 所示，后挡凸起缘遮住密封罩后端，起保护作用，其密封座槽为内侧密封罩支撑，在老式轴箱后挡上有一个通气栓孔，内装通气栓，新式后挡已取消这一结构，后挡防尘座槽过盈配合于防尘板座上。

货车轴箱装置的轴箱前盖如图 2-4-21 所示，轴箱前盖上有 3 个 M22 的螺栓孔，轴箱前盖由螺栓固定在车轴端面，作为轴承前端主要支承，压紧外侧密封座，上凸起缘起保护密封罩的作用，因轴箱前盖随车轴转动，所以其又被称为旋转前盖。

货车轴箱装置的防松片如图 2-4-22 所示，其由厚 1.5 mm 的钢板压制而成，安装在前盖与螺栓之间，螺栓拧紧后，将止耳翘起，防止螺栓松动，每个防松片只可以使用一次，以免止耳裂损失去作用。

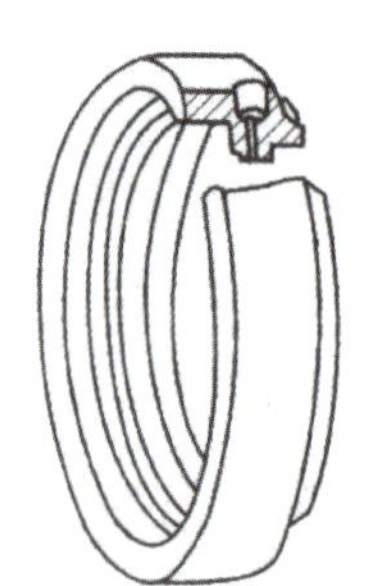

图 2-4-20　货车轴箱装置的后挡

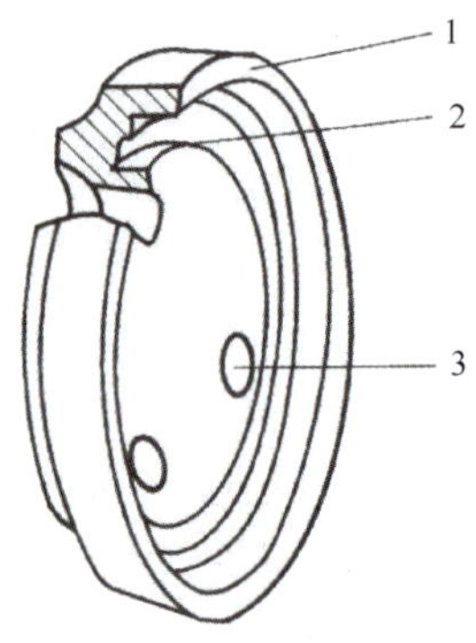

1—凸起缘；2—密封座槽；3—螺栓孔。

图 2-4-21　货车轴箱装置的轴箱前盖

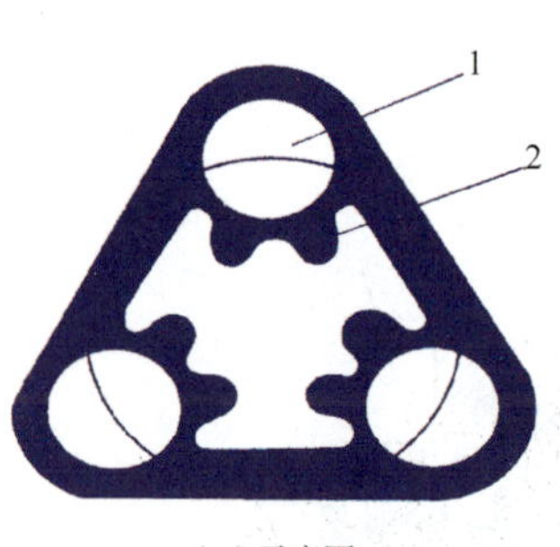

（a）示意图

（b）实物图

1—螺栓孔；2—止耳。

图 2-4-22　货车轴箱装置的防松片

无箱体的双列圆锥滚子轴承轴箱标志板如图 2-4-23 所示，其分为 A、B、C、D 四栏，车轴左端与右端轴箱标志板内容不同。轴箱标志板内容见表 2-4-4。

单位：mm

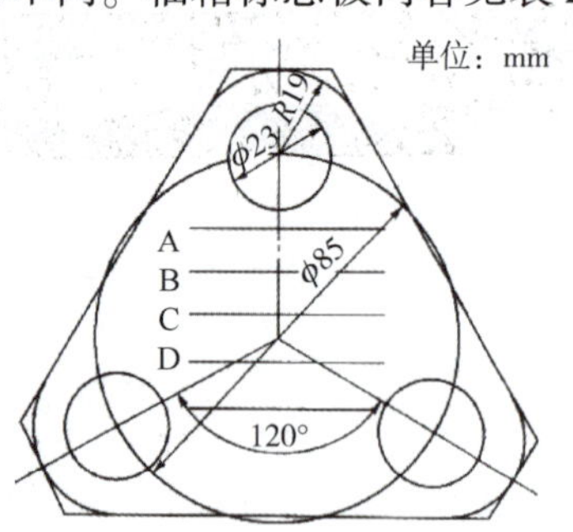

图 2-4-23　无箱体的双列圆锥滚子轴承轴箱标志板

表 2-4-4　轴箱标志板内容

左端		右端	
A	轴承首次装用年月，轴承分类代号，轴承制造/大修单位代号，轴承等级标记	A	轴承首次装用年月，轴承分类代号，轴承制造/大修单位代号，轴承等级标记
B	轮对第一次组装年月日，“左”，轴号	B	轮对最后一次组装年月日，轮对组装单位代号
C	轴承本次装用年月日	C	轴承本次装用年月日
D	轴承本次装用单位代号，一般检修标记	D	轴承本次装用单位代号，一般检修标记

（1）标志板上的标记使用钢印刻打或者激光刻写，字体高 5 mm，行距 3 mm，右端 B 栏不同内容间空两个字的距离，“A”“B”“C”“D”不刻打在标志板上。

（2）轴承分类代号有两类：新造用等边三角形表示，大修用圆形表示，分类代号内部刻打单位代号。

（3）新造轴承或者大修轴承首次装用时，D 栏内只刻打轴承本次装用单位代号；若轴承经过一般检修并压装，在本次装用单位代号后刻打一般检修标记，用菱形框表示，内部刻打单位代号。

（4）等级轴承装用时，必须在 A 栏首次装用时间后增加刻打等级标记“K_1”“K_2”。

（5）滚动轴承装用在加冰冷藏车上时，必须在 C 栏后刻打“B”字标记。

（6）197720 型与 197730 型滚动轴承可不刻打轴承分类代号。

2. 轴箱定位方式

约束轮对与构架之间相对运动的机构，称为轴箱定位装置，由于轴箱相对于轮对在左右、前后方向的间隙很小，故约束轮对相对运动的装置也称为轴箱定位装置。

对轴箱定位装置的基本要求如下。

（1）在纵向与横向上具有弹性刚度。

（2）结构可靠，性能稳定。

（3）无磨耗或者少磨耗。

（4）检修方便。

轴箱定位装置有多种结构型式，常见的有以下几种。

（1）固定定位：轴箱和转向架侧架连接成一体，轴箱和构架之间不能产生任何相对运动。固定定位如图 2-4-24 所示。

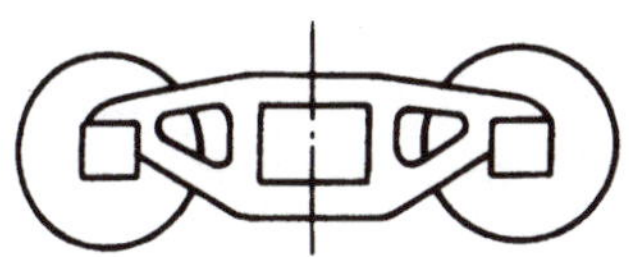

图 2-4-24　固定定位

（2）导框式定位：轴箱上有导框槽，侧架上有导框，导框插入导框槽内，容许轴箱与侧架之间在垂向上有较大的相对位移，但在前后、左右方向位移较小。导框式定位如图 2-4-25 所示。

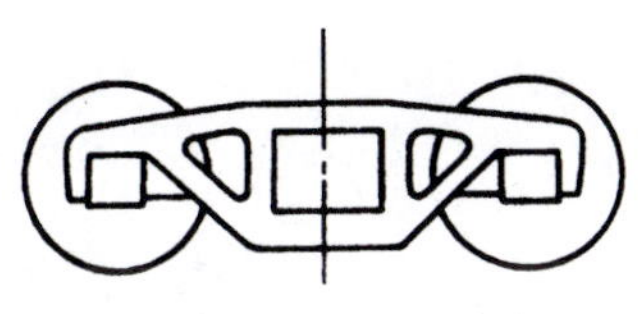

（a）示意图

（b）实物图

图 2-4-25　导框式定位

（3）干摩擦导柱式定位：装有磨耗套的导柱（在构架上）插入支持环（在轴箱弹簧托盘上），通过导柱与支持环传递纵向力和横向力，再通过轴箱橡胶垫产生不同方向的剪切变形，实现弹性定位作用。干摩擦导柱式定位如图 2-4-26 所示。

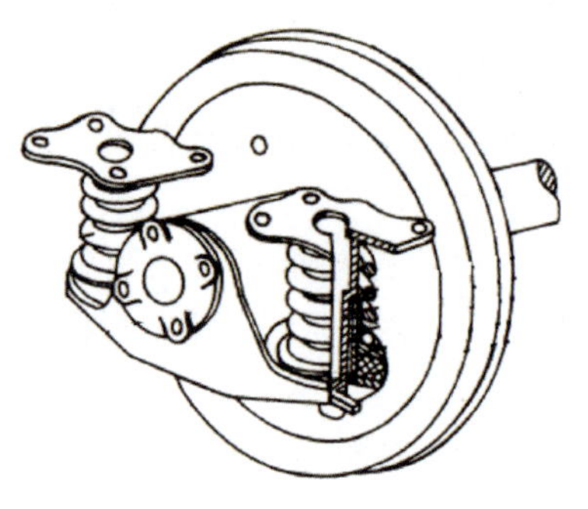

（a）示意图　　（b）实物图

图 2-4-26　干摩擦导柱式定位

（4）拉杆式定位：拉杆的两端分别与构架和轴箱销接，拉杆两端的橡胶垫、套分别限制轴箱与构架之间的横向与纵向的相对位移，实现弹性定位，拉杆允许轴箱与构架在上下方向有较大的相对位移。拉杆式定位如图 2-4-27 所示。

（5）转臂式定位：定位转臂的一端与圆筒形轴箱体固接，另一端以橡胶弹性节点与构架上的安装座相连接，弹性节点允许轴箱与构架在上下方向有较大的位移，弹性节点内的橡胶件的设计符合使轴箱在纵向和横向具有适宜的不同的定位刚度的要求。转臂式定位如图 2-4-28 所示。

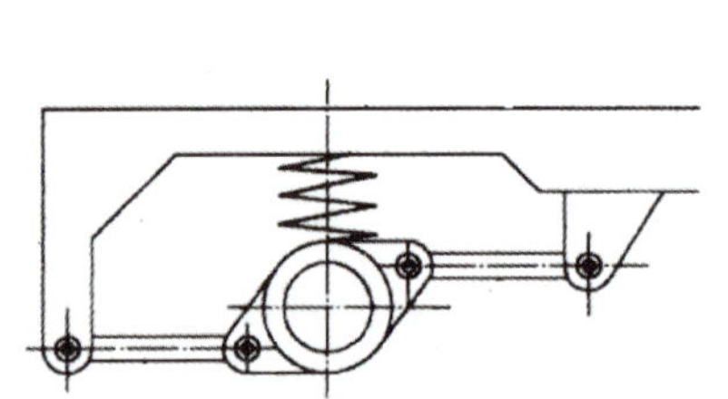

图 2-4-27　拉杆式定位

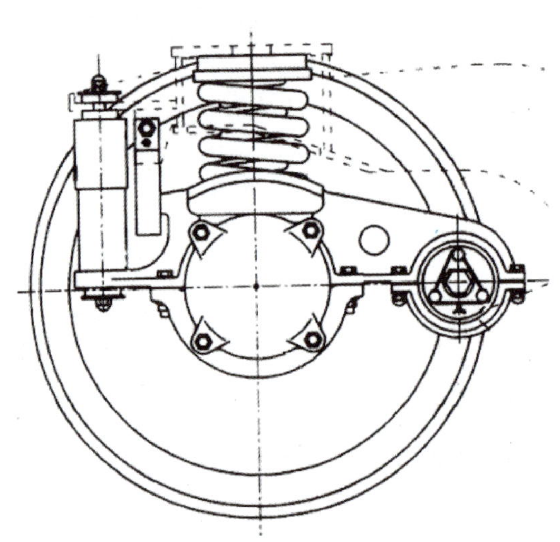

图 2-4-28　转臂式定位

（6）层叠式橡胶弹簧定位：橡胶弹簧的垂向刚度较小，使轴箱相对构架有较大的上下方向位移，而它的纵、横向有适宜的刚度，以实现良好的弹性定位。层叠式橡胶弹簧定位如图 2-4-29 所示。

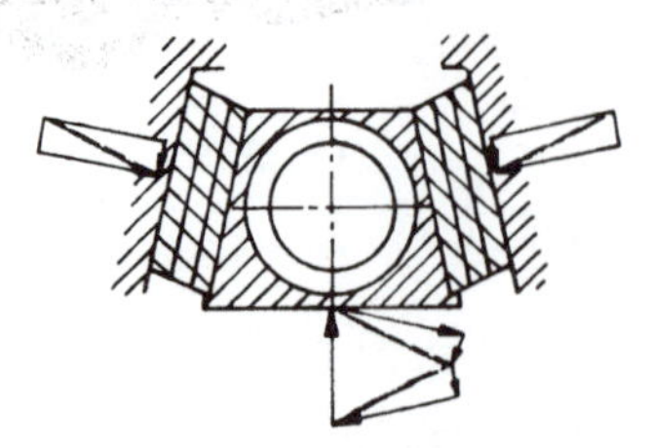

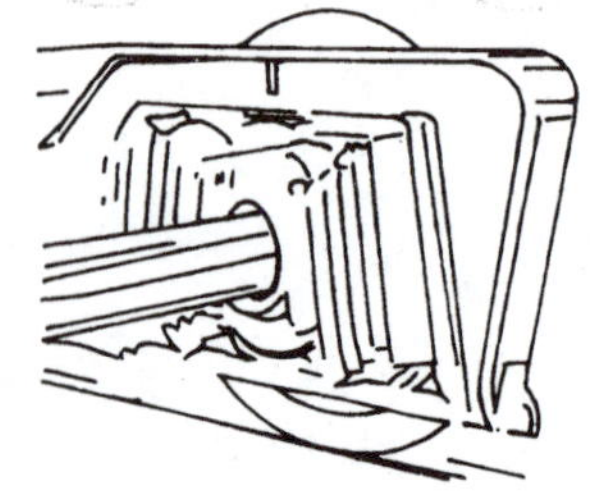

图 2-4-29　层叠式橡胶弹簧定位

实训 轮对及轴箱装置认知实训

<table>
<tr><td>实训名称</td><td colspan="2">轮对及轴箱装置认知实训</td></tr>
<tr><td>实训目标</td><td colspan="2">1. 掌握车轴、车轮的基本构造知识
2. 掌握轴箱装置的类型与结构知识</td></tr>
<tr><td>实训设备</td><td colspan="2">不带轴箱的轮对、带轴箱的轮对、轴箱装置</td></tr>
<tr><td>实训要求</td><td colspan="2">1. 穿好实训服，做好自身安全防护
2. 实训期间不得随意翻越、攀爬实训设备，不得随意离开实训场地</td></tr>
<tr><td rowspan="3">实训内容</td><td>车轴结构（30%）
1. 识别车轴的组成部件
2. 说明车轴主要部件的作用</td><td>完成情况：</td></tr>
<tr><td>车轮（30%）
1. 识别车轮的组成部件
2. 说明车轮主要部件的作用</td><td>完成情况：</td></tr>
<tr><td>轴箱装置（40%）
1. 识别轴箱装置定位方式
2. 识别轴箱装置的类型与组成部件</td><td>完成情况：</td></tr>
<tr><td rowspan="2">实训考核
结果</td><td colspan="2">自我评价</td></tr>
<tr><td colspan="2">教师考核</td></tr>
<tr><td>备注</td><td colspan="2">1. 实训是否分组进行，可根据实训条件进行调整
2. 教师考核方式可根据真实情况确定</td></tr>
</table>

复习思考题

1. 车轴各个部位的作用是什么？
2. 请解释 HESA 车轮型号的含义。
3. 代号为 353130 的轴承内径是多少？
4. 常见的轴箱定位方式有哪些？

项目3

弹簧及减振装置

导言

弹簧作为一种通用的基本部件，其数量和种类繁多。弹簧被广泛用于控制机械零件的运动，减轻冲击或振动，储存能量，测力等领域。第一个五年计划开始的时候，虽然我国的工业已经恢复并超过历史水平，但工业化的起点很低，1952 年现代工业在我国工农业总产值中的比重只有 26.6%。弹簧在 20 世纪 50 年代经历了单件小批的手工制造到单件小批的机器制造，生产效率低，种类单一，且使用材料轻薄简单。

20 世纪 90 年代之后，我国工业化进程加快。1989 年至 2001 年，中国工业实现了“世界一级，中国三级”的跨越式发展，中国工业发展速度是世界工业发展速度的三倍，在此过程中，弹簧的生产制造工艺也逐渐优化，种类也更加多样，出现了叠板弹簧、橡胶弹簧、卷轴弹簧、模具弹簧、不锈钢弹簧、空气弹簧等。

1991 年 4 月，全国人大七届四次会议审议通过《第八个五年计划纲要的报告》。“八五”期间中国改革开放和现代化建设进入新的阶段，弹簧行业在“八五”期间发展十分迅速。汽车、摩托车、内燃机、电气、仪器等行业的快速发展又进一步带动了弹簧行业的发展。

2001 年，中国正式加入世界贸易组织，成为其第 143 个成员。从中国改革开放进程的角度来看，加入 WTO 之前的 20 年，中国的对外开放是政府主导型的、政策性的，在体制上并未与世界经济接轨。加入 WTO 之后，对外开放转变成市场主导型的、体制性的。中国的发展战略发生重大调整，进入了新的开放时代，在这个大环境下，日用五金产品出口量明显增长，而弹簧的市场需求也随之增加。如今中国已经成为全球制造业第一大国，建立了世界上最完整的现代工业体系，是全球产业链中不可或缺的组成部分。弹簧行业在整个制造业中虽不起眼，但其所起到的作用是绝对不可低估的。随着国家制造业、运输业的迅速发展，作为基础件、零部件之一的弹簧更需要有一个发展的超前期，才能适应国家整个工业快速发展的步伐。

铁道车辆上的减振器与弹簧一起构成弹簧减振装置。铁道车辆的走行部分安装弹簧减振装置的目的是缓和与消减振动和冲击，以提高车辆运行的平稳性，保证车辆安全、顺利地通过曲线。铁道车辆在轨道上运行时，会产生复杂的振动现象，为了减少这种有害的冲击，车辆必须有缓和冲击和消减振动的装置，即弹簧及减振装置。

本项目介绍了客、货车上常见的弹簧及减振装置的结构和特点。

任务 3.1 弹 簧

任务目标

1. 掌握螺旋弹簧的优缺点及应用知识
2. 掌握橡胶元件的优缺点及应用知识
3. 掌握空气弹簧的优缺点及应用知识

知 识 点

1. 钢弹簧
2. 橡胶元件
3. 空气弹簧系统

弹簧装置的作用有两个：一是使车辆的质量及载荷比较均衡地传递给各轮轴，并使车辆在静载状况下，两端的车钩距轨面高度满足《铁路技术管理规程》（普速铁路部分）规定的要求，以保证车辆的正常连挂；二是缓和因线路的不平顺、轨缝、道岔、钢轨磨耗和不均匀下沉，以及因车轮擦伤、车轮不圆、轴颈偏心等原因引起车辆的振动和冲击。由于有弹簧装置，使车辆的弹簧以上部分和弹簧以下部分既有联系又有区别。簧上、簧下的作用力虽然互相传递，但是它们的运动状态（位移、速度、加速度）又不完全相同。车辆内设置弹簧装置可以缓和轮轨之间的相互作用，可以提高车辆运行的平稳性和舒适性，提高旅客的舒适性和安全性，延长车辆零部件和钢轨的使用寿命。

铁道车辆上采用的弹簧种类很多，弹簧按照材质可以分为钢弹簧、橡胶元件、空气弹簧三种。

知识点 3.1.1 钢弹簧

钢弹簧主要包括叠板弹簧、螺旋弹簧、环弹簧等。组合使用的弹簧，可多个、多种弹簧组合在一起，有的串联使用，有的并联使用。在铁道车辆上通常采用簧条截面为圆形的圆柱螺旋弹簧，其又称为圆弹簧。

铁道车辆上的钢弹簧如图 3-1-1 所示。

制造螺旋弹簧的方法分为冷卷与热卷，车辆转向架上采用的簧条直径一般较粗，故多用热卷。在制造时，需将簧条每端约 3/4 圈的长度制成斜面，使弹簧卷制而成后，两端成平面，以保证弹簧能平稳站立。

请扫描下面的二维码，观看“热卷弹簧制造过程”视频。

图 3-1-1　铁道车辆上的钢弹簧

钢弹簧被广泛应用在铁道车辆上，其具有以下特点。

(1) 制造简单。

(2) 环境适应性强。

(3) 故障少、方便检修。

钢弹簧由于重量大，减振效果单一，在高速列车上使用得越来越少。

随着货车载重量的增加，带来了空、重车簧上质量相差悬殊的问题，若仍采用单圈一级刚度的螺旋弹簧，会出现振动性能不良的情况，采用双圈两级刚度弹簧组，内外圈弹簧刚度与自由高均不同，便可兼顾空、重车两种状态，空车时由外簧承载，重车时由内外簧并联承载。

两级刚度弹簧如图 3-1-2 所示。

单位：mm

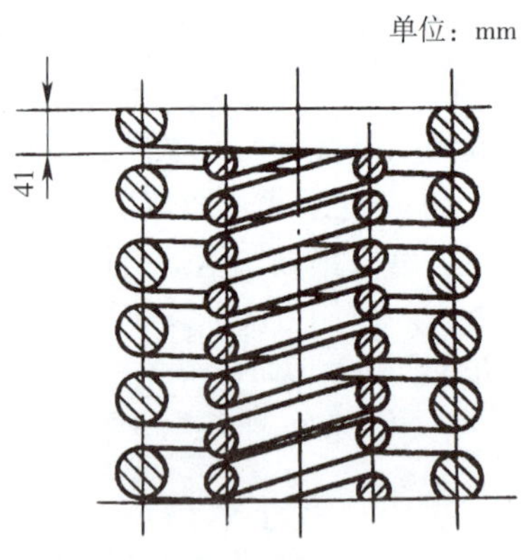

图 3-1-2　两级刚度弹簧

知识点 3.1.2　橡胶元件

橡胶元件主要应用于铁道车辆上的定位装置、连接装置，以及衬套、止挡等部位，其具有以下特点。

(1) 形状自由。

(2) 可避免金属件之间的磨耗，安装、拆卸简便，无须润滑，有利于维修，降低成本。

(3) 可减轻自重。

(4) 有良好的减振及隔音效果。

(5) 可以得到较大的弹性变形。

橡胶元件的缺点是耐高温、耐低温和耐油性能差，易老化，但随着工业技术的发展，橡胶的性能正在被改进与优化。

橡胶元件如图 3-1-3 所示。

图 3-1-3 橡胶元件

知识点 3. 1. 3 空气弹簧系统

地铁车辆及高速列车均采用空气弹簧作为二系悬挂，因为空气弹簧系统具有以下特点。

（1）空气弹簧的刚度随载荷而改变，使空、重车不同状态的运行平稳性接近。

（2）空气弹簧和高度控制阀并用，可保持地板面距轨面的高度不变。

（3）同一空气弹簧可以同时承受三维方向的载荷。

（4）在空气弹簧本体和附加空气室之间装设有适宜的节流孔，可以代替垂向安装的液压减振器。

（5）空气弹簧具有良好的吸收高频振动和隔音性能。

空气弹簧系统的附属阀件及管路较多，导致成本增加，且检修复杂。空气弹簧系统主要由空气弹簧本体、附加空气室、高度控制阀、差压阀及滤尘器等组成。

空气弹簧系统简图如图 3-1-4 所示，主风管 1 的压力空气经过 T 形支管 2、截断塞门 3、滤尘止回阀 4 进入空气弹簧储风缸 5，再经纵贯车底的空气弹簧主管向两端转向架上的空气弹簧供气。转向架上的空气弹簧管路与其主管用连接软管 6 接通，压力空气再经高度控制阀 7 进入附加空气室 10 和空气弹簧本体 8。

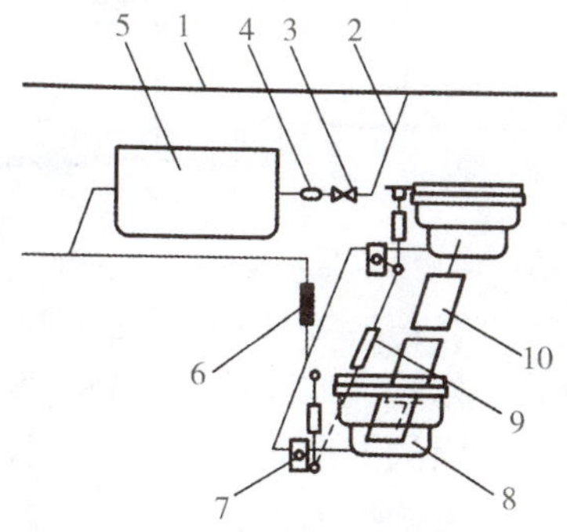

1—主风管；2—T 形支管；3—截断塞门；4—滤尘止回阀；5—空气弹簧储风缸；6—连接软管；7—高度控制阀；8—空气弹簧本体；9—差压阀；10—附加空气室。

图 3-1-4 空气弹簧系统简图

1. 空气弹簧

自由膜式空气弹簧如图 3-1-5 所示。

图 3-1-5　自由膜式空气弹簧

自由膜式空气弹簧结构如图 3-1-6 所示。

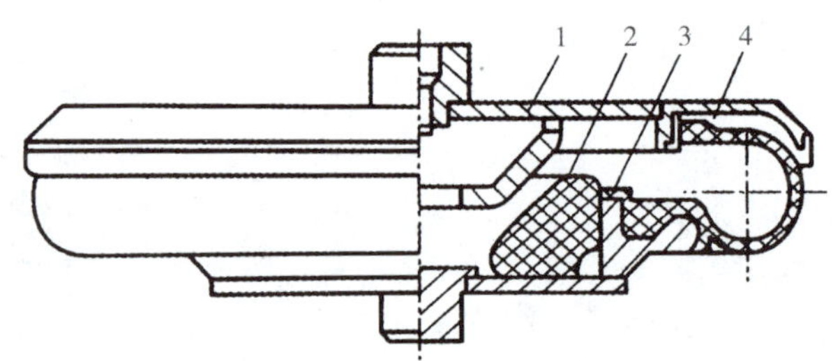

1—上盖板；2—橡胶垫；3—下盖板；4—橡胶囊。

图 3-1-6　自由膜式空气弹簧结构

空气弹簧系统示意图如图 3-1-7 所示。

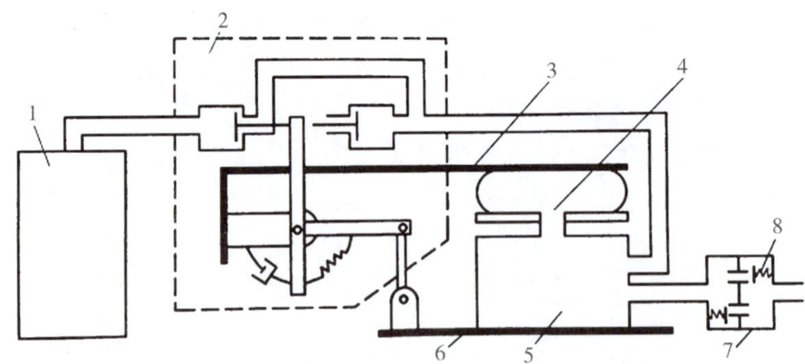

1—储风缸；2—高度控制阀；3—地板面；4—空气弹簧及节流孔；5—附加空气室；6—构架；7—差压阀；8—单向阀。

图 3-1-7　空气弹簧系统示意图

自由膜式空气弹簧由于减轻了橡胶囊的磨耗，提高了使用寿命。它本身的安装高度比较低，可以明显降低车辆地板面距轨面的高度。由于质量小，且自身的弹性特性可以通过改变上盖板边缘的包角加以适当调整，以确保弹簧具有良好的负载特性，所以，其在无摇动台装置的空气弹簧转向架上应用较多。

空气弹簧的密封性要求高，这是为了保证弹簧性能稳定和节省压缩空气，其一般采用压力自封式和螺钉紧封式两种密封方式。压力自封式是利用空气囊内部的空气压力将橡胶囊的端面与盖板（或内、外筒）卡紧加以密封；螺钉紧封式是利用金属卡板与螺钉夹紧加以密封。压力自封式的结构简单，组装检修方便，应用较多。

空气弹簧橡胶囊是由内、外层橡胶，帘线层和成型钢丝圈组成的。

内层橡胶主要用于密封，需采用气密性和耐油性较好的橡胶材质，外层橡胶除了有密封作用外，还起保护作用，因此，外层橡胶应采用能抗太阳辐射和臭氧侵蚀并耐老化的橡胶材质，还应满足环境温度的要求，一般采用氯丁橡胶。

帘线层的层数为偶数，一般为两层或四层，层层帘线相交叉，并与空气囊的经线方向成一定角度布置。由于空气弹簧上的载荷主要是由帘线承受的，而帘线的材质对空气弹簧的耐压性和耐久性起着决定性的作用，故采用高强度的人造丝、维尼龙或卡普隆作为帘线。

我国铁道客车全部采用自由膜式空气弹簧，其中绝大多数为压力自封式结构，仅有209HS型客车转向架用空气弹簧采用螺钉紧固式结构。

2. 空气弹簧节流孔

空气弹簧采用的节流孔可分为固定节流孔和可变节流孔。不同类型的节流孔，使车体垂直振动特性不同，从试验结果比较可知：当采用固定节流孔时在低频振动范围，无论振幅大小，对于振动的衰减效果，都存在相对阻尼不足或相对阻尼过大的区域。在车辆上采用可变节流孔的空气弹簧，不仅可使车辆垂直方向的低、高频振动均有适宜的阻尼，并且对车体侧滚的低频振动和车体横向振动也有良好的衰减特性，所以，在我国准高速客车转向架上采用了可变节流孔的空气弹簧。

在空气弹簧本体和附加空气室之间装设有适宜的节流孔。当空气弹簧垂向变位时，上述两者之间将产生压力差。若空气弹簧处于静态变位（缓慢变位）过程，则其压力差较小；若是在振动过程（快速变位）中，则其压力差较大。空气流过节流孔由于阻力而耗散部分振动能量，产生减振效果。一般使用空气弹簧悬挂装置的车辆都采用这种减振方式。

3. 高度控制阀

高度控制阀又称高度调整阀，简称高度阀。高度控制阀是空气弹簧系统中的重要组成部件，虽然不属于制动系统，但其与制动系统有着密切关系，因为空气制动的空重车自动调整阀的压力信号取自空气弹簧，该阀与差压阀的状态好坏，直接影响到空气弹簧是否能正常工作，所以，其也影响到空气制动系统。高度控制阀在一定程度上决定了空气弹簧的性能。

高度控制阀的特点：进气阀和排气阀打开时有延时效应，关闭时很迅速。

高度控制阀的作用：维持车体在不同静载荷下都能与钢轨轨面保持一定的高度。

高度控制阀的主要用途：当车辆载荷发生变化时，高度控制阀可以根据车辆载荷的增减情况，自动增减空气弹簧中的空气量，从而使空气弹簧的高度保持最佳工作状态（即空气弹簧的高度不随车辆载重而变化），保证前后车辆之间的可靠连挂。当车辆直线运行时，车辆在正常的振动情况下，高度控制阀不发生进、排气作用；当车辆通过曲线时，由于车体的倾斜，导致转向架左、右两侧发生载荷增减，高度控制阀可产生进气和排气作用，使空气弹簧的高度保持一致，从而减小车辆的倾斜，保证车辆的运行安全，同时也能提高乘客的舒适感。另外，空气弹簧有泄漏时，高度控制阀也可以自动向空气弹簧补风，以保证空气弹簧的正常高度。

高度控制阀一般可分为机械式和电磁式两种，按组成的不同又有有延时机构和无延时机构之分；按引起高度控制阀产生进、排气作用的传动方式还可分为直顶式和杠杆式等。

1）高度控制阀的结构

高度控制阀一般是由高度控制机构、进排气机构和延时机构3部分组成的。其中，高度控制机构主要包括连杆套筒、连杆和主轴，它们主要控制进排气；进排气机构主要包括过滤网、空气节流阀、进气阀体、进气阀、排气阀体和排气阀等，这些阀门的开启或关闭受到高度控制机构和延时机构的控制；延时机构主要有活塞、吸入阀、缸盖、缓冲弹簧、弹簧支架和减振器支架。延时机构一方面可减少高度控制阀的误动作，另一方面可起到节省压力空气的作用。

高度控制阀结构如图 3-1-8 所示。

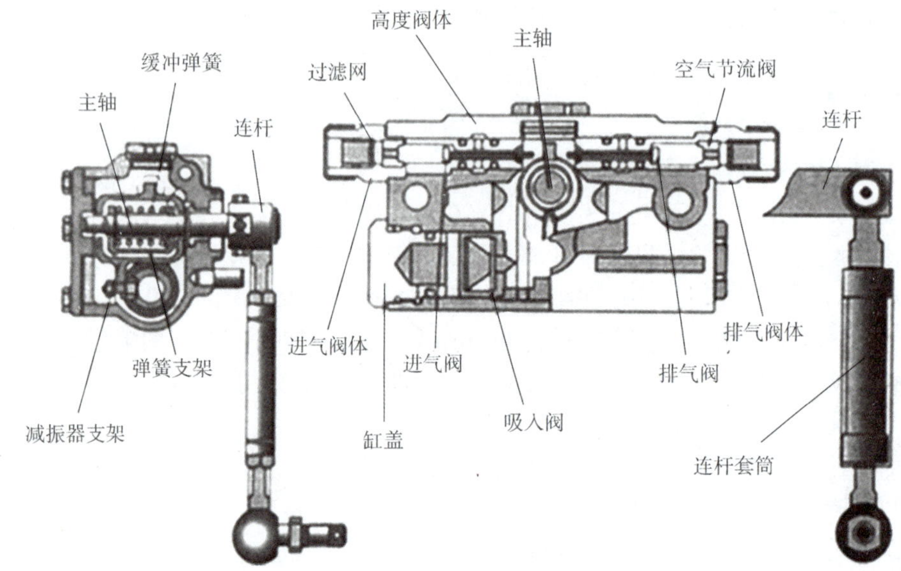

图 3-1-8　高度控制阀结构

从外观上看，高度控制阀由阀本体、杠杆和调节杆3部分构成。阀本体安装于摇枕一端，通过主轴与杠杆相连，杠杆用关节轴承与调节杆相连，调节杆装于空气弹簧托盘上，调节杆的长度可以调节。安装后要求调节杆呈垂直位置，杠杆呈水平位置。当车辆重量发生变化或运行时，由于摇枕的上下移动使杠杆上下转动，带动主轴转动。

2）高度控制阀的工作原理

当车辆载荷增加时，空气弹簧高度降低，车体下降，高度控制阀随之下降；连杆向下转动，主轴转动，一定时间后，打开进气阀，向空气弹簧充气；空气弹簧高度增加，摇枕上升，连杆回转，连杆恢复水平位置，进气阀关闭。

当车辆载荷减少时，空气弹簧高度升高，车体上升，高度控制阀随之上升；连杆向上转动，主轴转动，一定时间后，打开排气阀，空气弹簧向大气排气；空气弹簧高度降低，摇枕下降，连杆回转，连杆恢复水平位置，排气阀关闭。

4. 差压阀

差压阀在空气弹簧悬挂系统中起保证安全作用。差压阀用来调节同一转向架左右两侧空气弹簧的内压差，以保证同一转向架左右两侧空气弹簧的内压差不超过规定的安全范围。由于空气弹簧进、排气时间，速度的差别等因素，使得静止或运行中的转向架左右两侧空气弹簧的内压不相等，当压力差达到 0.1~0.15 MPa 时，会导致两侧的垂向载荷很不均衡，降低车辆的抗脱轨能力。

差压阀结构如图 3-1-9 所示。

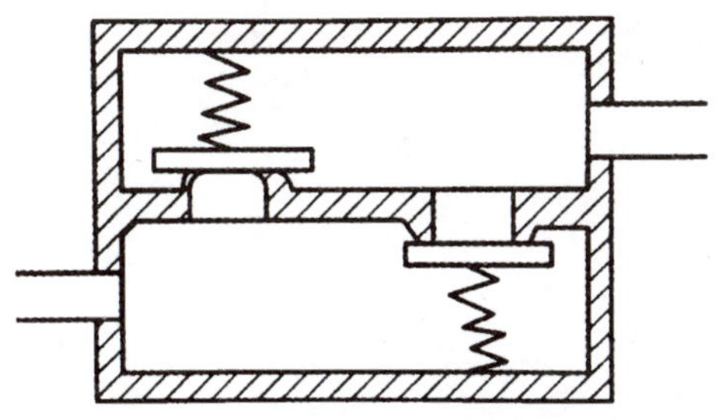

图 3-1-9　差压阀结构

差压阀的工作原理：当左右两侧空气弹簧压力差小于某一定值（一般为 0.08 MPa）时，左右两阀均处于关闭状态，左右空气弹簧不相通；若其中任一侧的空气压力增大并使左右压力差超过定值，则打开左右阀的通路，使两侧压力空气贯通。

任务 3.2　减振装置

任务目标

1. 掌握斜楔的原理及应用知识
2. 掌握油压减振器的原理及应用知识
3. 掌握抗侧滚扭杆装置的原理及应用知识

知识点

1. 斜楔式摩擦减振器
2. 油压减振器
3. 抗侧滚扭杆

知识点 3.2.1　斜楔式摩擦减振器

货车转向架起缓和及减小车辆运行时的振动和稳定两侧架的定位作用，在每个侧架承簧台上和摇枕端部两侧斜楔槽之间各装有一套斜楔式摩擦减振器，每台转向架共 4 套。

1. 斜楔式摩擦减振器的结构

斜楔式摩擦减振器由斜楔、减振弹簧、侧架立柱磨耗板等组成，属于变摩擦力减振器。

减振弹簧为双卷圆弹簧，每组双卷圆弹簧置于侧架承簧台上和斜楔之间。斜楔实物图如图 3-2-1 所示，其呈三角形；有主、副两个摩擦面。斜楔结构图如图 3-2-2 所示。斜楔安装示意图如图 3-2-3 所示，立面为主摩擦面，它与铅垂线夹角 β 为 2°30′；斜面为副摩擦面，它与水平线夹角 α 为 45°。斜楔底面有突起圆脐子，使减振弹簧起到定位作用。

图 3-2-1　斜楔实物图

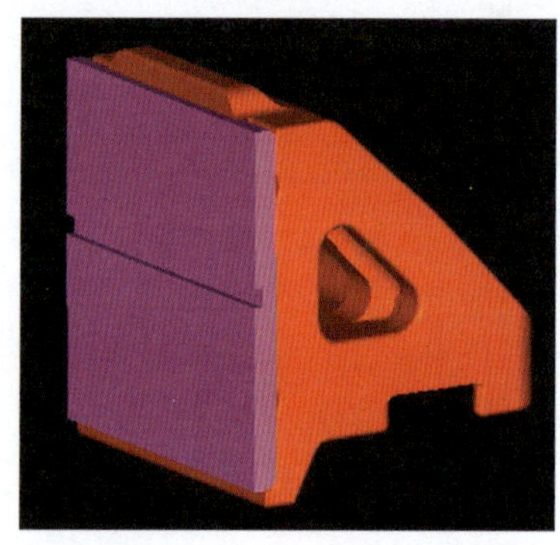
图 3-2-2　斜楔结构图

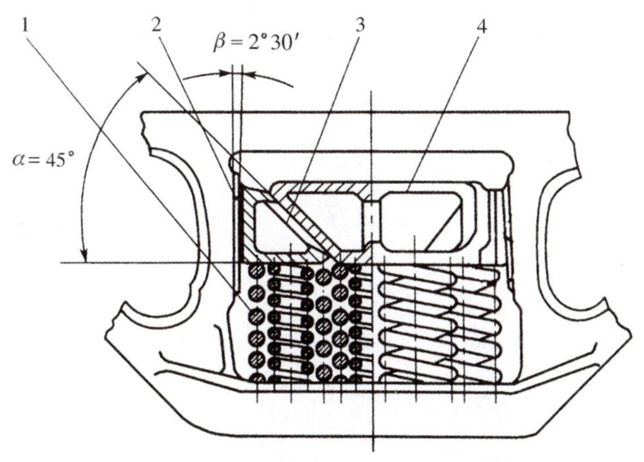

1—减振弹簧；2—侧架立柱磨耗板；3—斜楔；4—摇枕。

图 3-2-3 斜楔安装示意图

斜楔的材质最早为铸钢，经运用实践发现，铸钢斜楔的耐磨性能差，现在推广使用材质为贝氏体球墨铸铁的斜楔，该斜楔的耐磨性能显著提高，其磨耗寿命可达 50 万 km 以上，可降低修理成本，提高车辆运行品质。

侧架立柱磨耗板为 45 号钢，其焊接在侧架立柱上。两侧架立柱水平距离为 505 mm 以下时磨耗板厚度应为 10 mm；两侧架立柱水平距离为 505 mm 以上时，磨耗板厚度为 12 mm。

减振器组装后，斜楔嵌入摇枕的斜楔槽中，减振弹簧受压缩，其弹力使斜楔的主摩擦面与侧架立柱磨耗板密贴，副摩擦面与摇枕的斜楔槽 45°斜面密贴。

2. 斜楔式摩擦减振器的作用原理

转向架承载后，载荷经摇枕一部分直接传给枕弹簧，另一部分经斜楔传给减振弹簧，使减振弹簧压缩。其弹力迫使斜楔的主、副摩擦面分别与侧架立柱磨耗板和摇枕的斜楔槽 45°斜面密贴，因而在主、副摩擦面上产生正压力。当遇有振动，摇枕上、下移动时，迫使斜楔主摩擦面与侧架立柱磨耗板之间，副摩擦面与摇枕的斜楔槽 45°斜面之间产生相对位移，从而在主、副摩擦面上产生摩擦力，其方向与斜楔位移方向相反（斜楔受力示意图如图 3-2-4 所示），阻碍斜楔的位移，即当摇枕上、下振动时，振动能量须克服摩擦力做功，变为摩擦热能而消散，从而使振动能量被消减，振幅得到衰减，起到减振作用。

在振动过程中，斜楔主摩擦面与侧架立柱磨耗板间的相对位移要比副摩擦面与摇枕的斜楔槽 45°斜面间的相对位移大，因而摩擦力做功也较大，消耗的振动能量较大，所以将斜楔的立面称为主摩擦面。

当转向架荷重增加时，弹簧的挠度和支反力也增加，斜楔主、副摩擦面上的正压力也相应增加，从而振动摩擦力增大；反之，摩擦力减小，因此，这种减振器也被称为变摩擦力减振器。

当侧架横向作用力摆动时，侧架立柱磨耗板和斜楔主摩擦面间发生横向相对位移，在侧架立柱磨耗板上产生与位移方向相反的摩擦力，阻碍侧架的横向摆动。侧架欲摆动要克服此摩擦力做功，从而使摆动减小或起到侧架横向定位的作用。

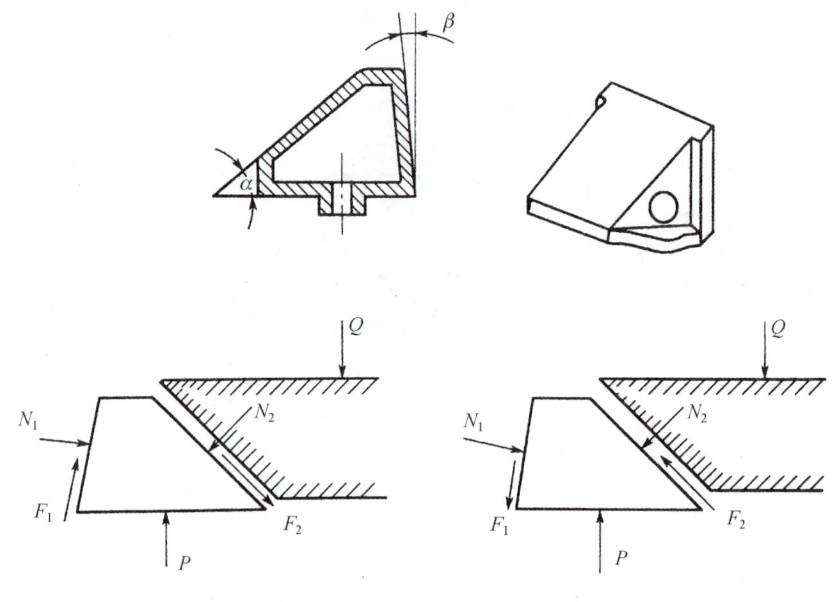

（a）摇枕向下振动　　（b）摇枕向上振动

Q—摇枕一端的负荷；$\boldsymbol{N}_1$—侧架立柱磨耗板对斜楔主摩擦面的正压力；$\boldsymbol{N}_2$—摇枕对斜楔副摩擦面的正压力；**P**—减振弹簧的支反力；$\boldsymbol{F}_1$—斜楔主摩擦面的摩擦力；$\boldsymbol{F}_2$—斜楔副摩擦面的摩擦力。

图 3-2-4　斜楔受力示意图

在运行中，减振器的各摩擦面发生磨耗后，引起减振弹簧上升，但减振弹簧上升是有限度的。特别是当斜楔磨耗过大后，使减振弹簧上升到自由高度时，便不能再上升。此时斜楔主摩擦面与侧架立柱磨耗板间，副摩擦面与摇枕的斜楔槽 45°斜面间都不能密贴，其正压力和摩擦力都不复存在了，即减振器失效。此时不但无减振作用，而且两侧架的横向定位作用也失控，因此，对减振器的各摩擦面，特别是斜楔的磨耗量应严格监控，及时检修。

知识点 3. 2. 2　油压减振器

现代铁道客车为了适应高速、安全、平稳、舒适的运行要求，大量采用了各型油压减振器，用于改善车辆的垂向、横向特性和抑制转向架的蛇行运动。目前，铁道客车车辆主要采用油压减振器。油压减振器主要是利用液体黏滞阻力所做的负功来吸收振动能量。油压减振器的优点在于它的阻力是振动速度的函数，其特点是振幅的衰减量与幅值的大小有关，振幅大时衰减量也大，反之亦然。油压减振器的缺点是结构复杂、维修比较困难、成本较高及受外界温度影响大等。

1. 油压减振器的类型

油压减振器按用途可分为：与轴箱弹簧并联的轴箱减振器、与中央（摇枕）弹簧（如空气弹簧）并联的中央（摇枕）减振器、摇枕与车体之间的横向减振器、构架与车体之间的抗蛇行减振器和车体之间的耦合减振器等。

SFK1 型、SFKZ13 型和 MSP602 型减振器统称为 1A 型减振器（包括横向油压减振器）。1A 型减振器为 20 世纪 60 年代至 20 世纪 80 年代初的主型减振器，其一直应用至今。1A 型减振器的密封性、阻力稳定性等方面尚不够完善。

SLK70 型和 SLK71 型减振器统称为 2A 型减振器（包括横向油压减振器），其适用于 120 km/h 以下运行速度的相关车辆。2A 型减振器与 1A 型减振器相比，其在密封性、阻力稳定性、防锈性等方面有较大改进。

3A 型（系列）高速机车车辆油压减振器在结构方面以改善压缩卸荷特性为主。1996 年，我国研制出 3A1 型（系列）减振器。该种减振器以改善密封性为着眼点，在结构和材料上有较大改进。

3A2 型（系列）油压减振器充分吸取了国内外减振器结构的特点，采用先进的密封材料和动密封技术，具有体积小（较 3A1 型减振器减小 38%）、质量轻、阻力衰减率小、密封性好等优点。3A2 型油压减振器可改换 6 种端部连接形式，阻尼系数为 15～100 kN · s/m，改变阻尼系数和安装长度后，其可以满足大多数机车车辆的使用要求。

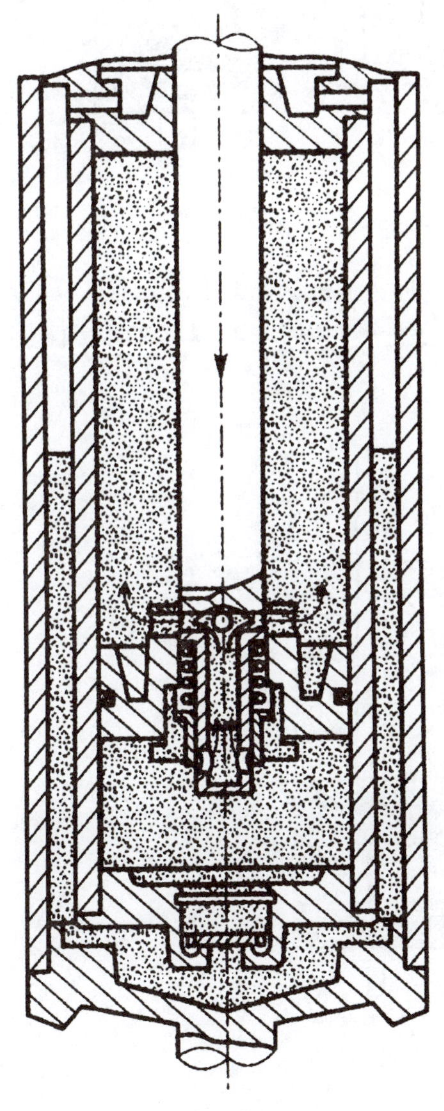

图 3-2-5 油压减振器结构示意图

新型客车转向架采用进口油压减振器，有水平安装的，也有垂直安装的，有安装在摇枕与构架之间的，也有安装在构架与轴箱之间的，无论安装在哪里，其基本作用原理是一致的，起到消减振动或抑制车辆的蛇行运动的作用，提高了车辆运行的平稳性。

目前，铁道客车上使用的油压减振器主要分国产和进口两类，其中进口油压减振器用于提速客车，如 KONI 型油压减振器和 DISPEN 型油压减振器等。

2. 油压减振器的基本原理

油压减振器通过拉伸和压缩的基本动作，能够起到消减振动的作用，其提高了车辆运行的平稳性。油压减振器结构示意图如图 3-2-5 所示。

油压减振器是一个密封的充满油液的油缸，油缸内有一个活塞，活塞把油缸分成上、下两个部分。活塞上有小孔，称为节流孔，由于油缸上部固定在摇枕上，下部固定在弹簧托板上，当摇枕做上、下运动时，活塞杆随摇枕运动，于是活塞杆与油缸产生上、下的相对位移。

如图 3-2-6 所示，当活塞杆向上（拉伸过程）移动时，油缸上部分体积缩小，油缸下部分体积扩大，因为油缸是完全密封的，所以，油缸上部分油液的压力增大而油缸下部分油液的压力降低，油缸上、下两部分形成压力差，导致油缸上部分的油液通过节流孔流向油缸下部分，以补充活塞移动后产生的真空。油液通过微小的节流孔时产生较大的阻力，阻力的大小与油液的流速、节流孔的孔径有关。油液流速越大，阻力越大。

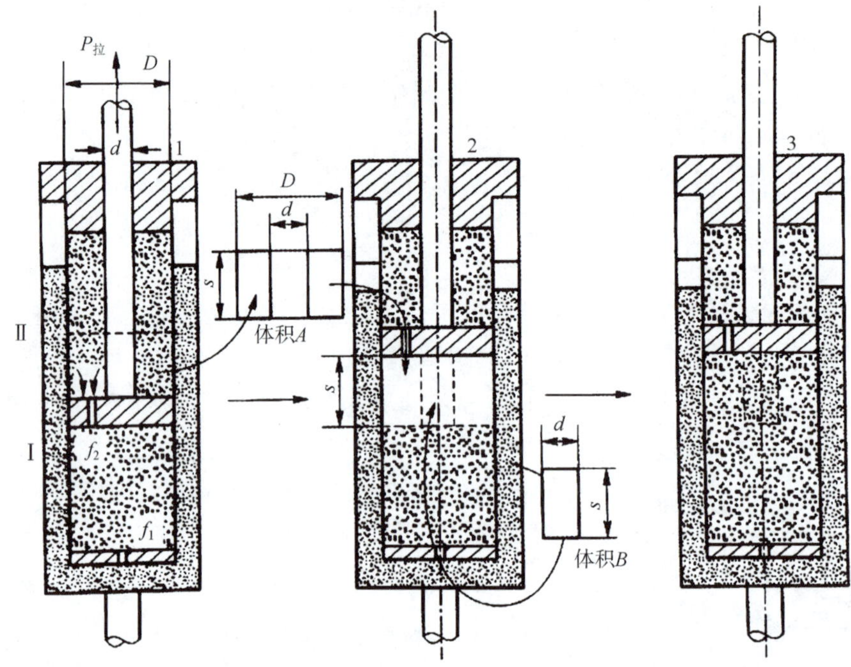

图 3-2-6　油压减振器拉伸过程

如图 3-2-7 所示，当活塞向下（压缩过程）移动时，油液从油缸下部分通过节流孔流向油缸上部分，同样产生阻力。在油压减振器与圆弹簧配合作用下，可以起到消减车辆振动的作用，从而提高车辆运行的平稳性。

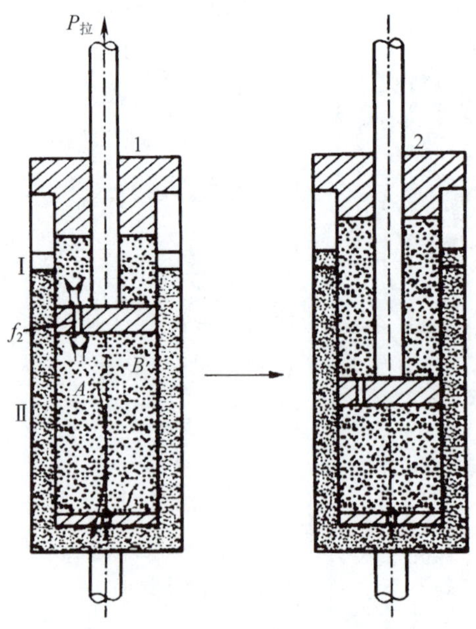

图 3-2-7　油压减振器压缩过程

知识点 3.2.3 抗侧滚扭杆

高速车辆为了改善垂向动力学性能，克服转向架的二系弹簧刚度较低而导致车辆在运动中侧滚幅度加大的缺点，增加舒适度，在转向架中增设了抗侧滚扭杆装置。

如图 3-2-8 所示，抗侧滚扭杆装置由扭杆、杠杆、连杆、关节轴承、垫圈等组成。

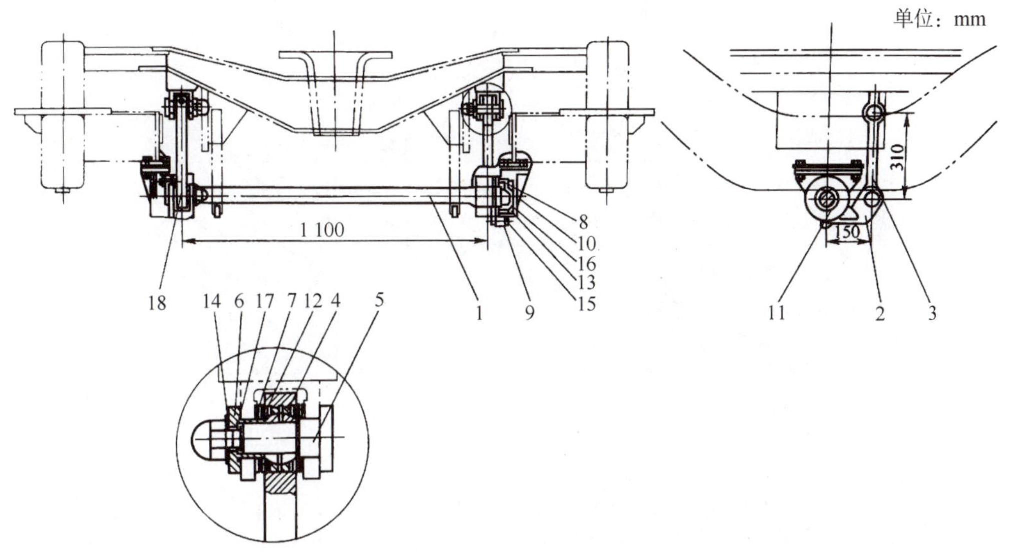

1—扭杆；2—杠杆；3—连杆；4—关节轴承；5—销轴；6—销套；7—防尘体；8—向心球轴承；9—轴承座；10—轴承座盖；11—键；12—挡圈 1；13—垫圈 1；14—垫圈 2；15—毛毡密封圈；16—挡圈 2；17—O 形密封圈；18—油杯。

图 3-2-8 抗侧滚扭杆装置

如图 3-2-9 所示，当车体发生侧滚时，一根连杆向上运动，另一根连杆向下运动，这时带动扭臂的一头分别向上和向下运动即作用于扭杆一个力矩，使得扭杆发生扭转变形，扭杆产生的反力矩抵抗车体侧滚。

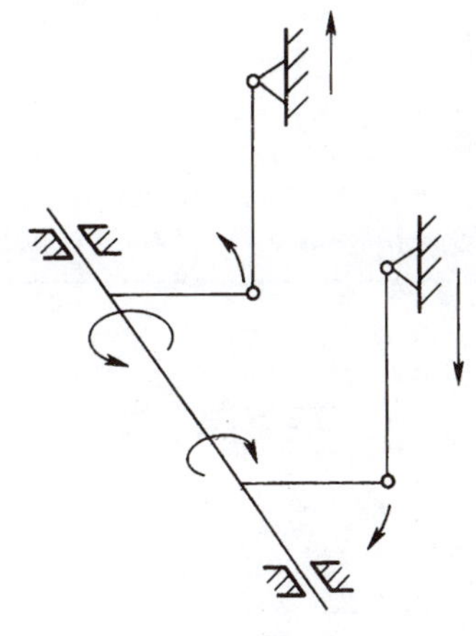

图 3-2-9 抗侧滚扭杆受力示意图

扭杆弹簧的主体为一直杆，它是利用扭杆的扭转弹性变形起弹簧作用的。扭杆弹簧具有自重轻、结构简单、单位体积变形大及占空间位置小等特点。扭杆弹簧的材质和制造精度要求较高，在制造加工过程中对其防腐处理要及时，并要进行探伤检验。

实训　弹簧及减振装置认知实训

<table>
<tr><td>实训名称</td><td colspan="2">弹簧及减振装置认知实训</td></tr>
<tr><td>实训目标</td><td colspan="2">1. 了解常见弹簧及减振装置类型
2. 掌握空气弹簧系统的结构知识</td></tr>
<tr><td>实训设备</td><td colspan="2">货车转向架一台、快速客车转向架一台（带空气弹簧及减振装置）</td></tr>
<tr><td>实训要求</td><td colspan="2">1. 穿好实训服，做好自身安全防护
2. 实训期间不得随意翻越、攀爬转向架，不得随意离开实训场地</td></tr>
<tr><td rowspan="2">实训内容</td><td>货车转向架（40%）
1. 识别两级刚度螺旋弹簧的结构特点
2. 识别斜楔的结构</td><td>完成情况：</td></tr>
<tr><td>快速客车转向架（60%）
1. 识别空气弹簧系统组成
2. 识别油压减振器的结构与作用
3. 若存在抗侧滚扭杆，识别其安装位置并说明其原理</td><td>完成情况：</td></tr>
<tr><td rowspan="2">实训考核结果</td><td colspan="2">自我评价</td></tr>
<tr><td colspan="2">教师考核</td></tr>
<tr><td>备注</td><td colspan="2">1. 实训是否分组进行，可根据实训条件进行调整
2. 教师考核方式可根据真实情况确定</td></tr>
</table>

复习思考题

1. 两级刚度弹簧的工作原理是什么？
2. 空气弹簧系统的工作原理是什么？
3. 客货车上常用的弹簧及减振装置分别是什么？

项目4

转 向 架

导言

两个或几个轮对与专门的构架（侧架）组成的一个小车，称为转向架。转向架是车辆的走行部分，其对车辆运行的平稳性和安全性有着十分密切的影响。车体就是支承在前后两个转向架上的。为便于通过曲线，车体与转向架之间可以相对转动。这样，相当于将一个车体坐落在两个小二轴车上（假如转向架是二轴式的），使车辆的载重量、长度和容积都可以增加，运行品质得以改善，以满足铁路运输发展的需要。

我国自主研发转向架的历史从20世纪50年代就开始了，从导框式转向架到非导框式转向架，从踏面制动转向架到盘形制动转向架，从钢弹簧转向架到空气弹簧转向架，转向架技术更迭的背后是无数企业与技术人员的不懈努力。

本项目介绍了目前运用较多的客、货车转向架的结构与特点。

任务4.1　转向架的作用及发展

任务4.2　客车转向架

任务4.3　货车转向架

实训　　　转向架构造认知实训

复习思考题

任务 4.1 转向架的作用及发展

任务目标

1. 了解铁道车辆转向架的历史及发展趋势
2. 掌握转向架的基本组成与作用知识

知 识 点

1. 转向架的作用
2. 转向架的发展

知识点 4. 1. 1 转向架的作用

转向架是一种能相对车体转动的走行装置，其引导车辆沿钢轨行驶，承受来自车体及线路的各种载荷并缓和作用力。转向架是铁道车辆结构中最重要的部件之一，作为支撑车体并担负走行任务的部分，其制造工艺、生产技术、指标参数等都有着极其严格的要求，转向架结构是否合理对铁道车辆的安全运行有着决定性的影响，其主要作用如下。

（1）增加车辆的载重、长度与容积，提高列车运行速度，以满足铁路运输发展的需要。

（2）保证在正常运行条件下，车体能可靠地坐落在转向架上，通过轴承装置使车轮沿钢轨的滚动转化为车体沿线路运行的平动。

（3）支撑车体，承受并传递从车体至车轮之间或从轮轨至车体之间的各种载荷及作用力，并使轴重均匀分配。

（4）保证车辆安全运行，能灵活地沿直线线路运行及顺利地通过曲线。

（5）转向架的结构要便于弹簧减振装置的安装，使之具有良好的减振特性，以缓和车辆和线路之间的相互作用，减少振动和冲击，减小动应力，提高车辆运行平稳性和安全性。

（6）充分利用轮轨之间的黏着，传递牵引力和制动力，放大制动缸所产生的制动力，使车辆具有良好的制动效果，以保证在规定的距离内停车。

转向架是车辆的一个独立部件，在转向架与车体之间应尽可能减少连接件。

知识点 4. 1. 2 转向架的发展

1. 改革开放前

新中国成立以后，随着“一五”计划的大规模展开，以毛泽东为核心的党的第一代中央领导集体，共同探索建立我国计划经济体制。1956 年 9 月，中共八大提出，我国社会的主要矛盾已经是人民对于建立先进的工业国的要求同落后的农业国的现实之间的矛盾，全党的工作重心转向经济建设，集中力量发展生产力。

也正是从此时开始，我国各车辆工厂着手设计、生产新型转向架。但在这个阶段，转向架的制造工艺和材料性能尚不成熟，因此设计的转向架结构复杂，外形笨重，且行驶速度较低，减振性能极差。此阶段转向架的主要型号有 101、102、103 型，以及在此基础上改进的 201 型（属于导框式转向架，构造速度是 100 km/h）。这些型号的转向架运行性能较差，零部件寿命也较短，极易出现裂纹等故障，现已淘汰。

101 型转向架结构如图 4-1-1 所示。

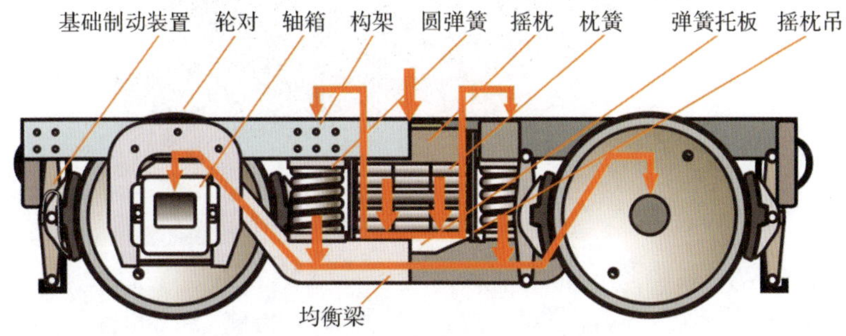

图 4-1-1 101 型转向架结构

101 型转向架如图 4-1-2 所示。

102 型转向架如图 4-1-3 所示。

图 4-1-2 101 型转向架

图 4-1-3 102 型转向架

20 世纪 60 年代，我国设计了第二代转向架，主要型号有 201、202、203、204、205 型。202 型转向架是中车青岛四方机车车辆股份有限公司为 22 型客车生产的无导框转向架，其构造速度为120 km/h，于 1986 年停产。

202 型转向架结构如图 4-1-4 所示。

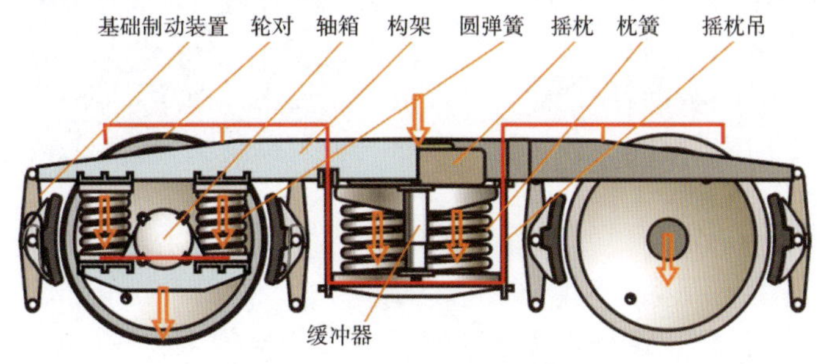

图 4-1-4 202 型转向架结构

202 型转向架如图 4-1-5 所示。

图 4-1-5　202 型转向架

20 世纪 60 年代，我国货车的主型转向架为转 8 型（系列）转向架。转 8 型转向架，原名 608 型转向架，亦称老转 8 型转向架，是中车齐齐哈尔车辆有限公司在 1958 年参照苏联生产的相关转向架设计、制造的。转 8 型转向架于 1964 年停止生产。1964 年中车齐齐哈尔车辆有限公司对转 8 型转向架进行了改进设计。改进后的转向架于 1966 年通过铁道部鉴定，定名为转 8A 型转向架，又名新转 8 型转向架。转 8 型系列转向架结构简单、检修方便、对线路适应性好，但也存在一些缺陷，例如：刚度不足、减振系统不耐磨、临界速度低等。由于转 8 型系列转向架不适应提速需要，目前已停止生产。

转 8A 型转向架如图 4-1-6 所示。

图 4-1-6　转 8A 型转向架

2. 改革开放后

1978 年 12 月 18 日，具有伟大历史意义的十一届三中全会召开。以此为起点，中国进入了改革开放和社会主义现代化建设的新时期。

十一届三中全会召开后，从农村到城市，从沿海到内地，改革开放春潮涌动。社会主义市场经济体制逐步建立，并朝着完善的目标迈进，改革向纵深推进，社会体制改革、政治体制改革等其他各项改革也在有序进行，社会主义制度在改革中不断完善，为生产力的解放、财富的创造打开更广阔的空间。各大制造企业开始大规模地引进国外先进技术、设备，兴办中外合资企业、外资企业等工作全面展开。

20 世纪 70 年代至 90 年代，中车青岛四方机车车辆股份有限公司研制了 U 形结构的 206 型转向架，其结构可靠，运行平稳。后来在其基础上设计了 206G、206P 与 206KP 型转向架。同时，中车南京浦镇车辆有限公司研制了 H 形构架的 209 型转向架并于 1975 年开始批量生产，经改进，又研制了 209T、209P 与 209PK 型转向架。

206G 型转向架如图 4-1-7 所示。

209T 型转向架如图 4-1-8 所示。

图 4-1-7 206G 型转向架

图 4-1-8 209T 型转向架

“八五”以来，特别是邓小平南方谈话发表和党的十四大召开以后，全国的改革开放步伐明显加快，国民经济持续快速增长，经济和社会发展进入新的历史阶段。“八五”经济腾飞对铁路提出了更高的要求。党中央、国务院把加快铁路建设摆在发展国民经济的战略地位和加强基础建设的优先位置，制定了向铁路倾斜的特殊政策，建立了铁路建设基金。1995 年是“八五”计划最后一年，铁路建设进入“三年决战”最后冲刺阶段，同年铁道部安排基建投资 300 亿元。

“八五”期间，为了适应铁路车辆提速的要求，各生产厂家纷纷研制提速型与准高速型转向架，例如中车青岛四方机车车辆股份有限公司研制的 SW-160、SW-200、SW-220K型转向架，中车南京浦镇车辆有限公司研制的 209HS、PW-200 型转向架，中车长春轨道客车股份有限公司研制的 CW-200、CW-300 型转向架。

PW-200 型转向架如图 4-1-9 所示。

图 4-1-9 PW-200 型转向架

SW-200 型转向架如图 4-1-10 所示。

为了应对铁路提速的要求，一系列提速货车转向架应运而生，其中以交叉支撑系列转向架与摆式转向架为主。交叉支撑系列转向架有转 K1、转 K2、转 8AG 、转 8G（铸钢三大件转向架）型转向架，此类转向架借鉴了美国交叉支撑技术。摆式转向架以转 K4 型为代表，转 K3 型也同期出现，此类转向架借鉴了欧洲 Y25 型转向架整体焊接构架技术。

图 4-1-10　SW-200 型转向架

转 K2 型转向架如图 4-1-11 所示。

请扫描下面的二维码，观看“转 K2 型转向架结构”视频。

转 K4 型转向架如图 4-1-12 所示。

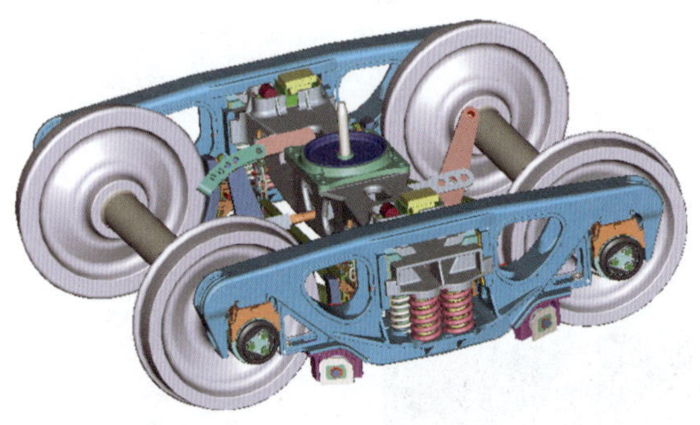

图 4-1-11　转 K2 型转向架

图 4-1-12　转 K4 型转向架

随着重载运输的发展，以转 K5、转 K6 型转向架为代表的提速重载转向架成为货车主型转向架。转 K5、转 K6 型转向架可有效减少重载列车轮轨之间的磨耗，降低重载运输的运营成本，隔离轮轨间高频振动，改善车辆的垂向动力学性能，提高车辆的运行平稳性，是我国 70 t 及 70 t 以上级货车主要使用的转向架。

转 K5 型转向架如图 4-1-13 所示。

转 K6 型转向架如图 4-1-14 所示。

3. 转向架的发展趋势

请扫描下面的二维码，观看“转向架生产线”视频。

图 4-1-13 转 K5 型转向架

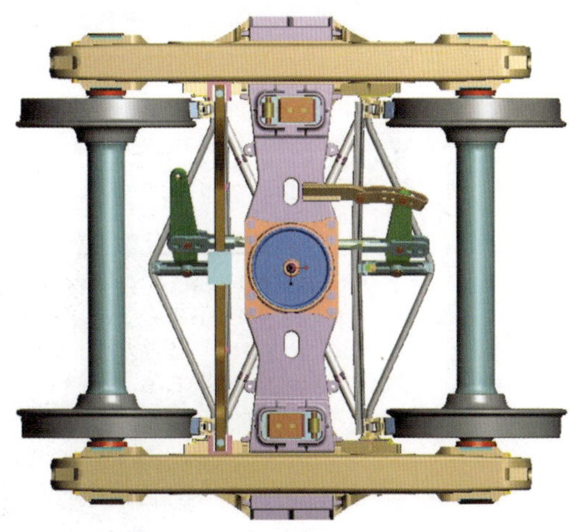

图 4-1-14 转 K6 型转向架

1）高速转向架

从 1997 年 4 月 1 日到 2007 年 4 月 18 日，中国铁路经历了六次大提速。2007 年 4 月 18 日零时，中国铁路首次开行了中国自主品牌的 CRH 动车组，这体现了中国动车组列车技术能力从引进、消化到创新的突破性发展，经过六次大提速，中国铁路正式进入高铁时代。2013 年 6 月，中国标准动车组项目正式启动，2015 年 6 月 30 日，中国标准动车组正式下线，2017 年 6 月 26 日 CR400 级的中国标准动车组在京沪高铁首发，运行速度为 350 km/h。

转向架技术是提高列车速度的关键因素，随着动车组运行速度的不断提高，对转向架综合性能的要求也越来越高，必须通过不断比选、优化论证，才能提升高速转向架的综合性能。

相对于传统转向架，动车组转向架更注重结构、悬挂及减振系统等方面的设计，由于动力分散的特点，动车组动车转向架还需增加齿轮传动系统，因此其结构与传统转向架不同。对于铁道车辆而言，为了改善运行过程中的能耗以降低运营成本，以及削减二氧化碳排放量，车辆转向架的轻量化也是一项永恒的课题。

动车组动车转向架如图 4-1-15 所示。

图 4-1-15 动车组动车转向架

与客车转向架一样，货车转向架也朝着满足车辆快速运行的方向发展，2004 年我国“铁路主要技术政策”中提出，要普遍提高列车速度，发展高附加值货物快捷运输，开展快递、快运业务，逐步形成快捷运输系统，要求快运货物列车运行速度达到 160 km/h。这对我国货车转向架提出了更高的要求。

中车齐齐哈尔车辆有限公司快速货车转向架如图 4-1-16 所示。

图 4-1-16　中车齐齐哈尔车辆有限公司快速货车转向架

2）重载转向架

世界上一些幅员辽阔、矿产资源丰富且工业发达的国家，为适应运输市场发展、提高线路运输能力，以进一步降低运输成本，先后采用了铁路重载货物运输方式，经过多年发展，重载运输已成为世界铁路货运的重要组织模式。

重载运输对转向架提出了新的设计要求，例如在轴重、抗菱技术、弹性旁承参数、减振系统稳定性、轴箱弹性定位等方面都提出了新的设计要求。南非谢菲尔转向架和澳大利亚控制型转向架是两种典型的重载转向架。

南非谢菲尔转向架如图 4-1-17 所示。

图 4-1-17　南非谢菲尔转向架

澳大利亚控制型转向架如图 4-1-18 所示。

图 4-1-18　澳大利亚控制型转向架

任务 4.2 客车转向架

任务目标

1. 掌握客车转向架的特点知识
2. 掌握典型客车转向架的结构知识

知识点

1. 客车转向架的特点
2. 典型客车转向架的结构

知识点 4.2.1 客车转向架的特点

客车转向架与货车转向架的基本作用有所差异，因此两者在结构上也存在不同。客车转向架不仅要保证旅客运输的安全性、平稳性，还要考虑旅客乘坐舒适度及运行速度，而货车转向架则需要应对重载、提速的要求。

针对客车转向架的应用情况，除了基本参数及结构外，设计者还对其提出了以下要求。

（1）转向架应轻量化，尽量减少簧下质量，减少运行阻力，从而实现转向架的高速运行。

（2）转向架应具有多重减振装置，以改善客车的动力学性能，提高旅客乘坐舒适度。

（3）转向架应具有降低噪声、吸收高频振动的能力，应广泛采用空气弹簧与橡胶制品，从而减少环境污染。

（4）转向架应具有优异的制动性能，采用盘形制动、电制动等方式，具备平稳、安全且制动效率高的特点。

（5）转向架整体结构应简化，以便于检修、降低成本。

客车转向架自产生以来，在结构上发生了较大的变化，下面介绍部分客车转向架的相关情况。

209 系列转向架的相关参数见表 4-2-1。

表 4-2-1　209 系列转向架的相关参数

型号	209T 型	209P 型	209TK 型	209PK 型	209HS 型
生产厂家	浦镇、长客、唐山	浦镇	浦镇	浦镇	浦镇、长客、唐山
制造年代	1973 年	1979—1980 年	1988—1995 年	1988—1995 年	1993 年至今
最高运行速度/（km/h）	140	140	160	160	160
固定轴距/mm	2 400	2 400	2 400	2 400	2 400
轮径/mm	915	915	915	915	915
转向架自重/t	6. 8	7. 2	6. 8	6. 98	7. 1
轴重/t	18	18	18	18	16. 5

续表

型号	209T 型	209P 型	209TK 型	209PK 型	209HS 型
轴型	RD_3/RD_4	RD_{3A}/RD_{4A}	RD_{3A}	RD_{3A}	RD_{3A}
构架	H 形铸钢构架	H 形铸钢构架	H 形铸钢构架	H 形铸钢构架	H 形焊接构架
一系悬挂	两组圆弹簧、干摩擦导柱式定位	两组圆弹簧、干摩擦导柱式定位	两组圆弹簧、干摩擦导柱式定位	两组圆弹簧、干摩擦导柱式定位	两组圆弹簧、弹性定位
二系悬挂	摇动台、摇枕、圆弹簧、垂向减振器	摇动台、摇枕、圆弹簧、垂向减振器	摇动台、摇枕、空气弹簧（固定节流孔）、横向减振器、抗侧滚扭杆	摇动台、摇枕、空气弹簧（固定节流孔）、横向减振器、抗侧滚扭杆	摇动台、摇枕、空气弹簧（可变节流孔）、横向减振器、抗侧滚扭杆
牵引装置	心盘销+牵引拉杆	心盘销+牵引拉杆	心盘销+牵引拉杆	心盘销+牵引拉杆	心盘销+牵引拉杆
制动方式	双侧闸瓦制动	盘形制动+踏面清扫	双侧闸瓦制动	盘形制动+踏面清扫	盘形制动+单侧闸瓦
承载方式	心盘承载	心盘承载	心盘承载	心盘承载	旁承承载

206 系列转向架的相关参数见表 4-2-2。

表 4-2-2　206 系列转向架的相关参数

型号	206 型	206G 型	206W 型	206WP 型	206KP 型
生产厂家	四方	四方	四方	四方	四方
制造年代	1972—1987 年	1989—1997 年	1986 年	1992—1997 年	1992—1997 年
最高运行速度/（km/h）	140	140	160	160	160
固定轴距/mm	2 400	2 400	2 400	2 400	2 400
轮径/mm	915	915	915	915	915
转向架自重/t	6.7	6.7	6.65	6.926	6.55
轴重/t	17	17	17	16.5	16.5
轴型	RD_3/RD_4	RD_3/RD_4	RD_3/RD_4	RD_{3A}	RD_{3A}
构架	U 形铸钢构架	U 形铸钢构架	U 形铸钢构架	U 形焊接构架	U 形焊接构架
一系悬挂	两组圆弹簧、干摩擦导柱式定位	两组圆弹簧、干摩擦导柱式定位	两组圆弹簧、干摩擦导柱式定位	单组弹簧、转臂式定位	单组弹簧、转臂式定位
二系悬挂	摇动台、摇枕、圆弹簧、垂向减振器	摇动台、摇枕、圆弹簧、垂向和横向减振器	摇枕、圆弹簧、垂向和横向减振器	摇枕、圆弹簧、垂向和横向减振器	摇枕、空气弹簧、横向减振器、抗侧滚扭杆
牵引装置	心盘销+摇枕纵向挡	心盘销+牵引拉杆	心盘销+摇枕纵向挡	心盘销+牵引拉杆	心盘销+牵引拉杆
制动方式	双侧闸瓦制动	双侧闸瓦制动	双侧闸瓦制动	盘形制动+单侧闸瓦	盘形制动+单侧闸瓦
承载方式	心盘承载	心盘承载	心盘承载	旁承承载	旁承承载

提速转向架的相关参数见表 4-2-3。

表 4-2-3 提速转向架的相关参数

型号	CW-200K 型	SW-200 型	PW-200 型	SW-300 型	CW-300 型
生产厂家	长客	四方	浦镇	四方	长客
制造年代	1997—1999 年	1997—1999 年	1997—1999 年	1997—2001 年	1997—2001 年
最高运行速度/（km/h）	160	200	200	270	270
固定轴距/mm	2 500	2 560	2 400	2 560	2 500
轮径/mm	915	915	915	915	915
转向架自重/t	6. 1	6. 92	6. 8	<6. 5	<6. 5
轴重/t	15. 5	15. 5	15. 5	14. 5	14. 5
轴承	双列圆柱滚子	双列圆柱滚子	双列圆柱滚子	自密封式圆锥滚子	自密封式圆锥滚子
构架	H 形焊接构架	H 形焊接构架	H 形焊接构架	H 形焊接构架	H 形焊接构架
一系悬挂	单组弹簧、垂向减振器、转臂式定位	单组弹簧、垂向减振器、转臂式定位	两组圆弹簧、垂向减振器、弹性定位	单组弹簧、垂向减振器、转臂式定位	单组弹簧、垂向减振器、转臂式定位
二系悬挂	空气弹簧、横向减振器、抗侧滚扭杆	摇枕、空气弹簧、横向减振器、抗侧滚扭杆	摇动台、摇枕、空气弹簧、横向减振器、抗侧滚扭杆	空气弹簧、横向减振器、抗侧滚扭杆	空气弹簧、横向减振器、抗侧滚扭杆
牵引装置	Z 形牵引拉杆	心盘销+牵引拉杆	心盘销+摇枕纵向挡	Z 形牵引拉杆	单拉杆
制动方式	每轴 3 盘	每轴 3 盘	每轴 3 盘	每轴 4 盘	每轴 4 盘
承载方式	空簧承载	旁承承载	旁承承载	空簧承载	空簧承载

知识点 4. 2. 2　典型客车转向架的结构

1. 209P 型转向架

209P（P 指的是盘形制动）型转向架是中车南京浦镇车辆有限公司研发制造的，是目前非常成熟的定型客车转向架，它是在 209T（T 指的是踏面制动）型转向架基础上改进而来的。为适应铁路提速的要求，209P 型转向架采用了盘形制动的基础制动装置，早期的 209P 型转向架还加装了踏面清扫装置，目前运用中的 209P 型转向架基本取消了这一装置。

209P 型转向架的主要技术参数见表 4-2-4。

表 4-2-4　209P 型转向架的主要技术参数

项目	指标
最高运行速度/(km/h)	140
轨距/mm	1 435
轮型及轮径/mm	PD 型 A 级整体辗钢轮，915
轴承	圆柱滚子轴承 NJ（P） 3226X1
通过最小曲线半径/m	正线 R145；缓行调车 R100

续表

项目	指标
固定轴距/mm	2 400
基础制动装置	单元式盘形制动
自重时下心盘面距轨面高度/mm	780
自重时下旁承面距轨面高度/mm	970

209P 型转向架的结构如图 4-2-1 所示。

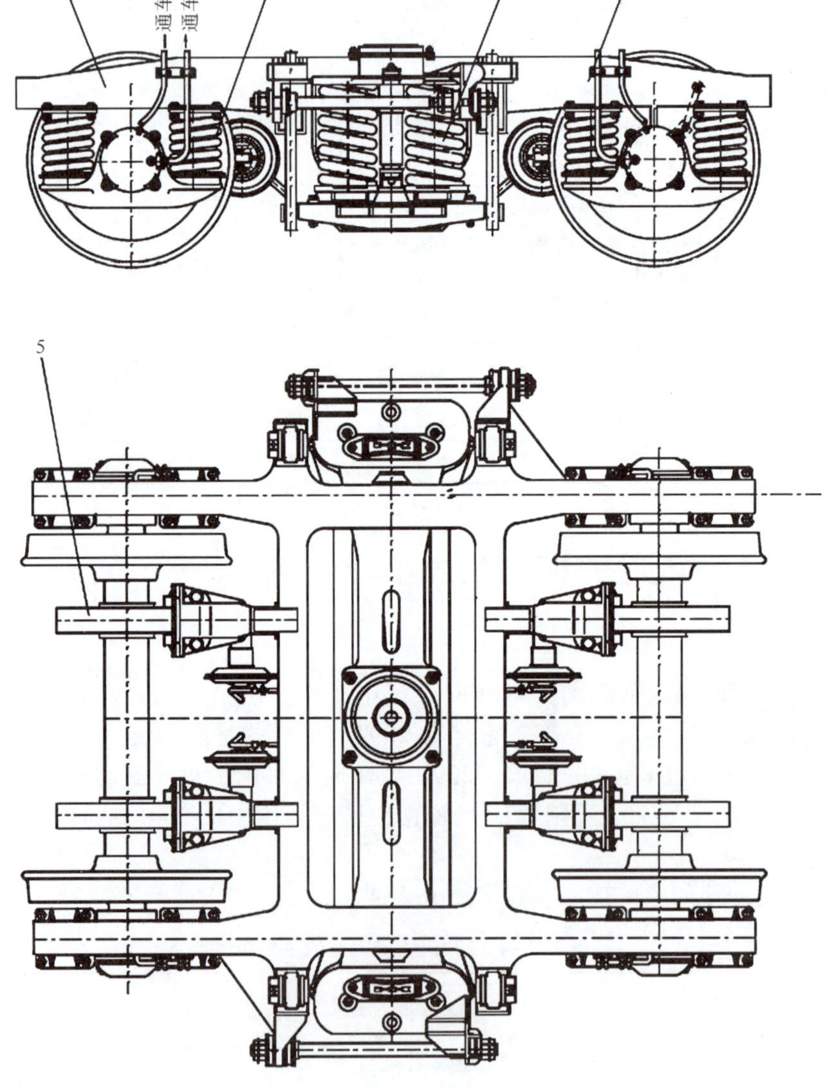

1—构架；2—轮对轴箱定位装置；3—中央悬挂装置；4—轴温报警器；5—基础制动装置。

图 4-2-1　209P 型转向架的结构

209P 型转向架实物如图 4-2-2 所示。

图 4-2-2　209P 型转向架实物

1）构架

209P 型转向架的构架为 H 形铸钢构架。209P 型转向架构架结构如图 4-2-3 所示，其主要由制动吊座、摇枕吊销支承座板座、牵引拉杆座等零部件焊接而成。

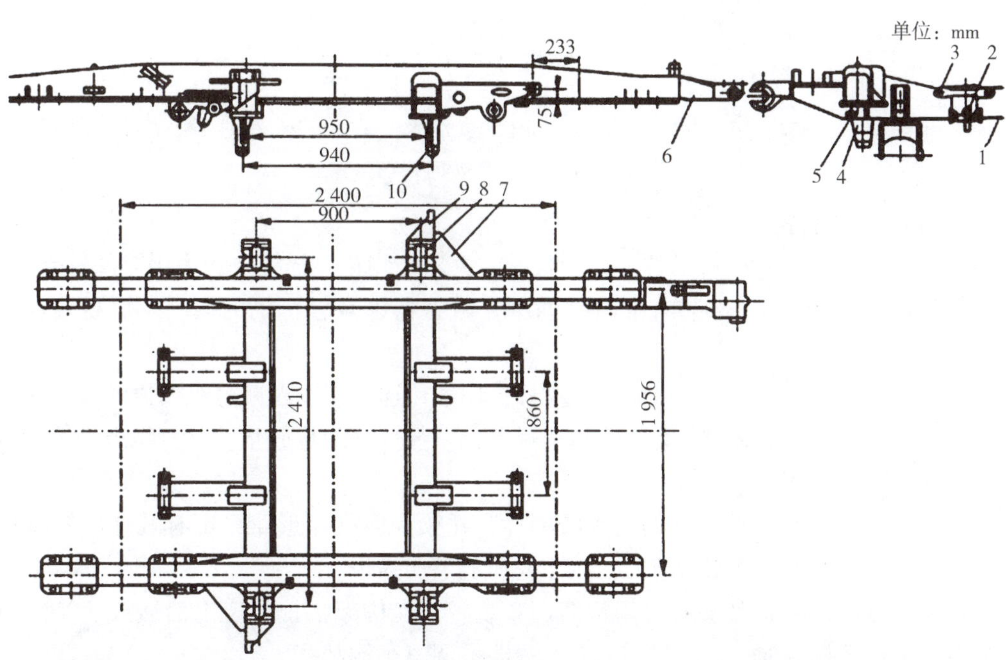

1—构架组成；2—支点座；3—制动吊座；4—安全吊安装座板；5—转轴；6—发电机吊架组成；7—补强板；8—摇枕吊销支承座板座；9—牵引拉杆座；10—基础制动装置吊座。

图 4-2-3　209P 型转向架构架结构

2）轮对及轴箱装置

209P 型转向架采用 RD_{3A}、RD_{4A}型轮对，车轮采用 PD 型 A 级全加工碾钢整体车轮，直径为 915 mm，车轴中部设有两个宽为 180 mm、直径为 198 mm 的制动盘座。

轴箱装置采用整体金属迷宫式密封轴箱，内装 NJ（P）3226X1 轴承，并在轴箱前盖上安装了速度传感器，与传感器相配合的是车轴端部的测速齿轮，可通过在传感器与轴箱前盖之间加装调整垫来调整齿轮与传感器之间的距离，该间隙可用塞尺来检查。

轴箱装置采用干摩擦导柱式定位，由导柱、弹性定位套、定位座、轴箱弹簧、支持环、橡胶垫、轴箱体弹簧托盘、挡盖、螺栓、螺母等部件组成，其中弹簧采用圆柱螺旋弹簧（圆弹簧），材质为60Si2Mn，两端面磨平处理，此结构为干摩擦结构，无须加油润滑，具有自润滑性，基本不摩擦对偶件。

209P 型转向架轴箱装置如图 4-2-4 所示。

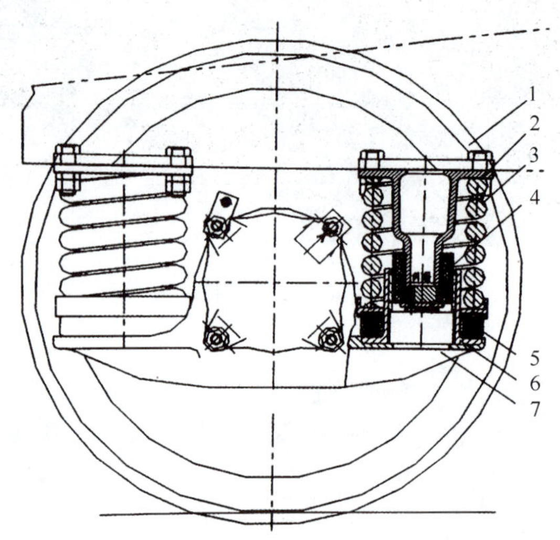

1—轮对；2—导柱；3—轴箱弹簧；4—弹性定位套；5—橡胶垫；6—定位座；7—轴箱体弹簧托盘。

图 4-2-4　209P 型转向架轴箱装置

3）中央悬挂装置

209P 型转向架采用了有摇枕、摇动台的中央悬挂装置，摇枕弹簧采用双圈螺旋钢弹簧，内外圈弹簧旋向相反，中部装有垂向（油压）减振器以减轻车辆的振动，提高乘客的乘坐舒适度。

中央悬挂装置的两侧装有纵向牵引拉杆，用于传递牵引力及减轻纵向振动，两侧拉杆安装方向相反。牵引拉杆两端装有强度高、耐老化、弹性好的橡胶垫，具有噪声少等特点，提高了运用可靠性。

209P 型转向架的摇枕、托梁均为铸钢件，托梁为多孔箱形梁，可有效地减轻重量，摇枕与牵引拉杆座的连接处相对薄弱，在该处加装了加强板。

另外，209P 型转向架备有专用钩高调整装置，在构架摇枕吊座上面插入活动的吊销支承板，其孔上下偏心 20 mm，只要上下倒置即可调整车钩高度。

209P 型转向架中央悬挂装置如图 4-2-5 所示。

4）基础制动装置

209P 型转向架采用盘形制动装置，每个制动盘都配有一个盘形制动单元，由单元制动缸（带有单向闸片间隙自动调整器）、人力制动杠杆（1 位制动单元有）、内侧杠杆、外侧杠杆、杠杆吊座、闸片、托吊装置等零部件组成，每个车轮均配有一个踏面清扫单元，由踏面清扫器、闸瓦托吊及横向连接杆等部件构成，目前在运用中的 209P 型转向架已取消了踏面清扫单元。

209P 型转向架基础制动装置如图 4-2-6 所示。

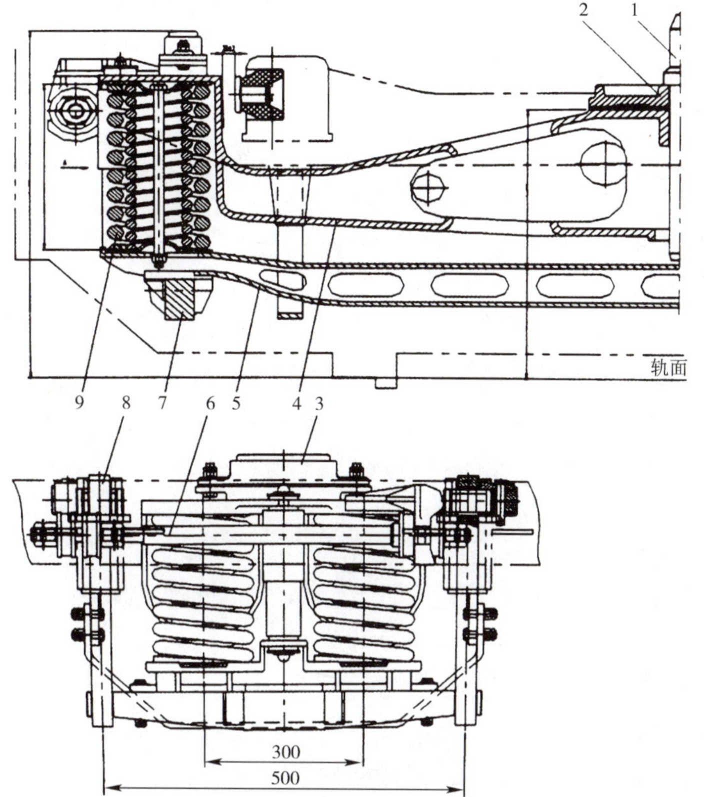

1—中心销；2—下心盘；3—下旁承；4—摇枕；5—托梁；6—牵引拉杆；7—摇枕吊轴；8—摇枕吊组成；9—摇枕弹簧。

图 4-2-5 209P 型转向架中央悬挂装置

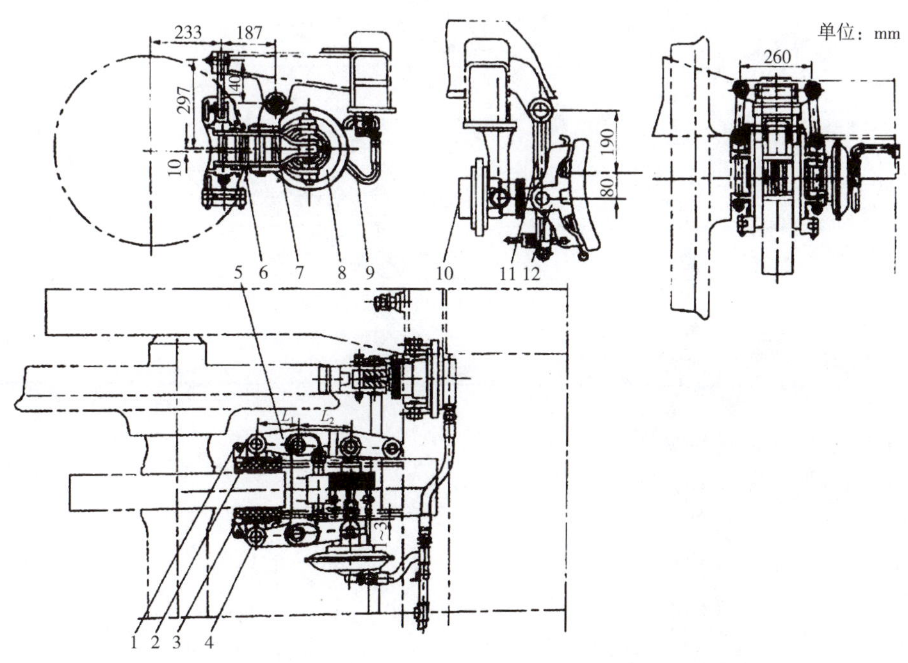

1—托吊装置；2—左闸片；3—右闸片；4—内侧杠杆；5—人力制动杠杆；6—外侧杠杆；7—杠杆吊座；8—8 英寸单元制动缸；9—软管；10—6 英寸单元制动缸；11—闸瓦托吊及横向连接杆；12—闸瓦托组件。

图 4-2-6 209P 型转向架基础制动装置

209P 型转向架支撑车体并将车体上的各种作用力和载荷传递给钢轨。209P 型转向架垂向载荷传递顺序如图 4-2-7 所示。

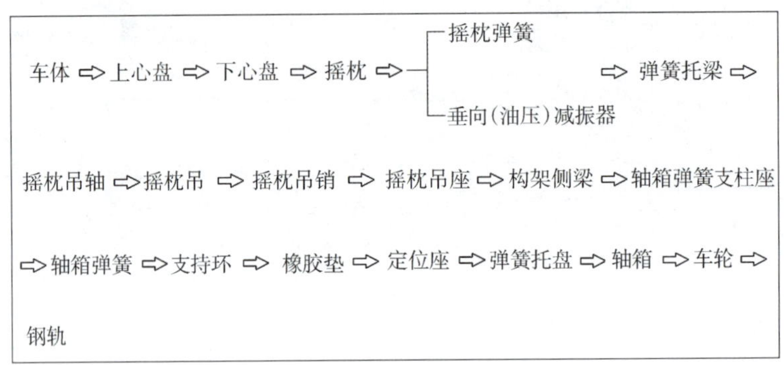

图 4-2-7　209P 型转向架垂向载荷传递顺序

2. 206KP 型转向架

206KP 型转向架为无摇动台结构，是中车青岛四方机车车辆股份有限公司在 206 型转向架的基础上，吸收了国内外客车转向架的优点研制而成的快速客车转向架。206KP 型转向架中的 K 代表空气弹簧，P 代表盘形制动，其属于 U 形焊接构架系列转向架。206KP 型转向架二系悬挂为空气弹簧悬挂，并设有抗侧滚扭杆装置。

206KP 型转向架的主要技术参数见表 4-2-5。

表 4-2-5　206KP 型转向架的主要技术参数

项目	指标
最高运行速度/（km/h）	160
轨距/mm	1 435
轮径/mm	915
轴承	进口 SKF 轴承
通过最小曲线半径/m	正线 R145；缓行调车 R100
固定轴距/mm	2 400
基础制动装置	单元式盘形制动+防滑器
自重时下旁承面距轨面高度/mm	960

206KP 型转向架结构如图 4-2-8 所示。

206KP 型转向架实物如图 4-2-9 所示。

1）构架

206KP 型转向架的构架由构架、牵引拉杆座、横向（油压）减振器座、横向挡及扭杆座、手制动转臂座等焊接而成。

构架的侧梁为 U 形下凹结构，侧梁中部上面焊有空气弹簧承载座。侧梁内腔为封闭式结构，作为空气弹簧的附加空气室，每个侧梁内腔容积约为 65 L。

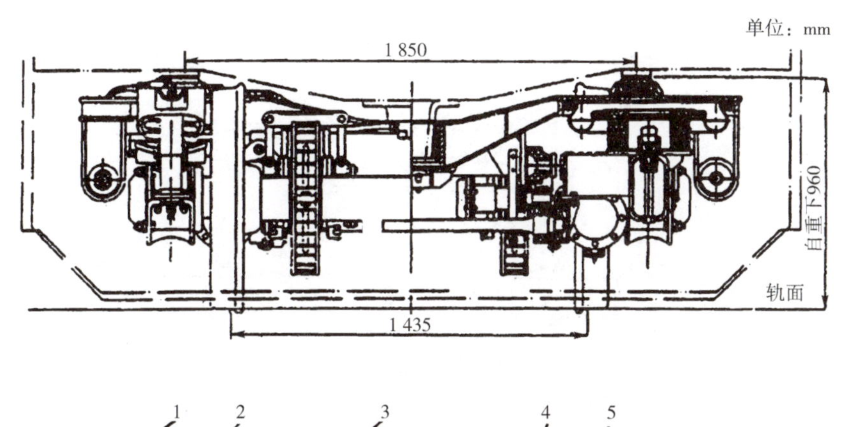

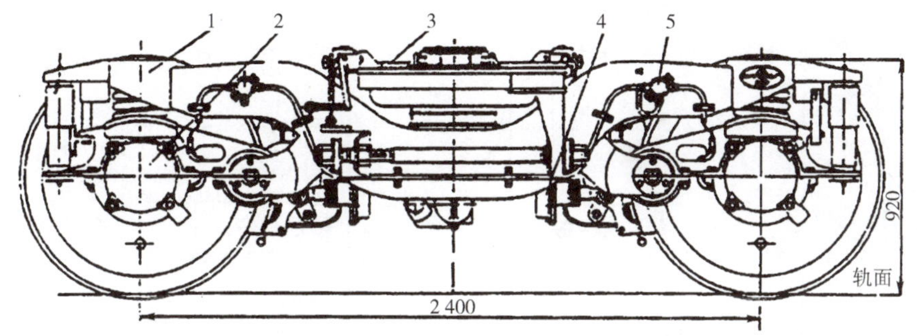

1—构架；2—轴箱装置；3—中央悬挂装置；4—基础制动装置；5—轴温报警器。

图 4-2-8 206KP 型转向架结构

图 4-2-9 206KP 型转向架实物

206KP 型转向架构架如图 4-2-10 所示。

2）轮对轴箱装置

206KP 型转向架采用金属迷宫式密封轴箱，内装瑞典 SKF 公司的 BC_1 B322880、BC_1 B322881 型轴承。轴箱装置采用转臂式弹性定位装置，单组（双卷螺旋）弹簧置于轴箱顶部，弹簧顶部与构架弹簧座之间安装有橡胶垫，用于吸收高频振动。在轴箱外侧与轴箱弹簧并联安装了一个垂向（油压）减振器。

206KP 型转向架轮对及轴箱装置如图 4-2-11 所示。

3）中央悬挂装置

206KP 型转向架由摇枕、空气弹簧、横向挡、牵引套、牵引中心销、下旁承、旁承调整垫、抗侧滚扭杆装置、扭杆安全吊、牵引拉杆、横向油压减振器、高度控制阀、差压阀及供风管路等部件构成。

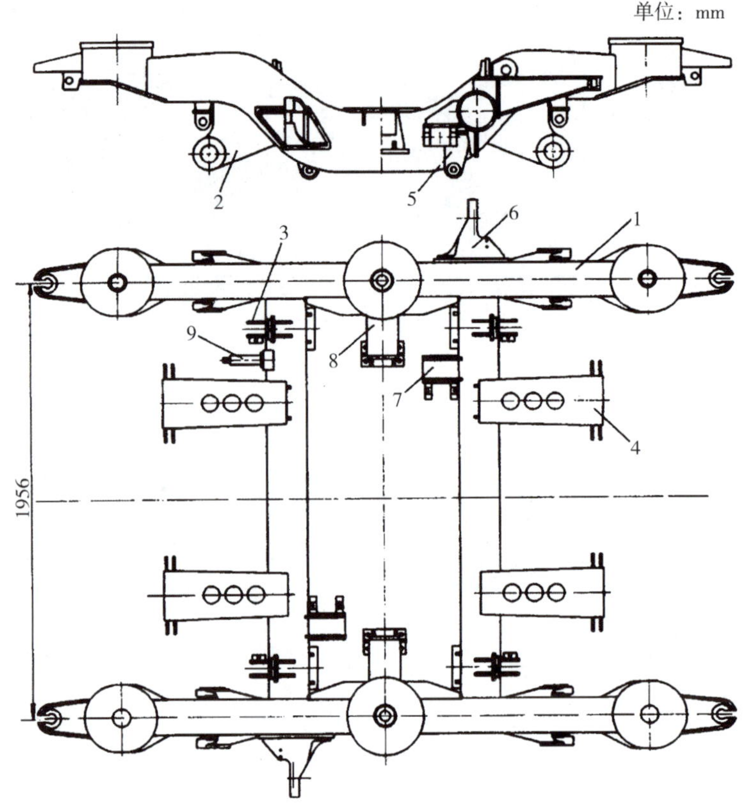

1—构架；2—定位臂座；3—闸瓦托吊座；4—盘形制动单元吊座；5—闸瓦制动缸安装座；6—牵引拉杆座；7—横向（油压）减振器座；8—横向挡及扭杆座；9—手制动转臂座。

图 4-2-10　206KP 型转向架构架

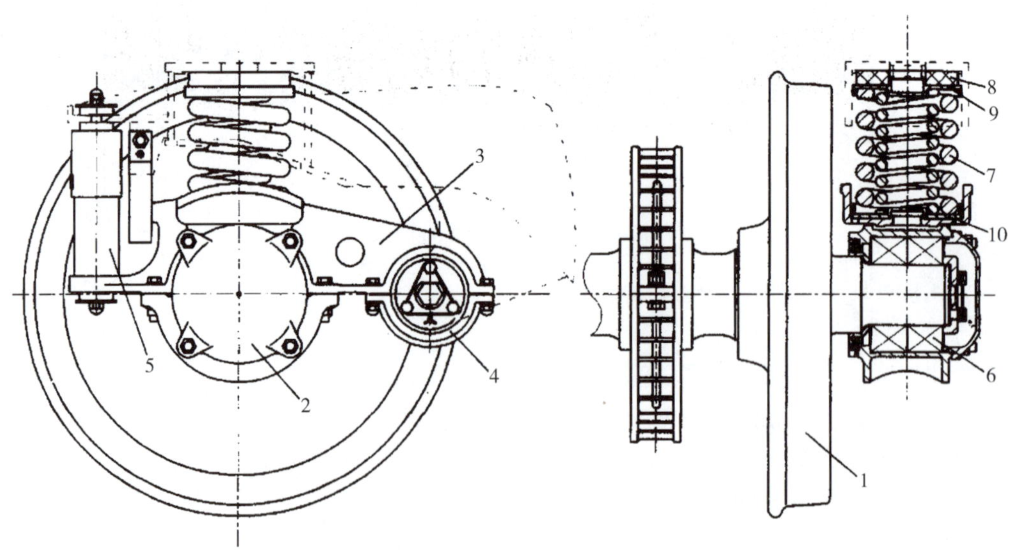

1—轮对；2—轴箱；3—转臂；4—弹性定位套；5—垂向（油压）减振器；6—轴承；7—轴箱弹簧组；8—橡胶垫；9—弹簧夹板；10—弹簧座。

图 4-2-11　206KP 型转向架轮对及轴箱装置

摇枕为钢板焊接结构，两端的下平面支承在空气弹簧的上盖板上。空气弹簧通过带橡胶堆的底座直接坐落在构架侧梁的弹簧座上，以侧梁内腔作为附加空气室，空簧本体与附加空气室之间安装有可变节流阀，以提升减振效果。

206KP 型转向架安装了抗侧滚扭杆装置，其由扭杆、扭臂、连杆、支承座、纤维轴承及球关节轴承等组成。扭臂一端与转向架构架的扭杆座相连，另一端与车体枕梁下的扭杆座相连。当车体发生侧滚时，通过连杆、扭臂的传递使扭杆发生变形，从而限制车体侧滚角度；当车体浮沉运动时，扭杆对车体不产生力的作用。

摇枕与构架之间设有两个横向油压减振器。

206KP 型转向架中央悬挂装置如图 4-2-12 所示。

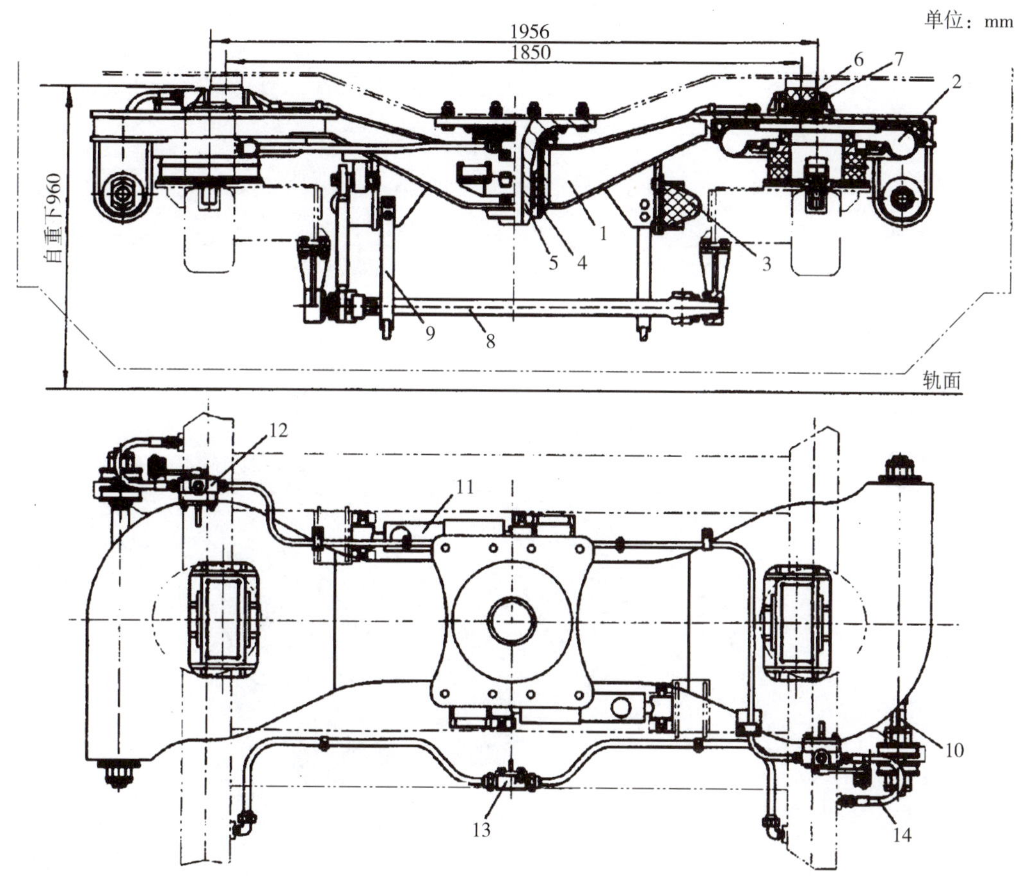

1—摇枕；2—空气弹簧；3—横向挡；4—牵引套；5—牵引中心销；6—下旁承；7—旁承调整垫；8—抗侧滚扭杆装置；9—扭杆安全吊；10—牵引拉杆；11—横向油压减振器；12—高度控制阀；13—差压阀；14—供风管路。

图 4-2-12 206KP 型转向架中央悬挂装置

4）基础制动装置

为适应 160 km/h 的运行速度，206KP 型转向架采用了盘形制动并加装了电子防滑器。

206KP 型转向架垂向载荷传递顺序如图 4-2-13 所示。

3. CW-200K 型转向架

CW-200K 型转向架是 CW 系列转向架中的提速型转向架，“CW”是中车长春轨道客车股份有限公司的缩写，其中“C”代表长春，“W”代表车辆工厂，“200”代表速度等级。由于该转向架采用无摇枕、无摇动台、无旁承的三无结构，因此其结构简单，维修方便。

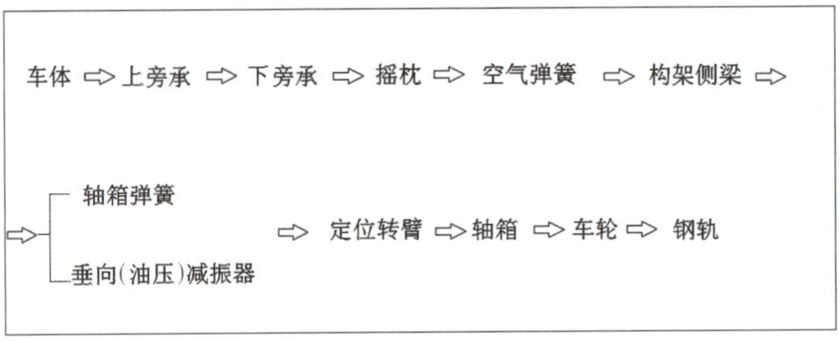

车体 ⇨ 上旁承 ⇨ 下旁承 ⇨ 摇枕 ⇨ 空气弹簧 ⇨ 构架侧梁 ⇨

⇨ 轴箱弹簧 / 垂向(油压)减振器 ⇨ 定位转臂 ⇨ 轴箱 ⇨ 车轮 ⇨ 钢轨

图 4-2-13　206KP 型转向架垂向载荷传递顺序

CW-200K 型转向架的主要技术参数见表 4-2-6。

表 4-2-6　CW-200K 型转向架的主要技术参数

项目	指标	项目	指标
最高运行速度/（km/h）	160	固定轴距/mm	2 500
轨距/mm	1 435	基础制动装置	单元式盘形制动
轮型及轮径/mm	KKD 型整体辗钢轮，915	空气弹簧中心跨距/mm	2 000
轴承	SKF 轴承	空气弹簧上平面自重高/mm	937
通过最小曲线半径/m	正线 R145；缓行调车 R100		

CW-200K 型转向架结构如图 4-2-14 所示。

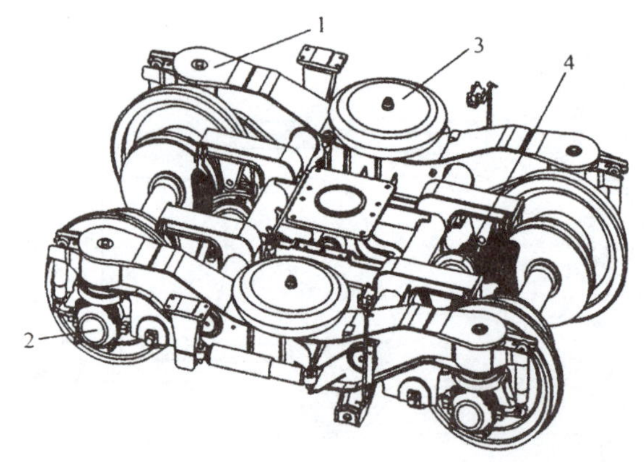

1—构架；2—轴箱装置；3—中央悬挂装置；4—基础制动装置。

图 4-2-14　CW-200K 型转向架结构

CW-200K 型转向架实物如图 4-2-15 所示。

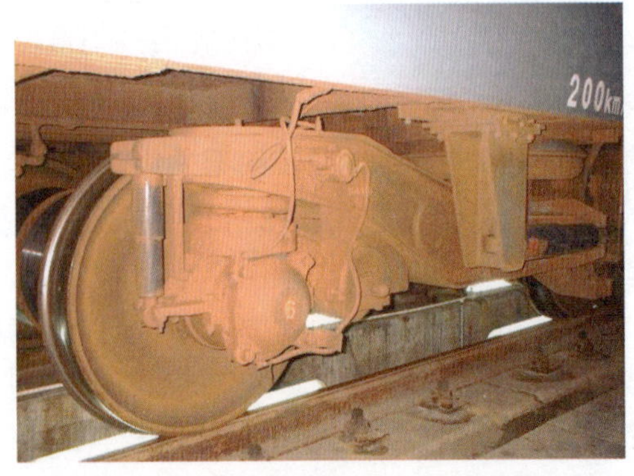

图 4-2-15　CW-200K 型转向架实物

1）构架

构架为H形焊接结构，由两根侧梁与两根横梁组成，两根横梁之间设有纵向梁。侧梁为中部下凹的鱼腹形，侧梁内腔为空气弹簧的附加空气室。通过优化设计，在保证足够强度和刚度的基础上，CW-200K型转向架实现了轻量化。

CW-200K型转向架构架结构如图4-2-16所示。

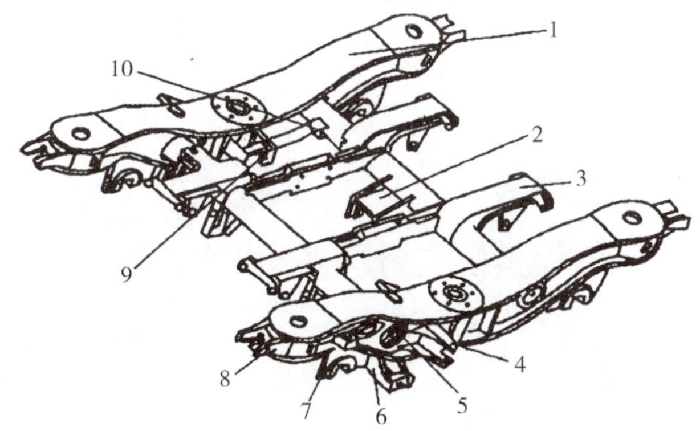

1—构架；2—牵引座；3—制动单元吊座；4—抗蛇行减振器座；5—高度控制阀；6—防过充座；7—定位座；8—垂向（油压）减振器座；9—横向（油压）减振器座；10—差压阀座。

图4-2-16 CW-200K型转向架构架结构

2）轮对及轴箱装置

CW-200K型转向架采用KKD型整体碾钢车轮，采用转臂式定位方式，轴箱转臂一端与轴箱体相连，另一端压装于定位节点，并通过定位座与构架相连。轴箱定位的纵向、横向刚度靠橡胶节点保证，转臂与夹紧箍整体加工，分解时，将箍和转臂间的螺栓拧开，即可将轮对推出。

CW-200K型转向架轮对及轴箱装置如图4-2-17所示。

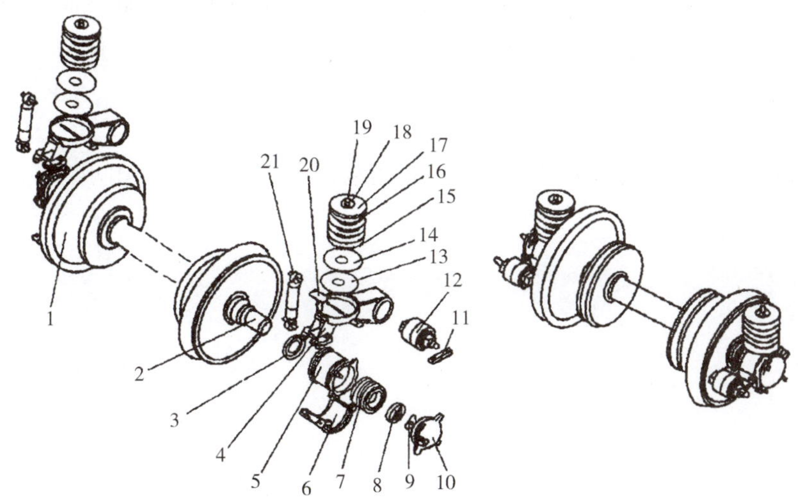

1—车轮；2—车轴；3—防尘挡圈；4—转臂；5—轴箱；6—夹紧箍；7—轴承；8—压板；9—防松片；10—轴箱前盖；11—锁紧板；12—节点；13—橡胶垫；14—调整垫；15—下夹板；16—弹簧；17—上夹板；18—螺母；19—螺栓；20—吊；21—轴箱减振器座。

图4-2-17 CW-200K型转向架轮对及轴箱装置

3）中央悬挂装置

如图4-2-18所示，CW-200K型转向架中央悬挂装置由横向减振器、差压阀、空气弹簧、抗蛇行减振器、高度控制阀、抗侧滚扭杆等组成。

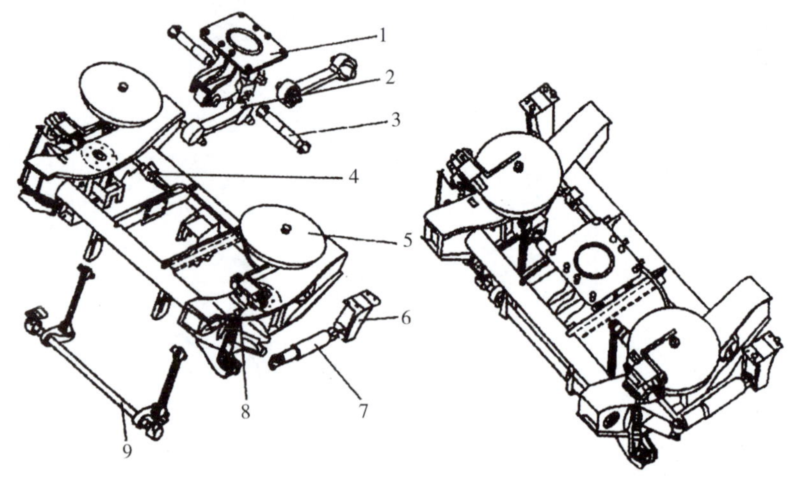

1—牵引支座；2—牵引拉杆；3—横向减振器；4—差压阀；5—空气弹簧；6—减振器座；7—抗蛇行减振器；8—高度控制阀；9—抗侧滚扭杆。

图4-2-18　CW-200K型转向架中央悬挂装置

CW-200K型转向架采用无摇枕、无摇动台、无旁承的结构，使用高柔性空气弹簧，横向变位可达110 mm以上，车辆通过曲线时依靠空气弹簧的水平变位实现转向功能，同时又不会形成过大的回转阻力使车辆产生较大的侧向力从而增大轮轨磨耗。

转向架的两侧安装有抗蛇行减振器，一端与构架上的减振器座相连，另一端与车体下的减振器座相连，以此来提高车辆的蛇行失稳临界速度，保证运动稳定性和平稳性。在构架与车体之间安装有抗侧滚扭杆，其原理和结构与206KP型转向架类似。

在构架的两外侧各有一根防过充安全钢丝绳。当车辆出现异常状态时，即空气弹簧处于过充状态、高度控制阀或差压阀处于故障状态时，由安全钢丝绳将车体与构架拉住，限制空气弹簧的高度，保证车辆的行车安全。

4）基础制动装置

CW-200K型转向架每轴安装两个轴装式制动盘及两个带有自动间隙调整器的单元制动缸，闸片具有摩擦系数稳定、导热率高等特点。

任务 4.3　货车转向架

任务目标

1. 掌握货车转向架的特点知识
2. 掌握典型货车转向架的结构知识

知 识 点

1. 货车转向架的特点
2. 典型货车转向架的结构

知识点 4. 3. 1　货车转向架的特点

为了应对重载和提速的要求，货车转向架须具备以下几个特点。

（1）转向架构架及轮对应具有一定的刚度、强度，能够承受车体的重量。

（2）转向架应轻量化，以减少运行阻力。

（3）转向架结构应简单化，以方便检修。

我国常用的货车转向架一般由以下几个部分构成。

（1）侧架或者构架。

侧架或者构架是货车转向架的基础部件，也是受力最大的部件，其作用是承载及安装其他零部件。

（2）中央悬挂装置。

中央悬挂装置由摇枕、下旁承、下心盘、弹簧、斜楔、弹簧托板、摇动台机构、下交叉支撑杆等部件组成，主要起缓和、减小车辆振动作用。

（3）轮对及轴箱装置。

货车转向架使用的轴承有别于客车转向架使用的轴承。

（4）基础制动装置。

货车车辆不设电气设备，故采用空气制动方式，货车转向架常采用闸瓦制动，主要由制动梁、制动杠杆、拉杆、闸瓦及其配件构成。

知识点 4. 3. 2　典型货车转向架的结构

本书仅对目前运用较为广泛的 25 t 轴重转向架做介绍，包括摆动式转向架——转 K5 型转向架、交叉支撑式转向架——转 K6 型转向架、径向转向架——转 K7 型转向架。

1. 转 K5 型转向架

中车长江车辆有限公司（原株洲车辆厂）于 2001 年引进带有摇动台的摆动式转向架生产技术，生产的轴重 21 t，商业运营速度为 120 km/h 的转向架被定型为转 K4 型转向架。根据铁路货车重载运输要求，中车长江车辆有限公司于 2003 年在美国25 t轴重摆动式转向架及转 K4 型转向架的基础上研制了转 K5 型转向架。

转 K5 型转向架结构如图 4-3-1 所示。

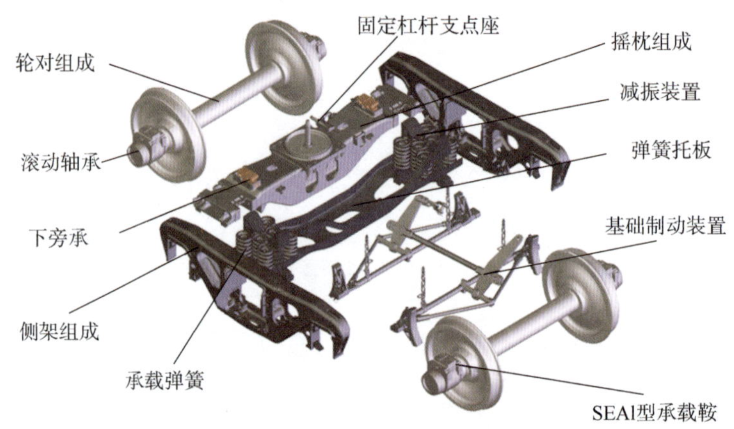

图 4-3-1　转 K5 型转向架结构

摆动式转向架在传统三大件式转向架的基础上增加了一个弹簧托板，左右两侧架设有摇动座，摇动座与弹簧托板相连，组成摇动台机构。摇动台机构可以实现摆动，相当于二次减振，其提高了转向架的动力学性能，增大了转向架的柔性。摆动式转向架示意图如图 4-3-2 所示。

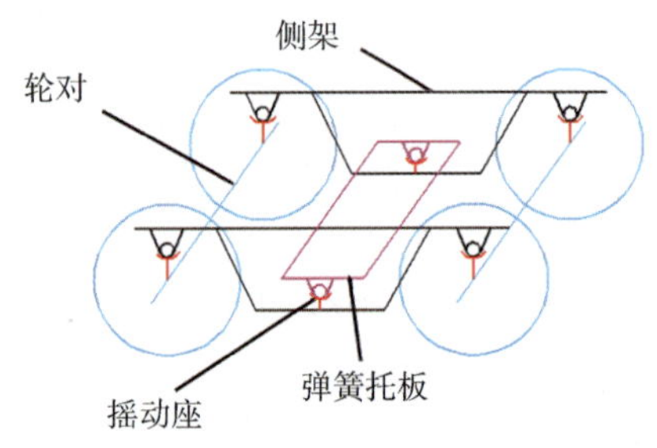

图 4-3-2　摆动式转向架示意图

转 K5 型转向架的主要技术参数见表 4-3-1。

表 4-3-1　转 K5 型转向架的主要技术参数

项目	指标
轴重/t	25
自重/t	≤4.7
商业运营速度/（km/h）	120
轨距/mm	1 435
轮型	HEZD 或 HESA 型
轮径/mm	840
车轮踏面形状	LM 磨耗型踏面
轴型	RE_{2B} 型
轴承	353130B 型
基础制动倍率	4

续表

项目		指标
心盘允许载荷/kN		443.94
固定轴距/mm		1 800
轴颈中心距/mm		1 981
旁承中心距/mm		1 520
下心盘直径/mm		375
下心盘面至轨面距离（含心盘磨耗盘）/mm	自由高	703
	心盘载荷为 70 kN 时	684
下心盘面至旁承顶面距离（自由高）/mm		83
侧架上平面距轨面高/mm		765
侧架下平面距轨面高/mm		160

1）轮对及轴箱装置

转 K4 型与转 K5 型转向架轮对及轴箱装置的主要技术参数对比见表 4-3-2。

表 4-3-2　转 K4 型与转 K5 型转向架轮对及轴箱装置的主要技术参数对比

项目	指标	
	转 K4 型	转 K5 型
轴颈中心距/mm	1 956	1 981
轴型	RD_2 型	RE_{2B} 型
轮型	HDSA 或 HDZD 车轮	HESA 或 HEZD 车轮
轴承	SKF197726 型	353130B 型

转 K5 型转向架轮对结构示意图如图 4-3-3 所示。

转 K5 型转向架轴承结构示意图如图 4-3-4 所示。

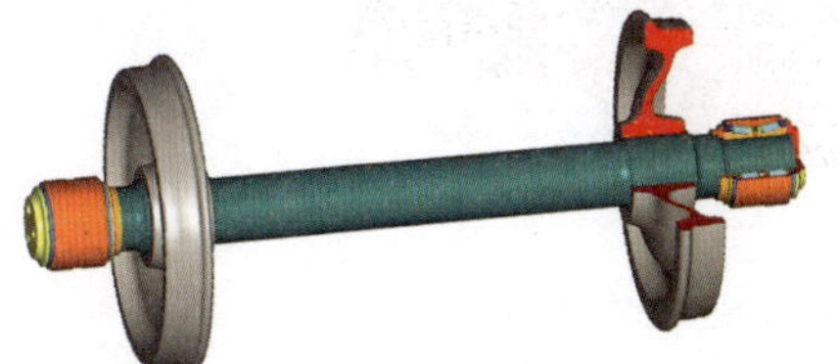

图 4-3-3　转 K5 型转向架轮对结构示意图

图 4-3-4　转 K5 型转向架轴承结构示意图

2）侧架

转 K5 型转向架的侧架材质为 AAR B+级钢，侧架立柱磨耗板材质为 45 钢，侧架滑槽磨耗板材质为 T10 钢，导框摇动座为合金钢锻件。

侧架立柱磨耗板、平头折头螺栓及防松螺母、导框摇动座固定块为转 K4 型、转 K5 型转向架通用的零部件。

转 K5 型转向架侧架结构示意图如图 4-3-5 所示。

3）承载鞍

转 K4 型、转 K5 型转向架承载鞍结构类似，鞍顶面为经硬化处理的弧面，与导框摇动座组合成为摆动机构的上摆点，承载鞍材质为 C 级钢。

承载鞍结构示意图如图 4-3-6 所示。

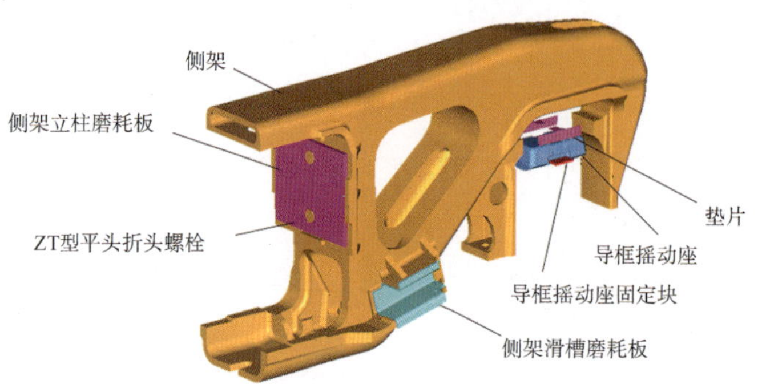

图 4-3-5　转 K5 型转向架侧架结构示意图

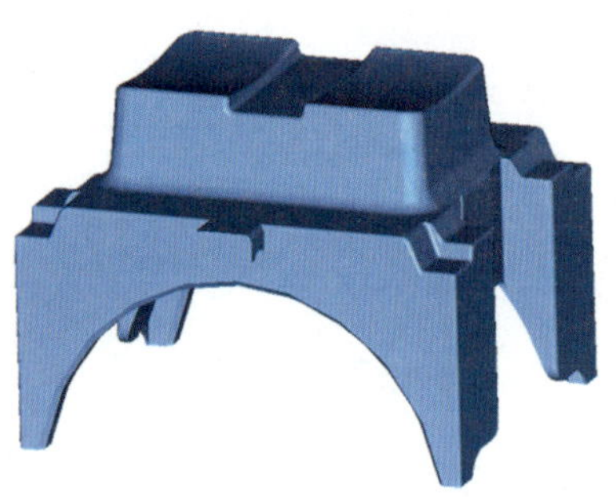
图 4-3-6　承载鞍结构示意图

4）中央悬挂装置

转 K4 型与转 K5 型转向架的摇枕结构稍有区别。转 K5 型转向架下心盘材质为 B 级钢，下心盘直径为 375 mm，带有含油尼龙的心盘磨耗盘。八字面磨耗板采用不锈钢磨耗板，摇枕下部铸有两块三角形摇枕挡，与弹簧托板上的挡块相配合，防止摇枕窜出。

转 K4 型、转 K5 型转向架摇枕结构示意图如图 4-3-7 所示。

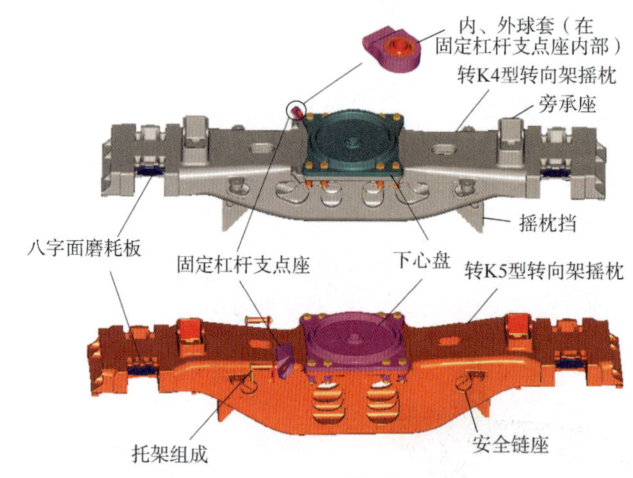

图 4-3-7　转 K4 型、转 K5 型转向架摇枕结构示意图

转 K5 型转向架下旁承安装在摇枕的旁承盒内，采用常接触橡胶旁承，转 K5 型转向架下旁承结构示意图如图 4-3-8 所示。

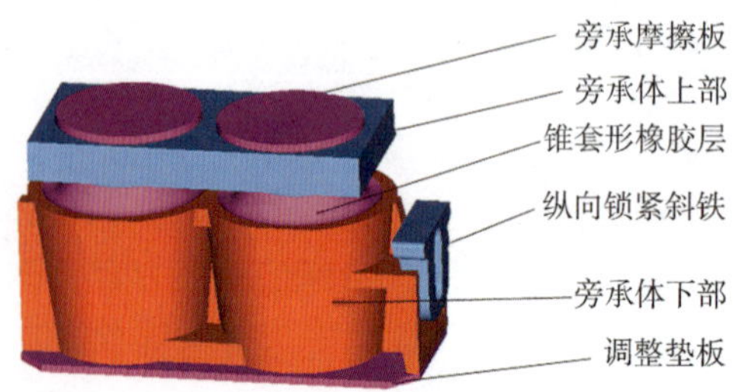

图 4-3-8　转 K5 型转向架下旁承结构示意图

转 K5 型转向架摆动机构结构示意图如图 4-3-9所示。摇动座与弹簧托板用折头螺栓、防松螺母紧固，弹簧系统坐落在弹簧托板上。摇动座支承安装在侧架中央方框下弦杆的腔形结构中，摇动座与摇动座支承的接触面为圆弧形结构，两圆弧形成滚动副，使侧架具有摆动功能。

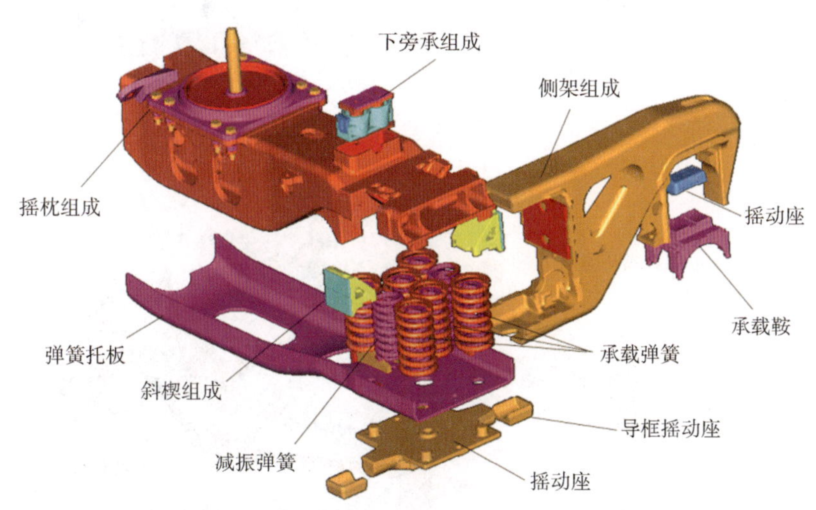

图 4-3-9 转 K5 型转向架摆动机构结构示意图

每侧的弹簧减振装置由两个斜楔、两组减振弹簧、六组承载弹簧组成。弹簧均为两级刚度弹簧，分别应对空、重车情况。主摩擦板采用高分子复合材料，以保证转向架相对摩擦系数的稳定，并确保车辆动力学性能的稳定。

转 K5 型转向架减振弹簧示意图如图 4-3-10 所示。

转 K5 型转向架斜楔示意图如图 4-3-11 所示。

图 4-3-10 转 K5 型转向架减振弹簧示意图

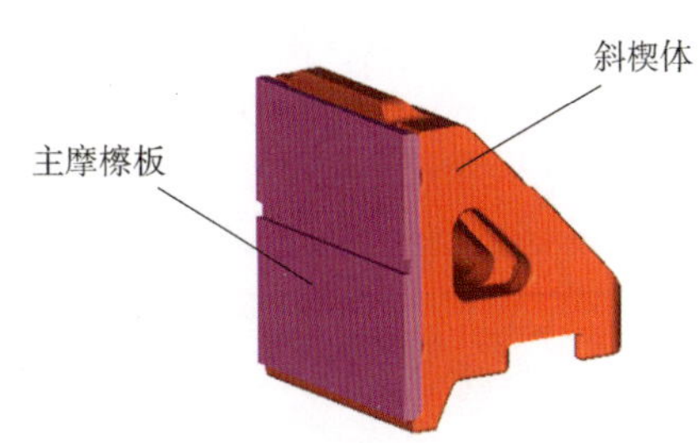

图 4-3-11 转 K5 型转向架斜楔示意图

转 K5 型转向架减振弹簧的主要技术参数见表 4-3-3。

表 4-3-3 转 K5 型转向架减振弹簧的主要技术参数

弹簧规格	组数	直径/mm	外径/mm	自由高/mm
承载外簧	6	23	150	269
承载内簧	6	20	98	234
减振外簧	2	21	126	269
减振内簧	2	17	81	232

5）基础制动装置

转 K5 型转向架采用中拉杆形式，组合式制动梁。转 K5 型转向架基础制动装置示意图如图 4-3-12 所示。

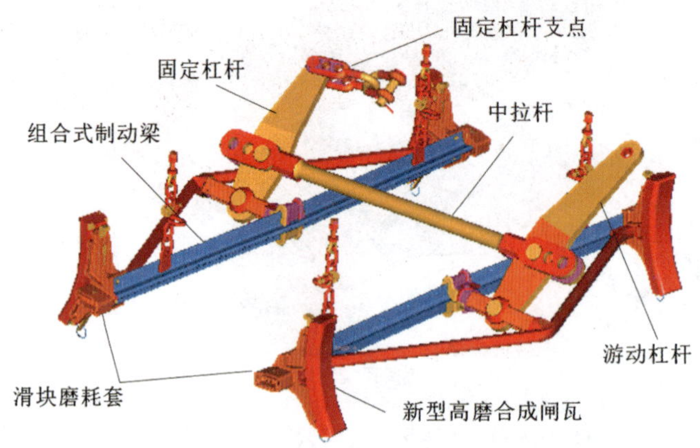

图 4-3-12　转 K5 型转向架基础制动装置示意图

转 K5 型转向架基础制动装置的主要技术参数见表 4-3-4。

表 4-3-4　转 K5 型转向架基础制动装置的主要技术参数

项目	指标
基础制动拉杆形式	中拉杆
拉杆	通过摇枕上方
固定杠杆与支点座的连接	链蹄环
适应摇枕、侧架摆动	链蹄环
基础制动倍率	4
基础制动杠杆倾角	50°
杠杆尺寸/mm	固定杠杆：148×296 游动杠杆：196×392

6）横跨梁

转 K5 型转向架横跨梁为 50 mm×50 mm×3 mm 方钢型件，两端分别落在横跨梁托上，横跨梁托焊在侧架上，其用来和车阀接触以感知车重。

转 K5 型转向架横跨梁结构示意图如图 4-3-13 所示。

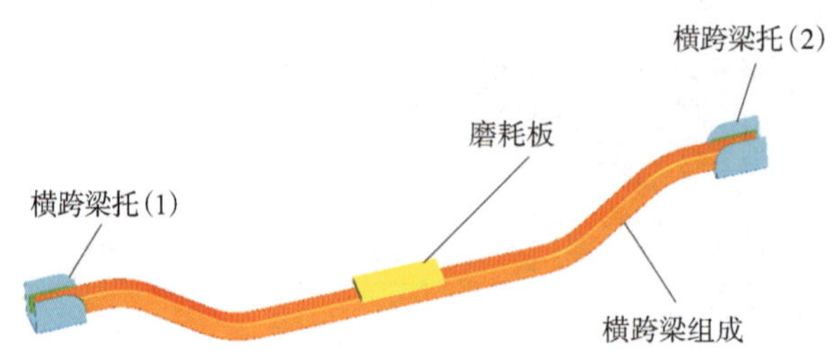

图 4-3-13　转 K5 型转向架横跨梁结构示意图

2. 转 K6 型转向架

转 K6 型转向架为铸钢三大件式货车转向架，是转 K2 型转向架的更新换代产品，该转向架一系悬挂采用轴箱弹性剪切垫，二系悬挂采用带变摩擦减振装置的中央枕簧悬挂系统，摇枕弹簧为二级刚度；两侧架之间加装侧架弹性下交叉支撑装置；采用双作用常接触弹性旁承。

2006 年 1 月 1 日，转 K6 型转向架在全路全面推广应用。

转 K6 型转向架结构如图 4-3-14 所示。

转 K6 型转向架为交叉支撑式转向架，在传统三大件转向架基础上，在两侧架之间加装弹性下交叉支撑杆，限制了转向架两侧架的剪切变形，提高了抗菱刚度。

交叉支撑结构示意图如图 4-3-15 所示。

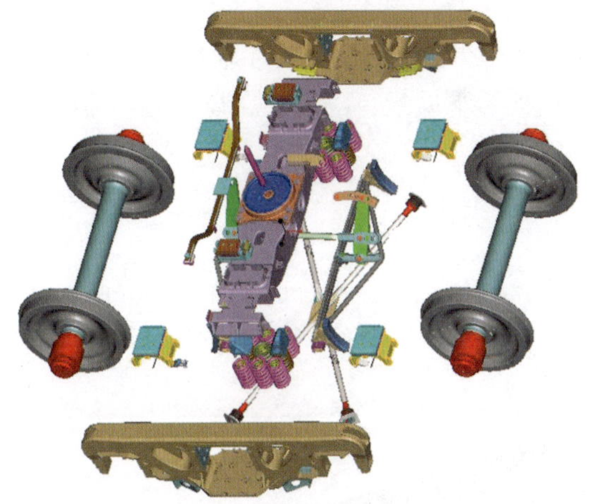

图 4-3-14 转 K6 型转向架结构

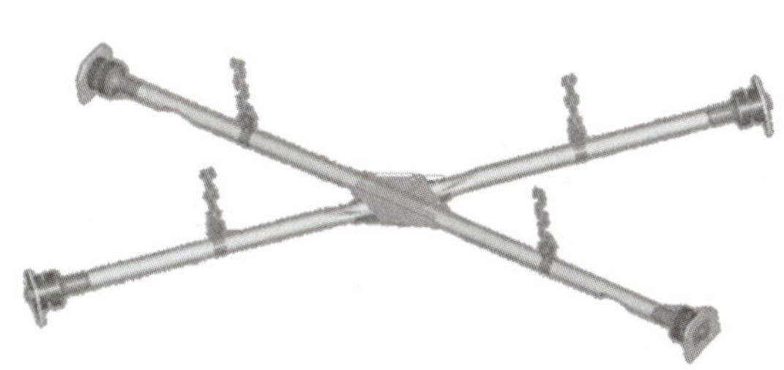

图 4-3-15 交叉支撑结构示意图

转 K6 型转向架的主要技术参数见表 4-3-5。

表 4-3-5 转 K6 型转向架的主要技术参数

项目	指标
轴重/t	25
自重/t	4. 8
商业运营速度/（km/h）	120
轨距/mm	1 435
轮型	HEZD 或 HESA 型
轮径/mm	840
车轮踏面形状	LM 磨耗型踏面
轴型	RE_{2B} 型
轴承	353130A/B/C 型
基础制动倍率	4
心盘允许载荷/kN	443. 94

续表

项目		指标
固定轴距/mm		1 800
轴颈中心距/mm		1 981
下心盘面至下旁承顶面距离/mm	自由高	92
	工作时	83
下心盘面至轨面距离（自由高）/mm		680
侧架上平面距轨面高/mm		787
侧架下平面距轨面高/mm		162

1）轮对及轴箱装置

转 K6 型转向架采用 RE_{2B} 型轮对和 353130A/B/C 型滚动轴承，其在轴箱一系加装了内八字橡胶垫，实现了轮对的弹性定位，减小了转向架簧下质量，隔离了高频振动，轴箱橡胶垫安装时，导电铜线安装在内侧。

转 K6 型转向架轴箱橡胶垫示意图如图 4-3-16 所示。

2）侧架

支撑座通过沿侧架大体中心线上下两条焊缝焊接在侧架上，配合面允许打磨修配；立柱磨耗板通过 4 个折头螺栓与侧架立柱紧固。

转 K6 型转向架侧架结构示意图如图 4-3-17 所示。

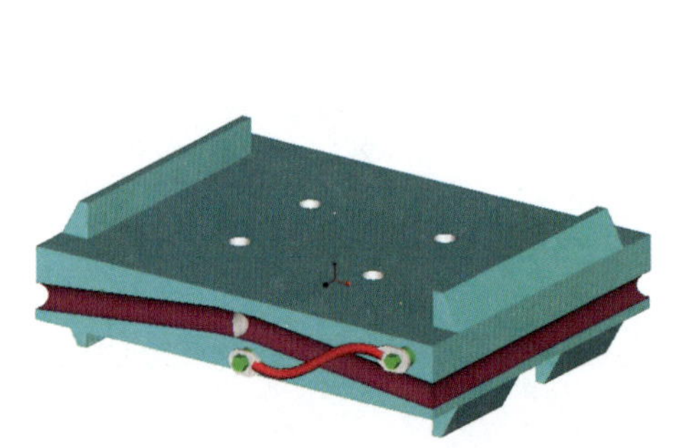

图 4-3-16　转 K6 型转向架轴箱橡胶垫示意图

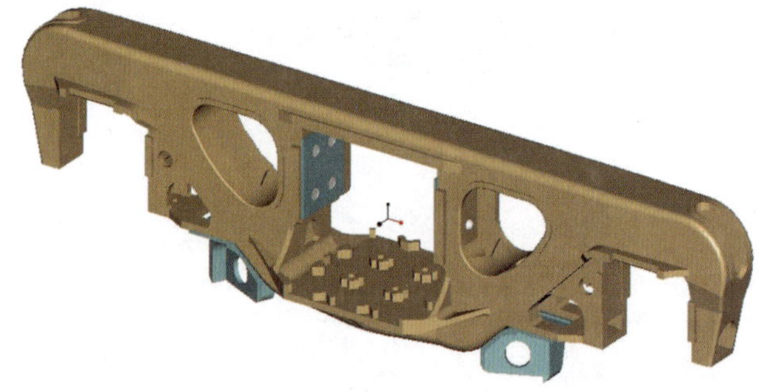

图 4-3-17　转 K6 型转向架侧架结构示意图

3）中央悬挂装置

转 K6 型转向架的摇枕由固定杠杆支点座、下心盘、心盘磨耗盘、八字面磨耗板组成，材质为 B 级钢，转 K6 型转向架摇枕结构示意图如图 4-3-18 所示。

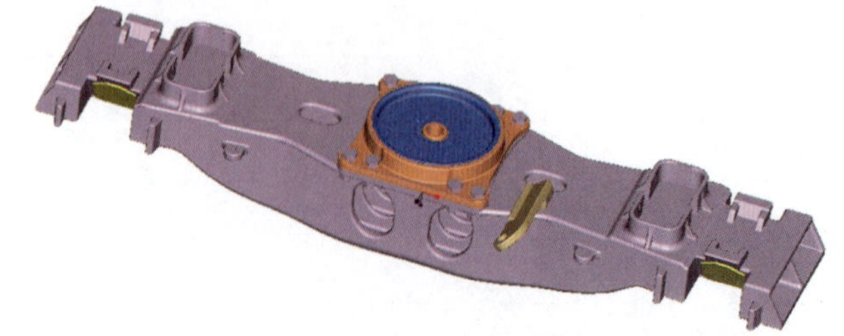

图 4-3-18　转 K6 型转向架摇枕结构示意图

转 K6 型转向架的单侧中央悬挂系统由 7 组承载弹簧、2 组减振弹簧构成，弹簧均为两级刚度弹簧，弹簧上方安装斜楔，下方放置在侧架弹簧承台上。转 K6 型弹簧组的主要技术参数见表 4-3-6。

表 4-3-6 转 K6 型弹簧组的主要技术参数

项目	组数	直径/mm	中径/mm	自由高/mm
承载外簧 1	6	24	115	252
承载外簧 2	1	24	115	229
承载内簧	7	16	66	229
减振外簧	2	20	106	262
减振内簧	2	12	65	262

弹性下交叉支撑装置由两个交叉杆、2 个 U 形弹性垫、1 个 X 形弹性垫、2 个交叉杆扣板、8 个轴向橡胶垫、4 个双耳垫圈、4 个锁紧板、4 个紧固螺栓构成，组装时，上下扣板有 4 处塞焊点和两条平焊缝，把上下交叉杆固定成一个整体。

弹性下交叉支撑装置结构示意图如图 4-3-19 所示。

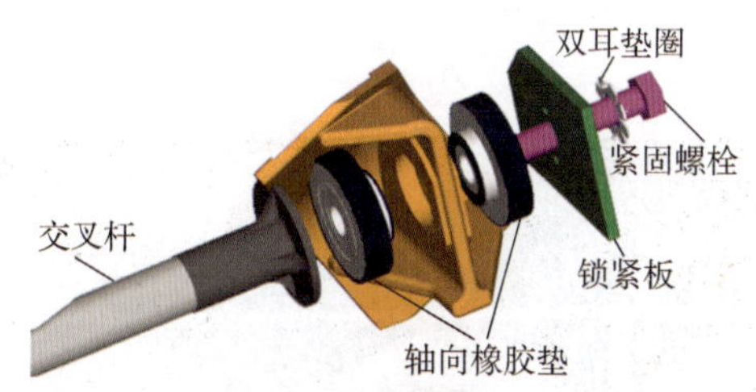

图 4-3-19 弹性下交叉支撑装置结构示意图

转 K6 型转向架采用了 JC 型双作用弹性旁承，增加了车体与转向架间的回转阻尼，有效抑制了转向架与车体的摇头蛇行运动和车体侧滚振动，从而提高了车辆高速运行时的平稳性和稳定性；车辆通过小半径曲线时，刚性滚子与上旁承接触，将回转阻力矩控制在适当范围内，改善了曲线通过性能；JC 型双作用弹性旁承非金属磨耗板耐磨性好且性能稳定，可确保车辆动力学性能稳定。

JC 型双作用弹性旁承示意图如图 4-3-20 所示。

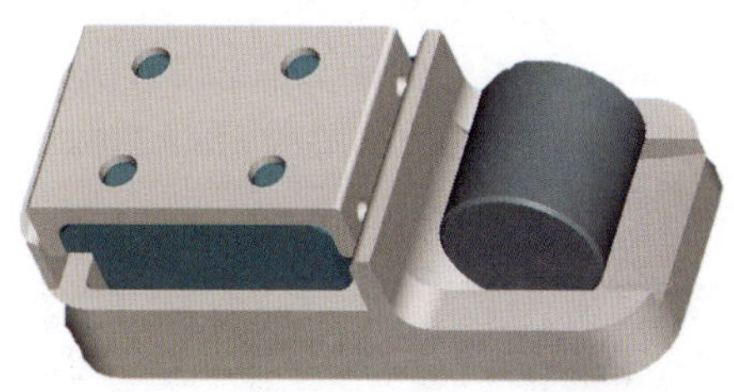

图 4-3-20 JC 型双作用弹性旁承示意图

4）基础制动装置

转 K6 型转向架的基础制动装置由组合式制动梁、中拉杆、固定杠杆、移动杠杆、高磨合成闸瓦、耐磨销套组成。

货车转向架在运用过程中，基础制动装置的销套磨损十分严重，货车提速后，销套磨损将更为严重。为了减轻销套磨损，提高提速货车转向架销套的使用寿命，转 K6 型转向架采用耐磨销套，提高圆销表面硬度，同时减小销套间的间隙，提高销套装配精度，以改善销套的受力状态。

5）横跨梁

为满足空、重车自动调整装置的需要，在 2 位转向架固定杠杆端安装横跨梁组成，包括左右横跨梁托、横跨梁、调整板、磨耗垫板、横跨梁底座。

3. 转 K7 型转向架

为了满足大秦线开行 20 000 t 运煤专列的运输需求，中车眉山车辆有限公司引进了南非成熟、先进的转向架技术并进行了 25 t 轴重副构架转向架的研制。自 2005 年 5 月以来，共有 6 辆 C_{80C} 型敞车（配装 25 t 轴重副构架转向架）在大秦线投入使用。

2007 年 8 月 24 日，25 t 轴重副构架转向架通过铁道部科技司和运输局组织的技术审查，2007 年 9 月，其被定型为转 K7 型转向架。同月，配装转 K7 型转向架的 C_{80B}、C_{70} 型敞车在济南局沙岭庄—高密区间内顺利完成车辆的空、重车状态的线路动力学试验，在最高运行速度为 130 km/h 时，各项性能指标满足相关规定。

转 K7 型转向架为铸钢三大件式货车转向架，采用橡胶轴箱悬挂、轮对径向机构，25 t 轴重，主要用于大秦线 80 t 级运煤敞车，亦可用于其他 70 t 级铁路货车，并能满足货车以 120 km/h的速度运行的要求。

转 K7 型转向架实物如图 4-3-21 所示。

图 4-3-21　转 K7 型转向架实物

径向转向架在通过曲线时，由于前轮对的导向作用，将拉力、压力通过连接杆传递到后轮对，再加上一系橡胶堆的存在，使得转向架具有较小的抗弯刚度，允许转向架轮对在曲线上作径向或八字形位移，但限制菱形位移，提高了系统的稳定性。

径向转向架过曲线示意图如图 4-3-22 所示。

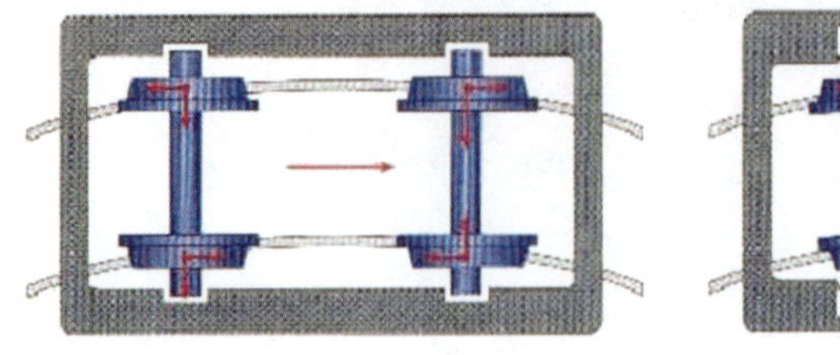

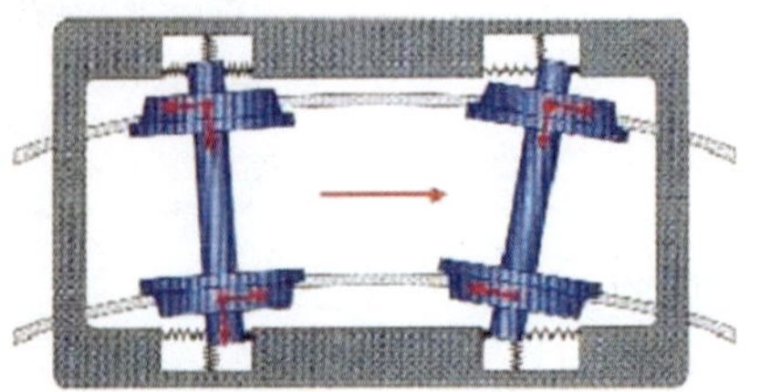

图 4-3-22　径向转向架过曲线示意图

转 K7 型转向架的主要技术参数见表 4-3-7。

表 4-3-7 转 K7 型转向架的主要技术参数

项目		指标
轴重/t		25
自重/t		4. 75
商业运营速度/（km/h）		120
轨距/mm		1 435
轮型		HEZD 或 HESA 型
轮径/mm		840
车轮踏面形状		LM 磨耗型踏面
轴型		RE_{2B} 型
轴承		353130B 型
基础制动倍率		6
固定轴距/mm		1 800
轴颈中心距/mm		1 981
旁承中心距/mm		1 520
下心盘直径/mm		375
下心盘面至下旁承顶面距离/mm	自由高	93
	工作时	83
下心盘面至轨面距离（自由高）/mm		694

转 K7 型转向架结构如图 4-3-23 所示。

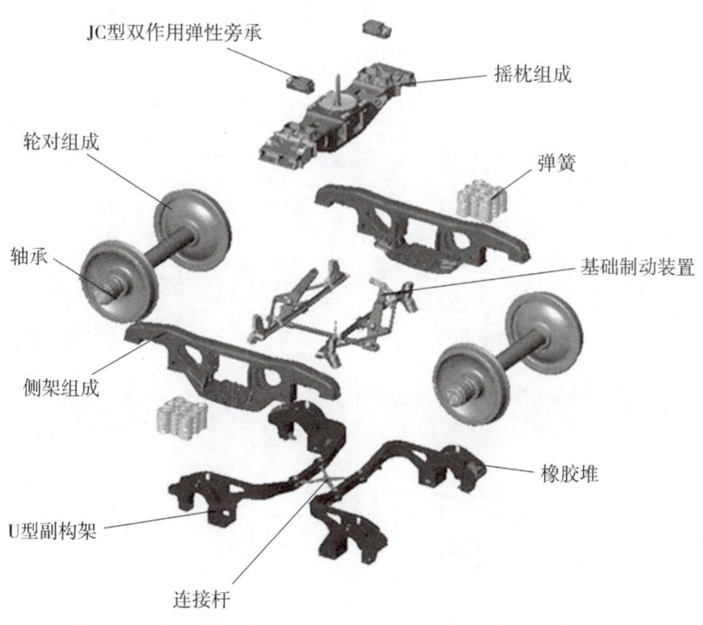

图 4-3-23 转 K7 型转向架结构

1）侧架

转 K7 型转向架的侧架结构有别于转 K5 型、转 K6 型转向架，其在外侧导框部分设计了橡胶堆外支承面，内侧设计了橡胶堆内支承面。

转 K7 型转向架的侧架结构如图 4-3-24 所示。

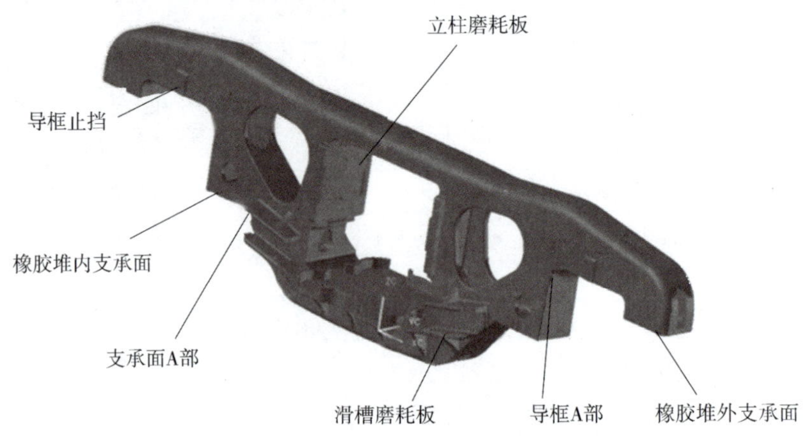

图 4-3-24　转 K7 型转向架的侧架结构

2）中央悬挂装置

转 K7 型转向架摇枕结构与转 K5 型、转 K6 型转向架摇枕结构类似，中央减振装置采用斜楔加螺旋弹簧的组合装置，并采用了 JC 型双作用常接触弹性旁承。

转 K7 型转向架摇枕结构如图 4-3-25 所示。

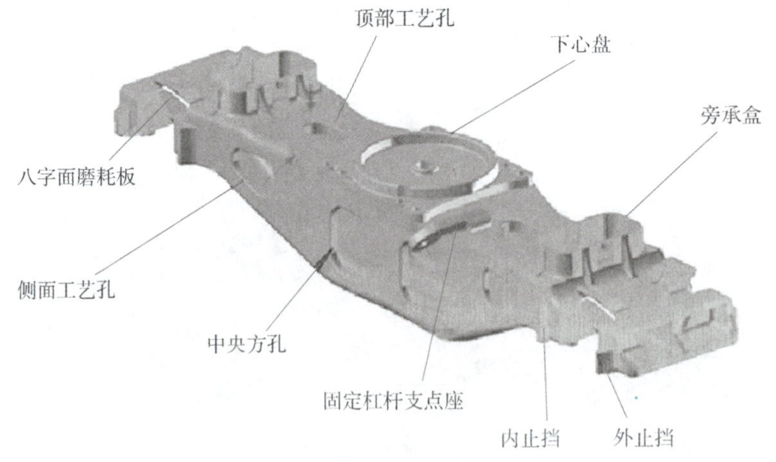

图 4-3-25　转 K7 型转向架摇枕结构

转 K7 型转向架中央减振装置结构如图 4-3-26 所示。

3）轴箱装置

转 K7 型转向架采用橡胶堆轴箱定位，橡胶堆由金属和橡胶硫化而成，顶板与底板上各有两个定位销，两个定位销直径均为 30 mm。橡胶堆外形为矩形，在组装时导电铜线应在转向架内侧。

转 K7 型转向架橡胶堆轴箱定位结构如图 4-3-27 所示。

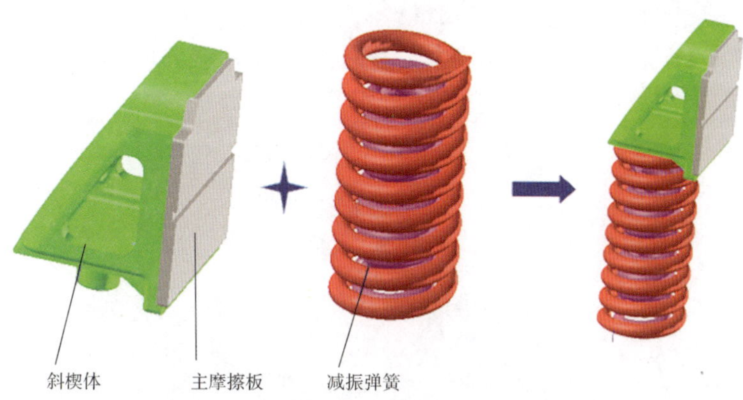

图 4-3-26 转 K7 型转向架中央减振装置结构

4）轮对径向装置

轮对径向装置由左右两个 U 形副构架通过两个连接杆相连而成，副构架与承载鞍整体铸造在一起，解决了蛇行稳定性和曲线通过性能的矛盾，大幅减少了轮轨磨损，也有利于降低牵引能耗和减少环境污染，增大了转向架的抗菱刚度，提高了蛇行运动的临界速度。

转 K7 型转向架轮对径向装置结构如图 4-3-28 所示。

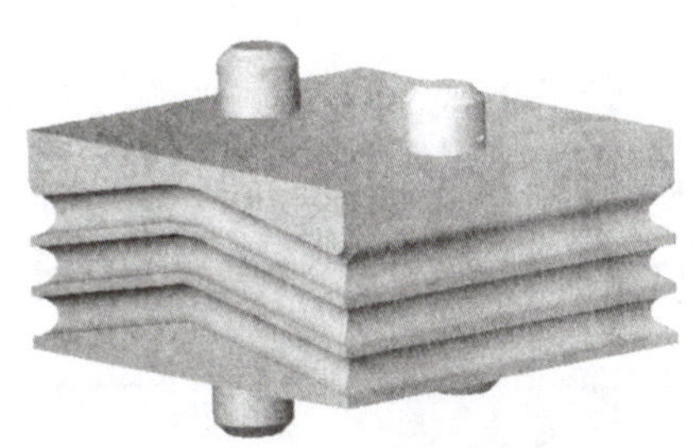
图 4-3-27 转 K7 型转向架橡胶堆轴箱定位结构

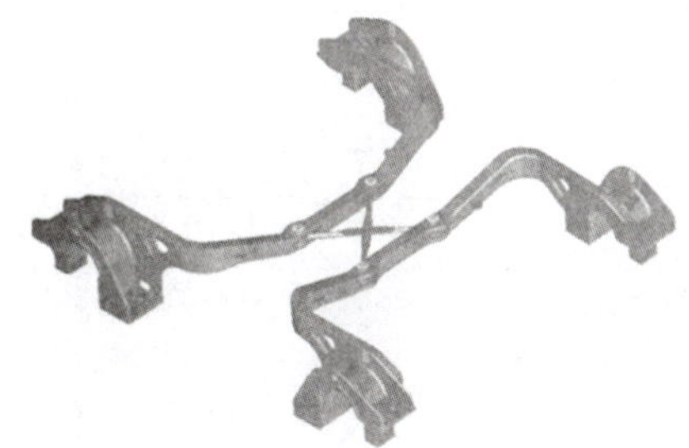
图 4-3-28 转 K7 型转向架轮对径向装置结构

转 K7 型转向架轮对径向装置组成如图 4-3-29 所示。

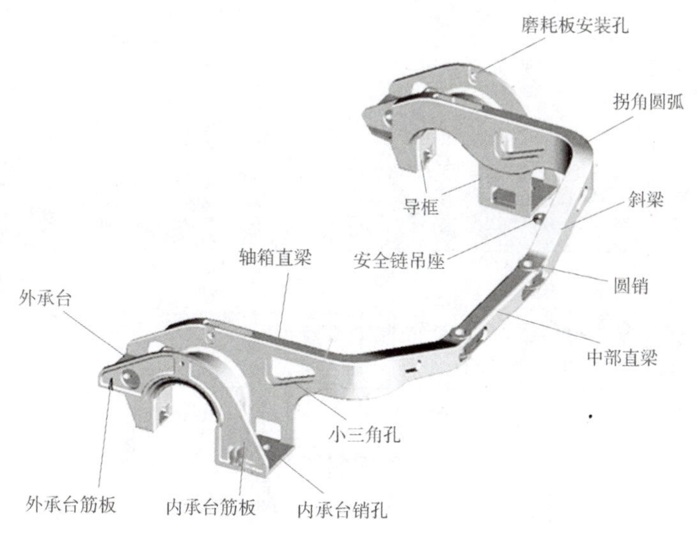

图 4-3-29 转 K7 型转向架轮对径向装置组成

5）基础制动装置

转 K7 型转向架基础制动装置采用滑块式单侧闸瓦制动，避免了闸瓦搭头而造成闸瓦偏磨。转 K7 型转向架基础制动装置如图 4-3-30 所示。

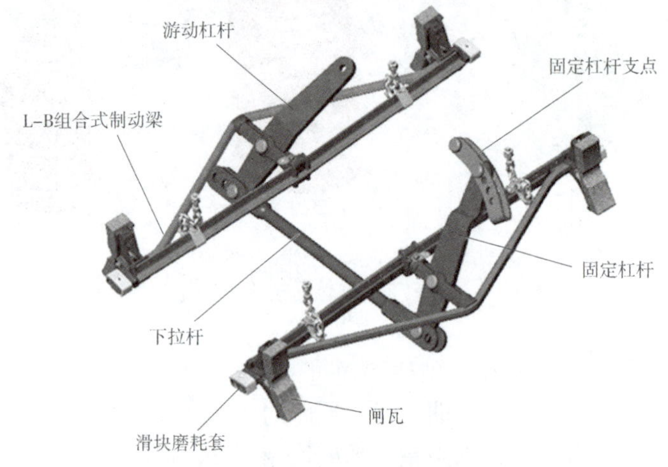

图 4-3-30　转 K7 型转向架基础制动装置

实训　转向架构造认知实训

<table>
<tr><td>实训名称</td><td colspan="2">转向架构造认知实训</td></tr>
<tr><td>实训目标</td><td colspan="2">1. 掌握客车转向架的基本结构知识
2. 掌握货车转向架的基本结构知识</td></tr>
<tr><td>实训设备</td><td colspan="2">铁道客车转向架一台、铁道货车转向架一台</td></tr>
<tr><td>实训要求</td><td colspan="2">1. 穿好实训服，做好自身安全防护
2. 实训期间不得随意翻越、攀爬铁道车辆，不得随意离开实训场地</td></tr>
<tr><td rowspan="3">实训内容</td><td>客车转向架（40%）
1. 识别客车转向架的组成部件
2. 说明客车转向架主要结构部件的作用</td><td>完成情况：</td></tr>
<tr><td>货车转向架（40%）
1. 识别货车转向架的组成部件
2. 说明货车转向架主要结构部件的作用</td><td>完成情况：</td></tr>
<tr><td>说明客车转向架与货车转向架在结构上的区别（20%）</td><td>完成情况：</td></tr>
<tr><td rowspan="2">实训考核结果</td><td colspan="2">自我评价</td></tr>
<tr><td colspan="2">教师考核</td></tr>
<tr><td>备注</td><td colspan="2">1. 实训是否分组进行，可根据实训条件进行调整
2. 教师考核方式可根据真实情况确定</td></tr>
</table>

复习思考题

1. 货车转向架如何解决菱形变形的问题？
2. 客车转向架的发展趋势是什么？

项目5

车端连接装置

导言

大秦铁路因改革开放而生，因改革开放而兴。

大秦铁路，简称大秦线，是我国华北地区一条连接山西省大同市与河北省秦皇岛市的国铁Ⅰ级货运专线铁路，也是中国境内首条双线电气化重载铁路、首条运煤通道干线铁路。它是我国“西煤东运”的战略动脉，具有运能大、成本低、污染小等优势，目前已发展成为年运输量突破4.5亿t的世界级重载铁路，是中国铁路重载领域的标志性工程。

在“六五”计划顺利实施的基础上，1983年，党中央在制定“七五”计划时，明确提出要“加强由西向东的运输通道建设”。同年，大秦铁路进入了论证、勘测、设计阶段。1988年大秦铁路一期工程通车初期，年运量达到2 000万t。

1992年，中国共产党第十四次全国代表大会在北京举行，我国改革开放和社会主义现代化建设事业进入新的发展阶段。同年12月21日，大秦铁路正式全面开通。每天，超过130万t的煤炭源源不断地从统称“三西”的山西、陕西、内蒙古西部经由大秦铁路到达秦皇岛港，再由此装船去往长江中下游地区。

1995年，十四届五中全会通过《中共中央关于制定国民经济和社会发展“九五”计划和2010年远景目标的建议》，对铁路运输提出了更高的要求，而1992年建成通车的大秦铁路，很快“制约”了经济社会的快速发展。于是在1995—1997年，大秦铁路进行了亿吨配套工程改造。

2002年党的十六大提出：我国正处于并将长期处于社会主义初级阶段，人民日益增长的物质文化需要同落后的社会生产之间的矛盾仍然是我国社会的主要矛盾。同年，煤电油运矛盾爆发，全国电力供应持续紧张，21个省、市、自治区用电告急，许多企业“以运定产”，各大城市都出现了“拉闸限电”，在此背景下，大秦铁路进行了2亿t扩能改造。2005年大秦线2亿t扩能改造工程项目全线贯通。大秦铁路2亿t扩能改造工程项目是铁道部跨越式发展的标志性工程，是落实国家能源发展战略，加快山西、陕西、内蒙古三个西部地区煤炭外运，构建大通道煤运网络的国家重点工程，也是快速扩充既有线能力、发展重载运输的样板工程。

经济快速发展需要科技创新提供动力，同时又为科技进步提供了条件。2008年8月，随着京津城际高速铁路开通运营，中国迈入了高铁时代，而大秦铁路4亿t扩能改造工程也在当月正式启动，2010年12月26日，有我国“能源战略大动脉”之称的大秦铁路年运输煤炭突破4亿t，我国铁路重载运输继续创造遥遥领先世界的惊人业绩。

4 亿 t 煤炭，是世界公认的单条铁路年运量极限 2 亿 t 的 2 倍；4 亿 t 煤炭，可为国家生产 2 亿 t 钢铁或 2.6 亿 t 化肥，可满足全国 4 亿城镇居民 1 年的生活用电。全国铁路 20%的煤炭运量、西煤东运 40%的份额，要靠大秦铁路运输。我国 5 大发电集团、300 多家主要电厂、10 大钢铁公司、6 000 多家大中型企业和上亿居民的生产生活，都依赖大秦铁路。

年运量 4 亿 t 的大秦铁路，犹如一条“煤河”，以每秒 12.68 t 的流量奔腾向海。如此大的运量，全靠大密度地开行 2 万 t 重载组合列车。国内外重载铁路一般都仅开行 5 000 t 列车，而大秦铁路开行的 2 万 t 重载组合列车，是全国最长的列车，采用我国自主研制的 25 t 轴重 C80 型货车，整列车的长度达 2 700 多 m。这种载重 80 t 的运煤专用货车是我国完全掌握世界重载货车先进制造技术的重要标志。

煤炭的装卸速度也直接影响着运输的效率，大秦铁路上的货车装完一节 80 t 车厢仅用 56 s，装满一列 204 节车厢的 2 万 t 重载列车只需 2.5 h。煤炭装车后列车运行至港口卸煤。列车慢速前行直至煤仓，由翻车机接入满载煤炭的车厢，不摘车的情况下将车体缓缓转动 180°，煤炭便涌入地下煤仓。3 辆一组，10 s 翻转，240 t 煤炭即刻倾泄而下，卸完后在 5 s 内归位，一列 2 万 t 重载列车只用 100 多分钟便可卸完。现代化的卸车模式是大秦铁路高效运输的重要保障。

请扫描下面的二维码，观看“大秦铁路翻转卸煤”视频。

大秦铁路始终引领着我国铁路重载事业的发展方向，生动诠释了“科学技术是第一生产力”的真谛。自建成以来，大秦铁路连续保持并不断刷新着列车开行密度最高、运行速度最快、运输效率最优，以及单条铁路运量最大等多项重载铁路纪录，为中国经济持续发展提供着源源不断动能的大秦铁路，成为改革开放以来中国铁路的标志性成就。

能够完成大秦铁路翻转卸煤过程的装置属于车端连接装置。

车端连接装置是由车钩、缓冲器、钩尾框、从板、风挡装置等零部件组成的整体结构，车钩和缓冲器（两者与钩尾框和从板一起构成了车钩缓冲装置）安装于车体底架两端的牵引梁内，起到车辆之间连挂、牵引、缓冲的作用，客车车辆之间还装有风挡，以防风沙、雨水侵入车内，以及方便旅客安全地在列车内通行。由于车型不同，车端连接装置是有区别的，车端连接装置及其附属配件的结构和技术状态对行车安全有重要影响。

本项目介绍了目前客、货车辆上常用的车钩缓冲装置类型，以及客车风挡及阻尼装置。

任务 5.1　车钩装置

任务 5.2　缓冲器

任务 5.3　客车风挡及阻尼装置

实训　车钩分解与认知实训

复习思考题

任务5.1 车钩装置

任务目标

1. 掌握常见货车车钩结构知识
2. 掌握常见客车车钩结构知识

知识点

1. 车钩缓冲装置的基础知识
2. 货车车钩
3. 客车车钩

知识点5.1.1 车钩缓冲装置的基础知识

在车钩缓冲装置中，车钩的作用是实现机车和车辆或车辆和车辆之间的连挂，以及传递牵引力和冲击力，并使车辆之间保持一定的距离。缓冲器用来缓和列车运行及调车作业时车辆之间的冲撞，吸收冲击动能，减小车辆相互冲击时所产生的动力作用。钩尾框和从板则起着传递纵向力（牵引力或冲击力）的作用。

1. 车钩的类型

（1）按照连接方式，车钩可分为自动车钩和非自动车钩。

自动车钩不需要人工参与就能实现连接，非自动车钩则要由人工完成车辆之间的连接。我国铁道车辆均采用自动车钩。

自动车钩分为两种基本类型：非刚性车钩和刚性车钩。

非刚性车钩允许两个相连接的车钩在垂直方向上有相对位移，当两个车钩的纵轴线存在高度差时，连接着的两车钩呈阶梯形状，并且各自保持水平位置。刚性车钩不允许两相连接的车钩在垂直方向上存在位移，但是在水平方向可产生少许转角，如果在车辆连接之前两车钩的纵向轴线高度存在偏差，那么在连挂后，两车钩的轴线处在同一直线上并呈倾斜状态。

非刚性车钩示意图如图5-1-1所示。

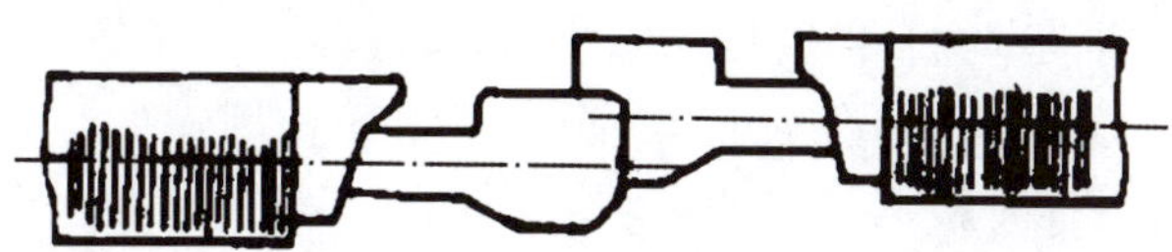

图5-1-1 非刚性车钩示意图

非刚性车钩实物如图5-1-2所示。

图 5-1-2　非刚性车钩实物

刚性车钩减小了两连接车钩之间的间隙，从而大大降低了列车运行中的纵向冲动，提高了列车运行的平稳性，同时也降低了车钩零件的磨耗和噪声。另外，刚性车钩有可能同时实现车辆间的气路和电路的自动连接。

刚性车钩示意图如图 5-1-3 所示。

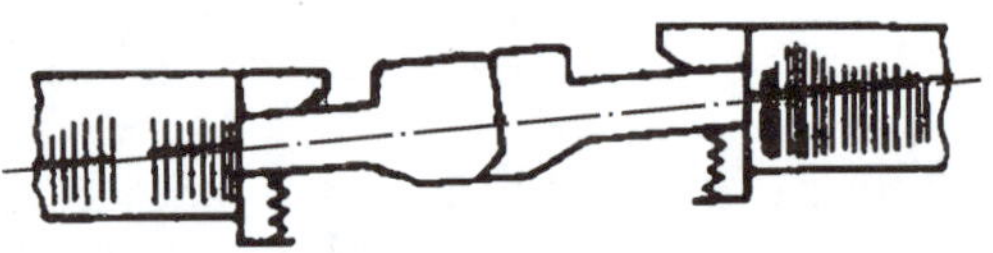

图 5-1-3　刚性车钩示意图

刚性车钩实物如图 5-1-4 所示。

图 5-1-4　刚性车钩实物

在我国，客车、货车一般均采用非刚性的自动车钩，对于高速列车和城市的地铁、轻轨车辆则多采用刚性的自动车钩，即密接式车钩。

(2) 按照开启方式，车钩可分为上作用式车钩和下作用式车钩。

由设在钩头上部的提升机构开启的，叫上作用式车钩。大部分货车车钩为上作用式车钩。这种方式开启灵活、轻便。还有部分货车，例如平车、长大货物车或开有端门的货车，因有碍货物的装卸或活动端门板需要放平，钩头的上部不能安装车钩提杆，故无法采用上作用式车钩，而须采用下作用式车钩。下作用式车钩借助设在钩头下部的推杆的动作来实现开启，它不如上作用式车钩轻便。所谓下作用式是指车钩由闭锁向开锁或全开位置转换时，通过车钩提杆向上推动钩锁的解钩方式。对于客车，因车体端部有折棚和平渡板装置，故无法采用上作用式车钩，而须采用下作用式车钩。

上作用式车钩与下作用式车钩对比如图 5-1-5 所示。

图 5-1-5　上作用式车钩与下作用式车钩对比

上作用式车钩如图 5-1-6 所示。下作用式车钩如图 5-1-7 所示。

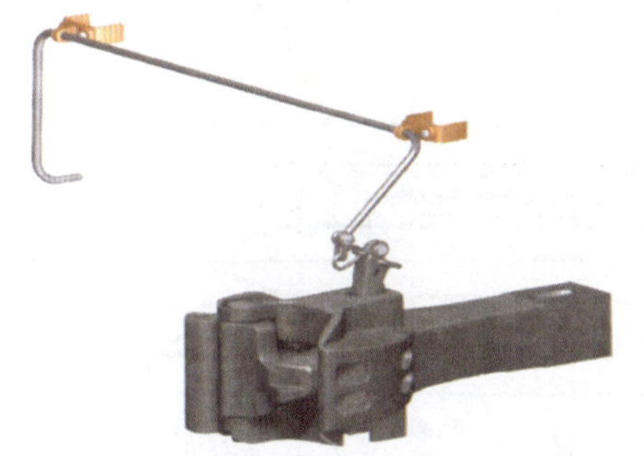

图 5-1-6　上作用式车钩

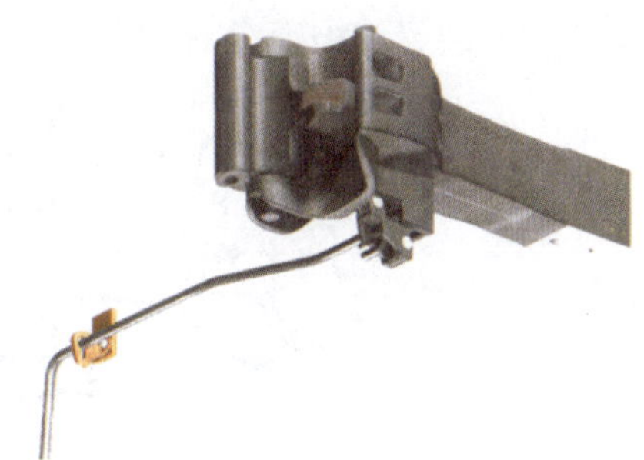

图 5-1-7　下作用式车钩

货车车钩提杆安装在 1 位和 4 位端；客车车钩提杆安装在 2 位和 3 位端。

（3）按照安装方式，车钩可分为固定式车钩和旋转车钩。

旋转车钩的构造与普通车钩不同，钩尾有锁孔，钩尾销与钩尾框的转动套连接。钩尾端面为一球面，顶紧在带有凹球面的前从板上。当钩头受到扭转力矩作用时，钩身连同尾销及转动套一起转动。

旋转车钩现在只安装在专为大秦铁路运煤单元组合列车设计的车辆上。这种车辆的一端装设旋转车钩，另一端装设固定车钩，整列车上每组连接的两个车钩，两两相互搭配。当满载煤炭的车辆进入卸煤区的翻车机位时，翻车机带动车辆翻转 180°，将煤炭倾倒出来。旋转车钩可以使车辆翻转卸货时不摘钩连续作业，缩短了卸货作业时间。

车辆翻转卸货如图 5-1-8 所示。

图 5-1-8　车辆翻转卸货

2. 车钩的三态作用

车钩有闭锁、开锁和全开三个作用位置，这常被称为车钩的三态作用。

（1）闭锁位：机车车辆连挂后的车钩位置，两车钩全是闭锁位时才能传递牵引力。

（2）开锁位：闭而不锁的状态。

（3）全开位：车钩钩舌完全张开，准备挂钩的状态。

3. 车钩缓冲装置的作用力传递

车钩缓冲装置整体安装于车体底架两端的牵引梁内，前、后从板及缓冲器卡装在牵引梁的前、后从板座之间，下部靠钩尾框托板及钩体托梁托住。

车钩缓冲装置结构示意图如图 5-1-9 所示。

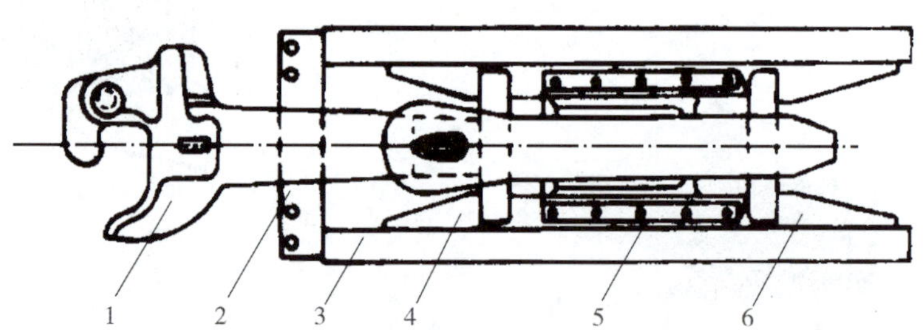

1—车钩缓冲装置；2—冲击座或复原装置；3—中梁或牵引梁；4—前从板座；5—钩尾框托板；6—后从板座。

图 5-1-9　车钩缓冲装置结构示意图

当车辆受牵拉时，作用力的传递过程为：

车钩→钩尾框→后从板→缓冲器→前从板→前从板座→牵引梁。

车钩缓冲装置受牵拉时的状态如图 5-1-10 所示。

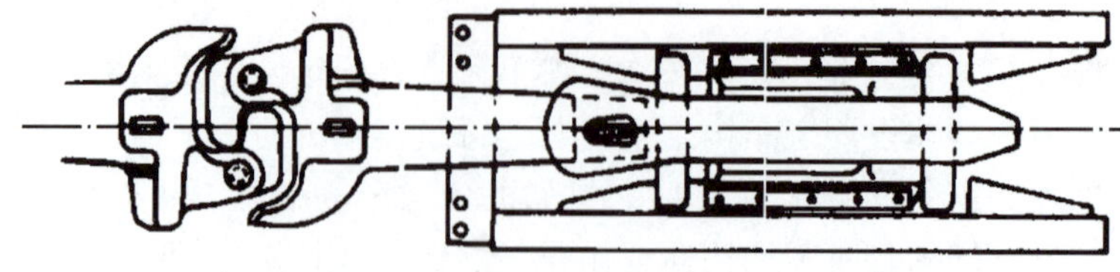

图 5-1-10　车钩缓冲装置受牵拉时的状态

当车辆受冲击时，作用力的传递过程为：

车钩→前从板→缓冲器→后从板→后从板座→牵引梁。

车钩缓冲装置受冲击时的状态如图 5-1-11 所示。

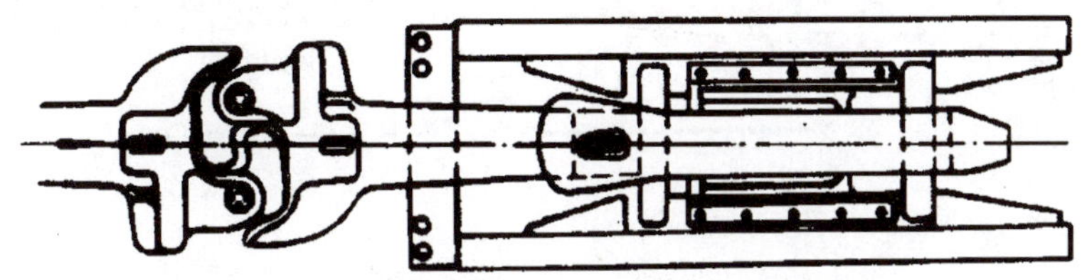

图 5-1-11　车钩缓冲装置受冲击时的状态

由此可见，车钩缓冲装置无论是承受牵引力，还是冲击力，都要经过缓冲器将力传递给牵引梁，这样就有可能使车辆间的纵向冲击振动得到缓和、消减，从而能改善运行条件，保护车辆及货物不受损坏。

知识点 5. 1. 2　货车车钩

目前，我国铁路货车车钩主要有 4 种：13 号车钩、13A 型车钩、16 号车钩和 17 号车钩。

13 号车钩曾是我国铁路货车的主型车钩，一度约占全路货车车钩的 80%，其分上作用式和下作用式两种。随着铁路货车重载、提速工作的不断推进，13 号车钩暴露了很多问题，已不适应重载、提速工作的要求。

13A 型车钩是为适应我国铁路货车重载、提速工作的需要而研制的车钩，该车钩缩小了车辆的连挂间隙，可改善列车纵向动力学性能，减小列车的纵向冲动。13A 型车钩于 2003 年开始在全路推广。

16 号、17 号车钩是为了满足使用翻车机卸货的专用列车的要求而研制的一端可旋转的车钩。此种专用列车不用摘钩就可在翻车机上连续卸货，提高了运输效率。17 号车钩也应用于 2005 年开始投入生产的 70 t 级铁路货车上。

下面具体介绍 13A 型车钩及 16 号、17 号车钩。

1. 13A 型车钩

13A 型车钩缓冲装置结构如图 5-1-12 所示。

13A 型车钩钩体、钩舌的材质为 C 级钢，锁铁为 E 级钢，其他钩腔内的零件均采用 B 级钢材质制造。13A 型车钩的钩舌为小间隙钩舌，连挂间隙 11. 5 mm，比普通的 13 号车钩连挂间隙 19. 5 mm 减小了 8 mm，钩体、钩舌上的型号铸造标记是“13A”。13A 型车钩可有效地降低列车的纵向冲动，改善列车车辆的动力学性能。13A 型车钩于 2001 年通过了部级审查，目前 13 号车钩已按要求全部换装为 13A 型车钩。

13A 型车钩实物如图 5-1-13 所示。

1）改进

13A 型车钩是为了适应我国铁路重载、提速工作的需要，在 13 号车钩的基础上研制的小间隙货车车钩。除以下方面有变化外，其他各零部件及作用方式等与 13 号车钩完全相同。

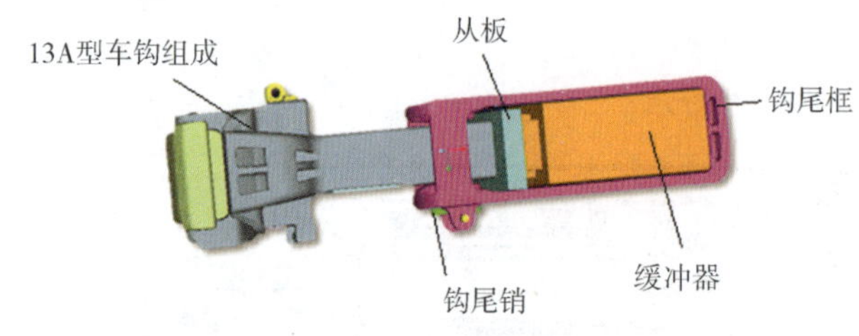

图 5-1-12　13A 型车钩缓冲装置结构

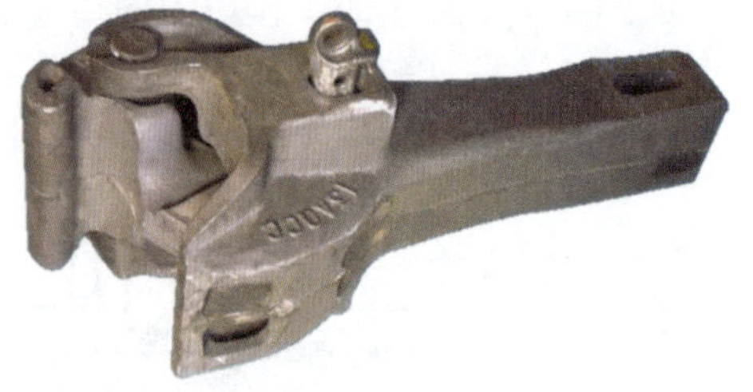

图 5-1-13　13A 型车钩实物

（1）钩身改进。

13A 型车钩钩颈处下平面与钩托梁长期接触，当车钩承受牵引或冲击时，两者之间产生位移而磨耗，列车提速后由于纵向冲击力的加剧，该处磨耗更为严重。13 号车钩原来采用磨耗后堆焊复原的方法进行修复，后因堆焊修复容易造成应力集中使钩颈产生裂纹，而改为加焊磨耗板（200 mm×80 mm×4 mm）的方法来防止钩颈处的磨耗。磨耗板不耐磨，不足以保证一个段修期的使用，另外，磨耗板厚度的增减直接影响到车钩高度的变化，因此，13 号车钩一直没有很好的办法来解决磨耗问题。

13A 型车钩针对这个缺陷进行了改进，13A 型车钩在钩颈下平面由钩肩后壁向内 35~265 mm 处铸造了一道深 6 mm 的横向回槽，专门用来焊装材质为 27SiMn 的磨耗板（200 mm×120 mm×6 mm），磨耗板焊接后的下平面刚好与钩颈的下平面平齐。这样既增加了磨耗板的厚度，又不影响车钩的中心高度。

13A 型车钩钩身磨耗板如图 5-1-14 所示。

图 5-1-14　13A 型车钩钩身磨耗板

（2）钩舌改进。

13A 型车钩钩舌是在 13 号车钩钩舌的基础上改进的，改进的目的是减小车钩连挂后的纵向间隙。钩舌的改进点主要在钩舌内侧立面上，重新设计钩舌内侧面外形轮廓弧度，使得钩舌更加饱满。改进后钩舌的有效厚度由 72 mm 增至 73 mm；钩舌内侧面的顶点与钩舌销孔的中心线处于同水平线上；钩舌连挂基线与钩舌销孔中心线之间的垂直距离由 10.5 mm 减至 6.5 mm。经过上述改进后，13A 型车钩连挂后的纵向间隙从 19.5 mm 减至 11.5 mm，可明显降低货车间的纵向冲击力，提高运行品质。

13A 型车钩小间隙钩舌如图 5-1-15 所示。

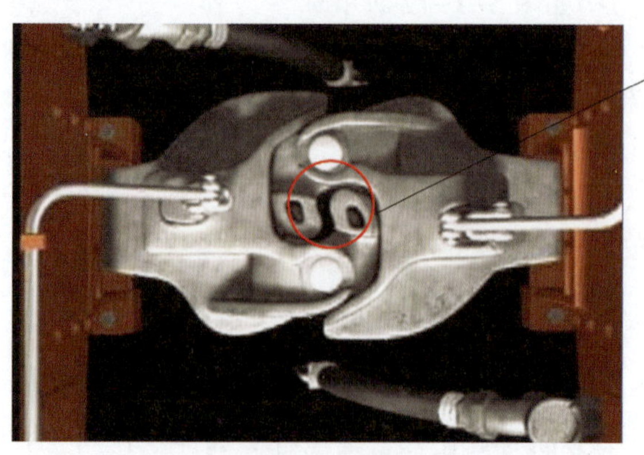

图 5-1-15　13A 型车钩小间隙钩舌

（3）钩尾框改进。

钩尾框是车钩缓冲装置的重要组成部件，其性能的好坏直接影响到行车安全。13A 型车钩的钩尾框针对原 13 号车钩因提速后强度不足易产生裂损的缺陷进行了全面改进。

① 框身加宽加厚：宽度由 125 mm 加至 140 mm；厚度由 25 mm 加至 28 mm。

② 框尾加宽减短：尾宽由 125 mm 加至 160 mm；尾长由 120 mm 减至 95 mm（在保证强度足够的情况下适当减轻自重）。

③ 框头外形加高，内距减小：外形高度由 286 mm 增至 295 mm，内口距由 172 mm 减至 168 mm。

2）主要技术参数

13A 型车钩的主要技术参数见表 5-1-1。

表 5-1-1　13A 型车钩的主要技术参数

项目		指标
车钩连接线至钩肩长度/mm		298.5
钩肩截面外形尺寸/mm		160×203
最大相对转角	在水平面内	6°
	在垂直面内	2°11′
最大纵向移动间隙/mm		11.5
横向最大连挂范围/mm		88
最大允许两车钩中心线高度差/mm		75
钩体最小静拉破坏载荷/kN		≥3 225
钩舌最小静拉破坏载荷/kN		≥2 950

3）车钩结构

13A 型车钩由钩体、钩舌、钩头配件等组成，其中钩体由钩头、钩身、钩尾等部件构成，钩头配件包括钩舌销、推铁、锁铁、上/下锁销组件等。

13A 型车钩结构如图 5-1-16 所示。

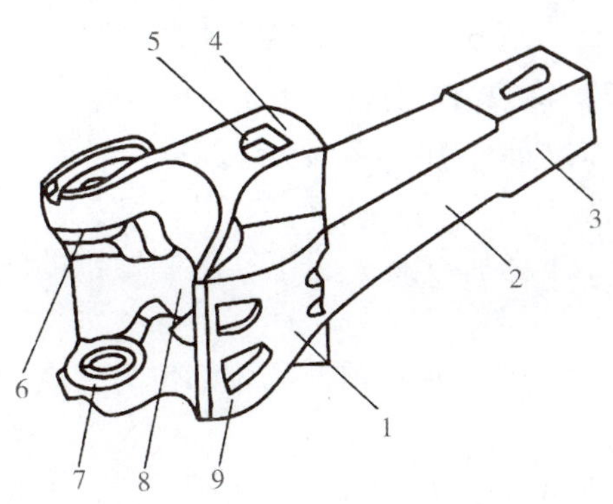

1—钩头；2—钩身；3—钩尾；4—钩肩；5—下锁销孔；6—上钩耳及孔；7—下钩耳及孔；8—钩锁腔；9—钩腕。

图 5-1-16　13A 型车钩结构

（1）钩头：起车辆摘挂作用的部分。

（2）钩腕：两车钩相互连挂时，容纳对方钩舌，使两钩舌彼此握合，并限制对方车钩钩舌产生过大的横向移动，防止车钩自动分离。

（3）上、下钩耳：安装钩舌用，内有钩耳孔，可插入钩舌销，以保护钩舌销不受牵引力和冲击力而折损。

（4）上锁销孔：采用上作用式车钩时安装上锁销。如采用下作用式车钩时，此孔用防尘盖盖严，以防尘砂进入，影响车钩三态作用。

（5）下锁销孔：安装下锁销用。

（6）钩肩：当车钩受较大冲击力时，与冲击座接触，将部分冲击力传递给车底架。

（7）钩身：用来传递牵引力和冲击力，为中空矩形断面结构。13A 型车钩在钩体下方焊装了磨耗板以减少钩体的磨耗，延长了钩体的使用寿命。

（8）钩尾：车钩后端安装钩尾框的部分，上有钩尾扁销孔，后端面为垂直平面，与前从板相接。

（9）钩锁腔：容纳并安装钩锁铁、钩舌推铁等零件。

13A 型车钩钩锁腔结构如图 5-1-17 所示。

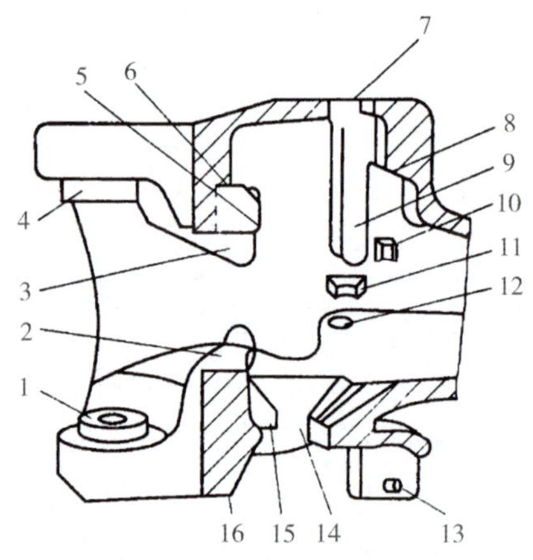

1—下护销突缘；2—下牵引突缘；3—上牵引突缘；4—上护销突缘；5—导向挡；6—全开作用台；7—上锁销孔；8—上防脱（跳）台；9—钩锁导向壁；10—钩锁后部定位挡；11—钩舌推铁挡铁；12—钩舌推铁轴孔；13—下锁销钩转轴；14—下锁销孔；15—下防脱（跳）台；16—二次防脱（跳）台。

图 5-1-17　13A 型车钩钩锁腔结构

① 护销突缘：用以保护钩舌销，分上、下护销突缘。

② 牵引突缘：闭锁位时与钩舌尾部牵引突缘配合，以承受冲击力，分上、下牵引突缘。

③ 导向挡：闭锁位时，锁铁的前导向面靠在其外部，防止锁铁倾倒脱出锁腔，并使上锁销及上锁销杆防跳台处于上防脱（跳）台下，限制锁销的跳动。全开位、开锁位时引导锁铁上下移动。

④ 全开作用台：全开过程中，锁铁前部以该部位为支点回转，踢动钩舌推铁，使钩舌旋转张开。

⑤ 上防脱（跳）台：在钩锁腔后壁面上。闭锁位时，上锁销杆的防跳台卡在其下，防止运行中锁铁因振动而跳起。

⑥ 钩锁导向壁：限制锁铁位置，闭锁位、开锁位、全开位时，锁铁一侧被它挡住，另一侧受锁腔侧壁限制，以避免锁铁摆动而影响车钩三态作用。

⑦ 钩锁后部定位挡：闭锁位时，锁铁除受导向挡的限制外，还受定位挡限制，其使锁铁稳固地坐在钩舌尾部的锁铁承台上。

⑧ 钩舌推铁挡铁：确定钩舌推铁位置，防止推铁在转动时歪斜。

⑨ 钩舌推铁轴孔：安装钩舌推铁转轴。

⑩ 下防脱（跳）台：设置在下锁销孔内的前壁侧。闭锁位时，其与下锁销杆防跳台配合，起防跳作用。

⑪ 下锁销钩转轴：用于下作用式车钩放置下锁销钩用。

（10）钩舌及钩舌销。

钩舌装在上、下钩耳间，其上有钩舌销孔，用于安装钩舌销，钩舌以钩舌销为轴回转，以实现开闭，钩舌销孔处铸有护销突缘。

钩舌尾部铸有牵引突缘，闭锁位时，与钩锁腔内的牵引突缘配合，以传递牵引力，其尾部为圆弧形，能使锁铁顺利下滑，尾部侧面有一钩锁承台，供闭锁位时锁铁坐落。

13A 型车钩钩舌结构如图 5-1-18 所示。

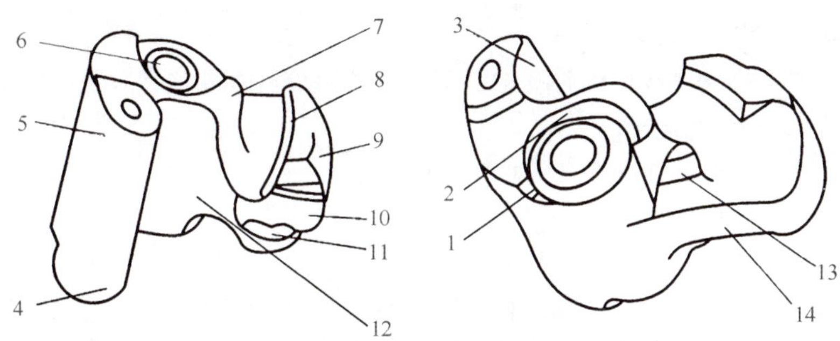

1—全开止挡；2—护销突缘；3—钩腕牵引面（钩舌内侧面）；4—钩舌鼻；5—钩舌正面；6—钩舌销孔；7—冲击突肩（冲击台）；8—牵引突缘（牵引台）；9—钩舌尾端面；10—钩舌锁面；11—钩锁承台；12—钩舌内腕；13—钩舌推铁面；14—钩舌尾止端。

图 5-1-18　13A 型车钩钩舌结构

钩舌销装在钩耳孔及钩舌销孔中，作钩舌的回转轴。

13A 型车钩钩舌销如图 5-1-19 所示。

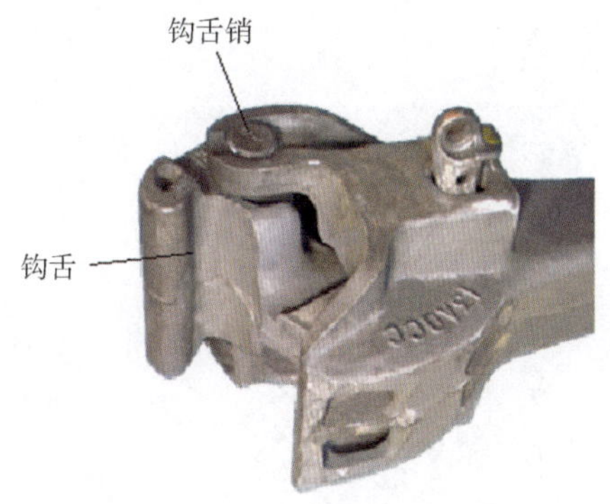

图 5-1-19　13A 型车钩钩舌销

（11）钩锁铁。

钩锁铁安装在钩锁腔内，其主要作用是在闭锁位时，挡住钩舌尾部，使钩舌不能转动，在全开位时推动钩舌推铁，使钩舌张开。

13A 型车钩钩锁铁如图 5-1-20 所示。

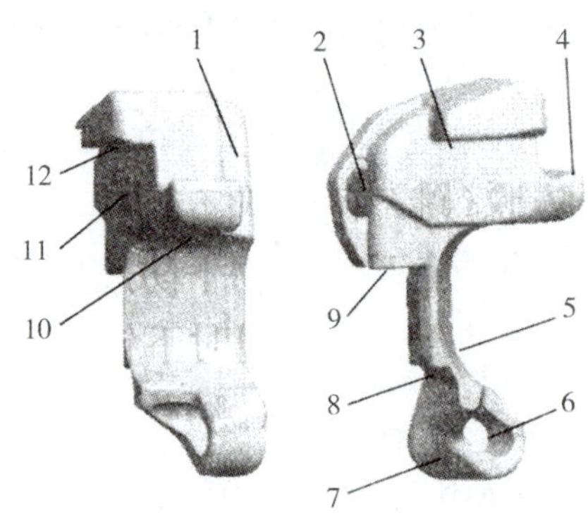

1—前导向面；2—上锁销杆转轴；3—后导向面；4—全开回转支点；5—锁腿；6—下锁销轴孔；
7—后踢足面；8—开锁座锁面；9—后座锁面；10—前座锁面；11—锁面；12—侧座锁面。

图 5-1-20　13A 型车钩钩锁铁

（12）钩舌推铁。

钩舌推铁横放在钩锁腔内的轴孔中，下部有钩舌推铁轴和钩锁腔底面的轴孔配合，其作用是推动钩舌张开并达到全开位。

13A 型车钩钩舌推铁如图 5-1-21 所示。

（13）上锁销及上锁销体。

上锁销体上部有定位突檐，可控制上锁销下落位置，并防止杂物进入。

上锁销下部有一防跳台，上锁销杆上也设有防跳台，在闭锁位时起防跳作用。上锁销与上锁销杆用销轴活动连接，且上锁销的连接孔为蝶形孔，在闭锁位时可与上锁销杆成弓形，此时两者的防跳台处于锁腔内的防跳台下，起防跳作用。下锁销杆下是一挂钩，挂在锁铁背部的上锁销杆转轴上。

13A 型车钩上锁销结构如图 5-1-22 所示。

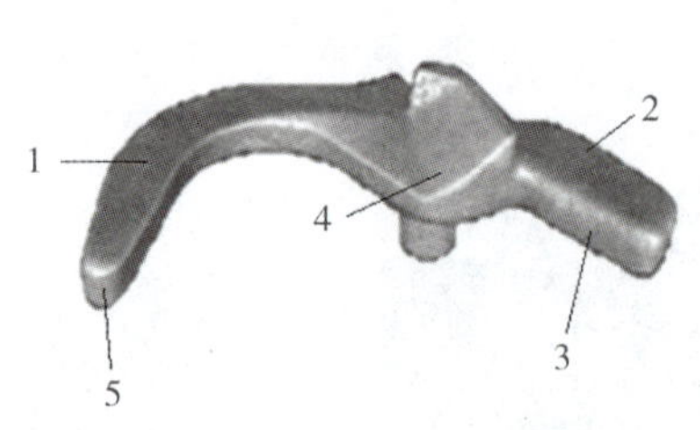

1—钩舌推铁腿；2—锁座；3—踢足推动面；
4—锁腿导向面；5—推铁踢足。

图 5-1-21　13A 型车钩钩舌推铁

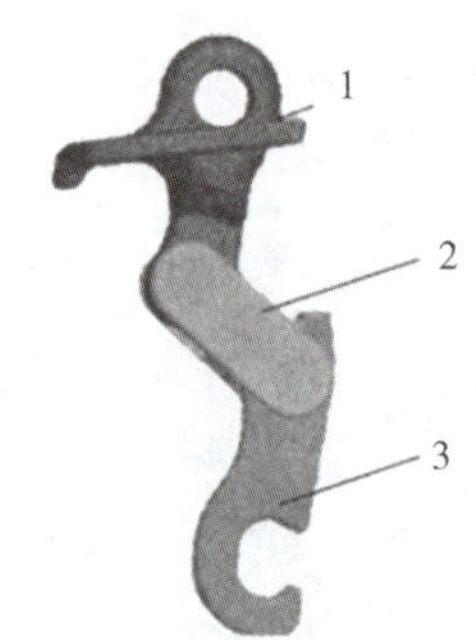

1—上锁提；2—上锁销；3—上锁销杆。

图 5-1-22　13A 型车钩上锁销结构

（14）下锁销、下锁销体、下锁销钩。

下锁销钩挂在钩头下部的下锁销钩转轴上。

下锁销体中部安装车钩提杆，提起车钩提杆时，下锁销能顺利推起锁铁。下锁销体另一端与下锁销体用销轴活动连接，上方设有二次防跳尖端。闭锁位时，二次防跳尖端卡在下锁销孔的二次防跳台下。下锁销端部侧面有下锁销轴，插入锁铁下锁销轴孔内。闭锁位时，锁销轴内下锁销孔下滑，使下锁销杆防跳台卡在下锁销孔内的下防跳台下，起防跳作用。

13A 型车钩下锁销结构如图 5-1-23 所示。

4）车钩三态作用（以上作用式车钩为例）

（1）闭锁位：两车钩相互连挂时所处的位置。

13A 型车钩闭锁位如图 5-1-24 所示。

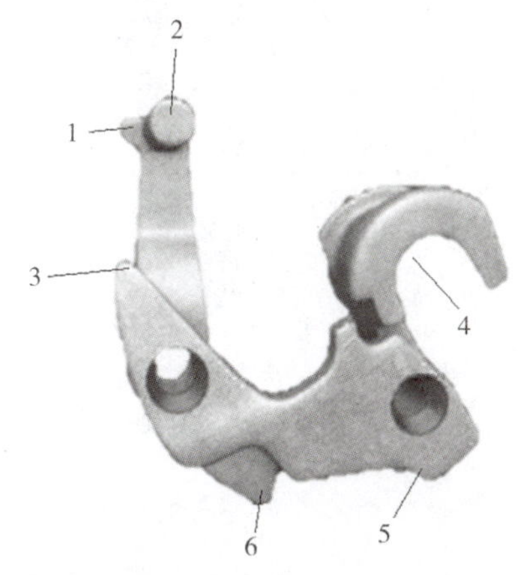

1—下锁销防跳台；2—下锁销轴；3—二次防跳尖端；4—转轴孔；5—回转挡；6—车钩提杆止挡。

图 5-1-23 13A 型车钩下锁销结构

图 5-1-24 13A 型车钩闭锁位

钩舌尾部转向锁腔内，锁铁以自重落下，后座锁面与侧座锁面分别坐在钩舌推铁的锁座和钩舌尾部侧面的锁铁承台上，卡住钩舌尾部，使钩舌不能张开。同时，由于上锁销定位突檐的支点作用，使上锁销带动上锁销杆向钩锁腔后壁偏转，上锁销、上锁销杆的防跳台偏于钩锁腔后壁的防跳台下（起防跳作用），形成闭锁位。

① 如图 5-1-25 所示，钩舌尾部转向锁腔内，锁铁以自重落下。

② 如图 5-1-26 所示，侧座锁面坐在钩舌尾部侧面的锁铁承台上。

图 5-1-25 钩舌尾部转向锁腔内，锁铁以自重落下

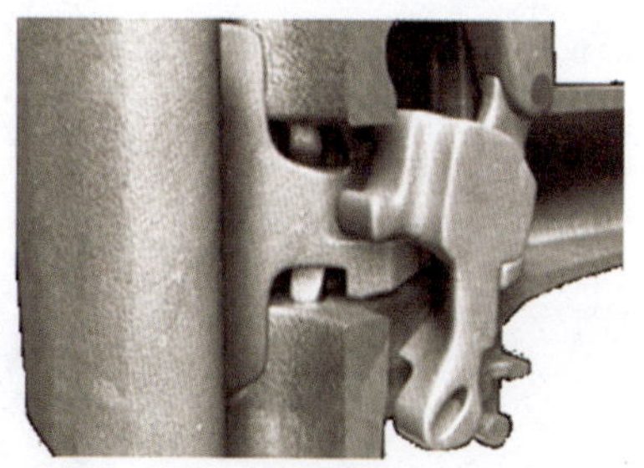

图 5-1-26 侧座锁面坐在钩舌尾部侧面的锁铁承台上

③ 如图 5-1-27 所示，后座锁面坐在钩舌推铁的锁座上。

④ 如图 5-1-28 所示，钩舌尾部被卡住，不能张开，形成闭锁位。

⑤ 如图 5-1-29 所示，上锁销带动上锁销杆向钩锁腔后壁偏转。

⑥ 如图 5-1-30 所示，上锁销、上锁销杆的防跳台偏于钩锁腔后壁的防跳台下（起防跳作用）。

图 5-1-27　后座锁面坐在钩舌推铁的锁座上

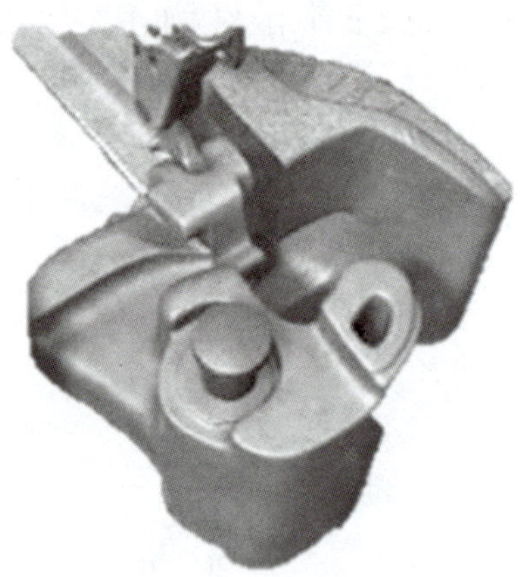

图 5-1-28　钩舌尾部被卡住，不能张开，形成闭锁位

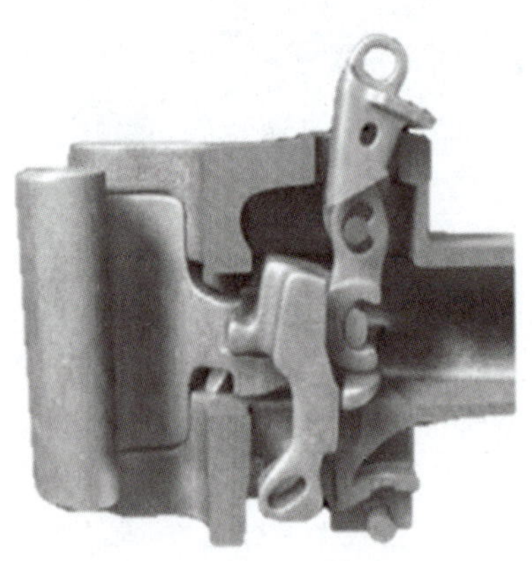

图 5-1-29　上锁销带动上锁销杆向钩锁腔后壁偏转

图 5-1-30　上锁销、上锁销杆的防跳台偏于钩锁腔后壁的防跳台下（起防跳作用）

（2）开锁位：摘解车辆时的预备位置。
13A 型车钩开锁位如图 5-1-31 所示。

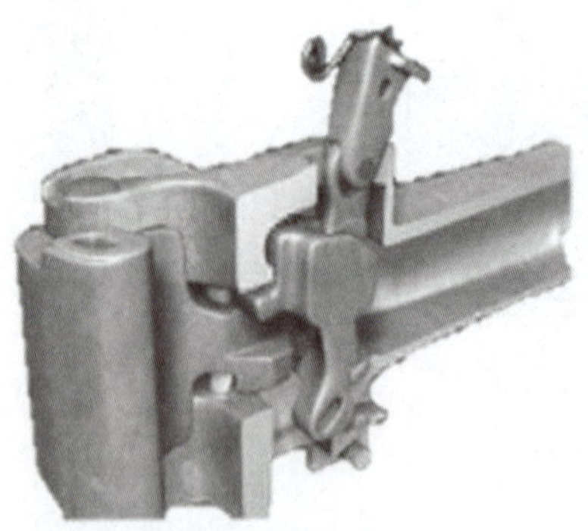

图 5-1-31　13A 型车钩开锁位

提起车钩提杆，拉动上锁销旋转，并沿上锁销杆的蝶形孔上移，使上锁销杆向锁腔外转动，脱离防跳位置，并带动锁铁上移，越过钩舌尾部，腿部向后偏移，开锁座锁面落在推铁的锁座上，锁铁落下，形成开锁位。

13A 型车钩开锁前状态如图 5-1-32 所示。

13A 型车钩开锁后状态如图 5-1-33 所示。

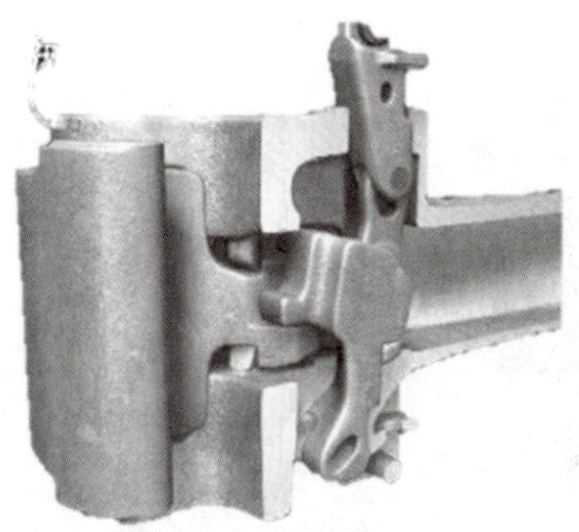
图 5-1-32 13A 型车钩开锁前状态

图 5-1-33 13A 型车钩开锁后状态

（3）全开位置：车钩再次连挂的准备位置。

13A 型车钩全开位如图 5-1-34 所示。

用力提起车钩提杆，拉动上锁销、上锁销杆上移，进而带动锁铁充分上移，锁铁以锁腔内的全开作用台为支点，腿部向后转动，踢动钩舌推铁，使推铁沿推铁轴转动，推动钩舌尾部，使钩舌以钩舌销为轴张开，形成全开位。

① 如图 5-1-35 所示，上锁销上移，离开防跳位。

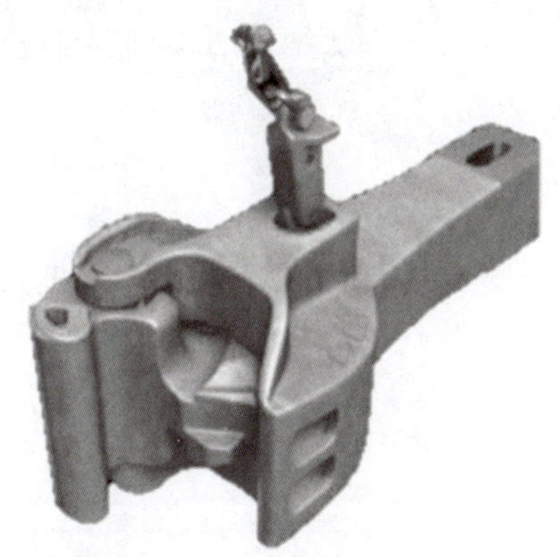
图 5-1-34 13A 型车钩全开位

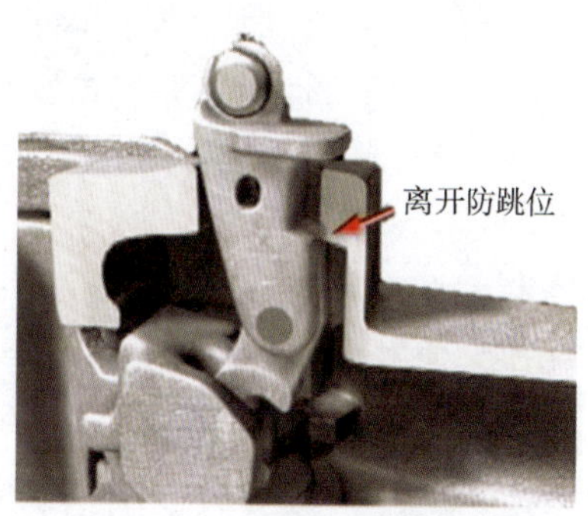

图 5-1-35 上锁销上移，离开防跳位

图 5-1-36 带动锁铁上移，锁铁以全开作用台为支点，腿部向后转动

② 如图 5-1-36 所示，带动锁铁上移，锁铁以全开作用台为支点，腿部向后转动。

③ 如图 5-1-37 所示，踢动钩舌推铁，使推铁沿推铁轴转动，推动钩舌尾部，使钩舌以钩舌销为轴张开，形成全开位。

2. 16 号、17 号车钩

16 号、17 号车钩是为我国大秦线运煤万吨列车配置的重要车辆部件。若卸煤场设有自动列车定位机和翻车机，当装有转动车钩的固定编组车辆进入翻车机位置翻转卸煤时，可不摘钩连续作业，从而大大缩短了卸货作业的时间，提高了运输效率。16 号车钩是转动车钩，一般装在车辆的 1 位端；17 号车钩是固定车钩，一般装在车辆的 2 位端，16 号车钩和 17 号车钩搭配使用。

图 5-1-37　踢动钩舌推铁，使推铁沿推铁轴转动，推动钩舌尾部，使钩舌以钩舌销为轴张开，形成全开位

当车辆进入翻车机位置时，翻车机带动车辆以车钩中心线为旋转轴翻转 135°~180°，底架连同 16 号车钩尾框以车钩中心线为转轴，相对于 16 号车钩钩体旋转，16 号车钩钩体则由于受相邻车辆与其连挂的 17 号车钩约束而静止不动。被翻转车辆另一端的 17 号车钩随同底架沿车钩中心线旋转并带动相邻车辆与其连挂的 16 号车钩一起旋转，实现了不摘解车钩就可在翻车机上卸货的目的，提高了运输效率。

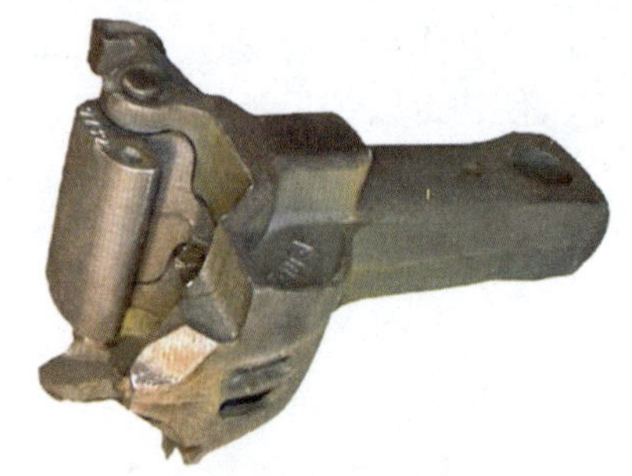

图 5-1-38　17 号车钩

鉴于 17 号车钩具有连挂间隙小、结构强度高、连锁性能好及垂向防脱性能好等优点，我国 70 t 级货车大量采用了 17 号车钩。

17 号车钩如图 5-1-38 所示。

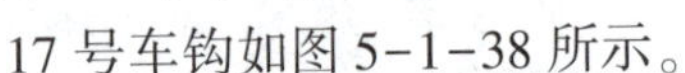

1）主要技术参数

16 号、17 号车钩的主要技术参数见表 5-1-2。

表 5-1-2　16 号、17 号车钩的主要技术参数

项目		指标	
		16 号车钩	17 号车钩
车钩有效长度/mm		732.5	735
钩身长度/mm		427.5	430
最大相对转角	在水平面内	13°	
	在垂直面内	向上 5°30′	
		向下 7°	
最大纵向移动间隙/mm		9.5	
横向最大连挂范围/mm		167	
最大垂向移动间隙/mm		向上 71	
		向下 90.5	

2）车钩结构

16 号车钩缓冲装置主要由钩尾销、钩舌销、转动套、从板、钩舌、缓冲器等零部件组成。
17 号车钩缓冲装置主要由钩尾销、钩舌销、从板、钩舌、缓冲器等零部件组成。
17 号车钩缓冲装置结构如图 5-1-39 所示。

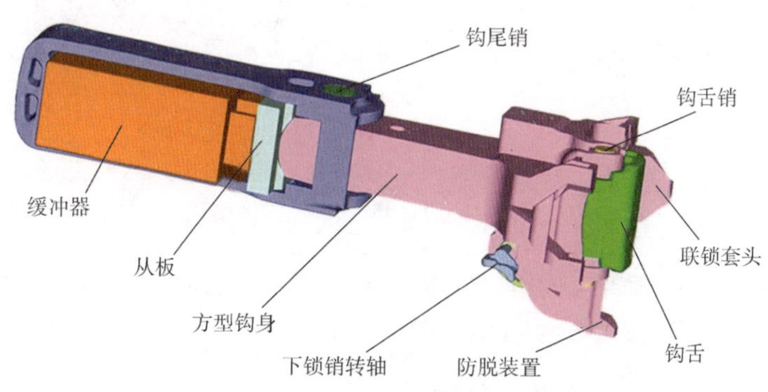

图 5-1-39 17 号车钩缓冲装置结构

17 号车钩由 17 号车钩钩体、钩舌、钩舌推铁、钩舌销、钩锁组成、下锁销转轴和下锁销组成等零部件组成。所有铸件均为 E 级钢制造。其中钩舌、钩舌推铁、钩舌销和下锁销与 16 号车钩完全通用。17 号车钩的所有零件与 13B 型、13A 型和 13 号车钩的零件均不能互换。

（1）17 号车钩。

17 号车钩钩体的钩头部分有联锁套头、联锁套口及防脱装置，钩身的形状与其他车钩相似，为箱形截面，钩尾端面（与从板接触的部位）为半径 133.5mm 的球面，并在球形端面两侧有自动对中的凸肩。

17 号车钩结构如图 5-1-40 所示。

请扫描下面的二维码，观看“车钩结构”视频。

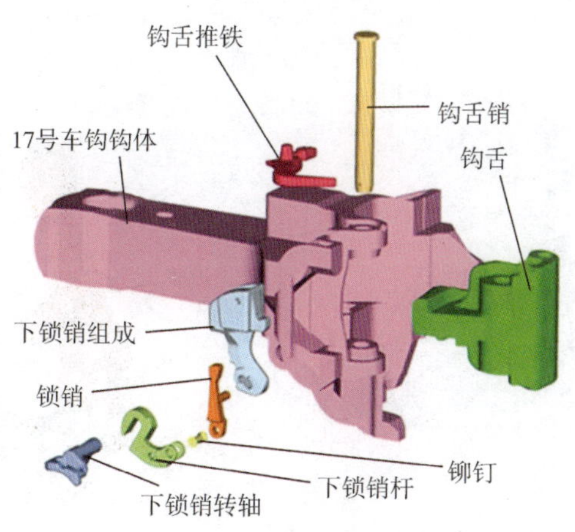

图 5-1-40 17 号车钩结构

17 号车钩钩体结构如图 5-1-41 所示。

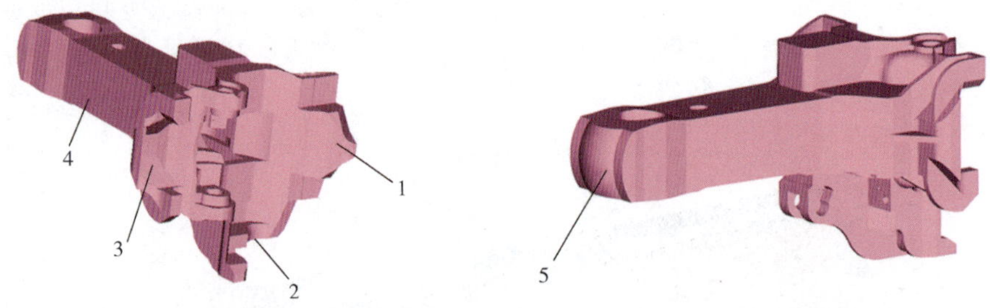

1—联锁套头；2—防脱装置；3—联锁套口；4—箱形钩身；5—球形端面。

图 5-1-41　17 号车钩钩体结构

其他典型配件包括钩舌、钩锁、钩舌推铁、下锁销转轴、下锁销组成等。17 号车钩配件结构如图 5-1-42 所示。

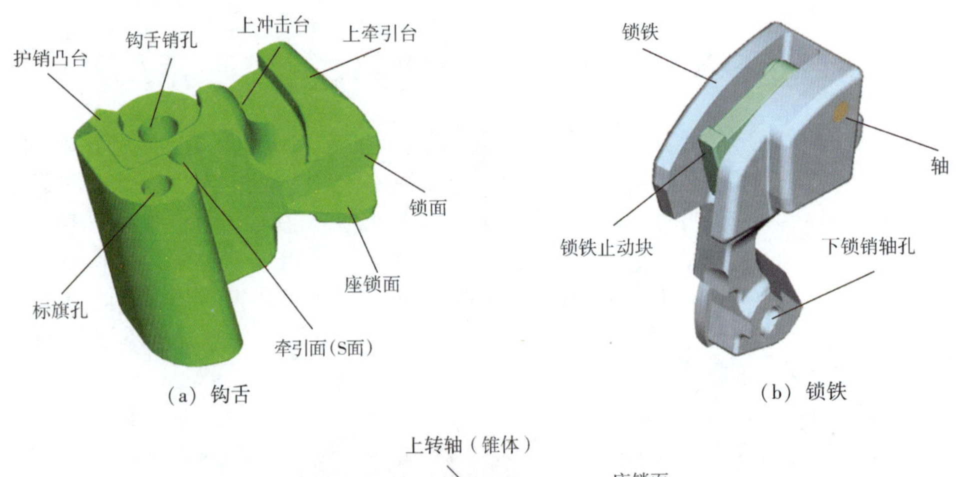

(a) 钩舌　　(b) 锁铁

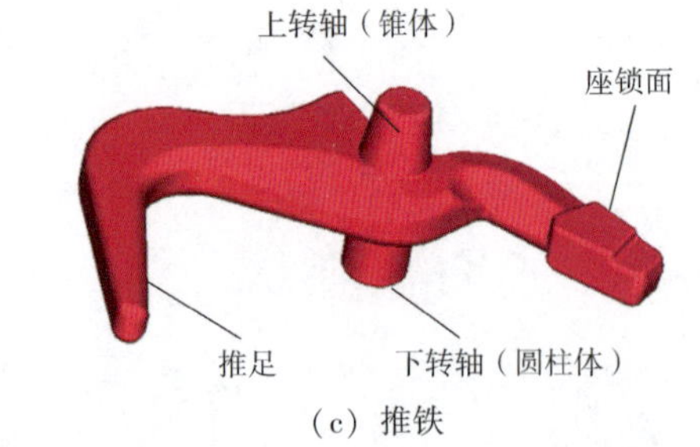

(c) 推铁

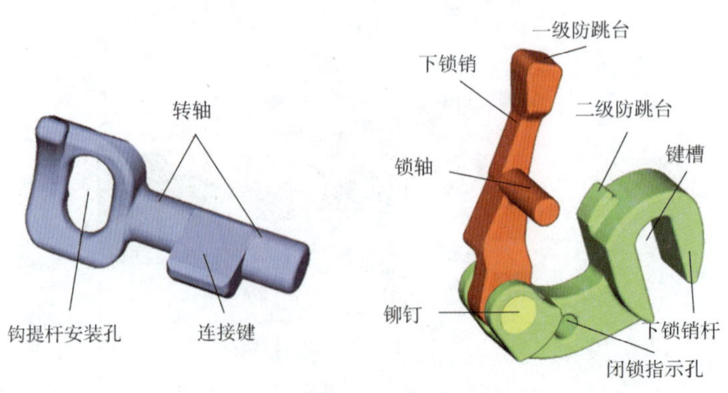

(d) 下锁销组成与下锁销转轴

图 5-1-42　17 号车钩配件结构

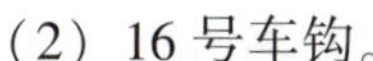

（2）16 号车钩。

16 号车钩为旋转车钩，除钩尾部分与 17 号车钩不同，其余配件与 17 号车钩通用。

16 号车钩结构如图 5-1-43 所示。

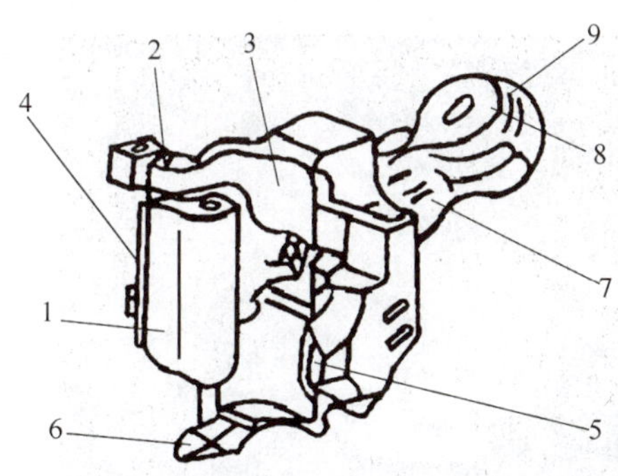

1—钩舌；2—钩舌销；3—钩头；
4—联锁套口；5—联锁套头；6—联锁辅助支架；
7—钩身；8—钩尾端面；9—球台状钩尾。

图 5-1-43 16 号车钩结构

3）主要技术特点

（1）防分离可靠性高。

17 号车钩具有下锁销防跳和下锁销杆防跳两级防跳功能，与上作用车钩的一级防跳相比，具有更好的防跳性能。同时，17 号车钩的提杆装置加装了复位弹簧，进一步提高了车钩的防分离可靠性。在车钩钩头下面设有防脱装置，列车发生事故时仍能保持车钩的连挂性能，防止列车颠覆，以及车钩相互脱离。

（2）车钩强度高。

17 号车钩的结构合理，钩体、钩舌均采用 E 级钢制造，增加了车钩的强度；同时，钩体最小破坏载荷 4 005 kN 与 AAR 标准规定相同，钩舌的最小破坏载荷为 3 430 kN，比 AAR 标准规定的 2 950 kN 提高了约 16%。钩尾框由 E 级铸钢改为 E 级锻钢，具有较高的强度储备。

（3）耐磨性能好。

17 号车钩采用高强度的 E 级钢材质，提高了钩体、钩舌和钩尾框的硬度和耐磨性；并对钩尾端面及钩尾销孔后圆弧面进行了提高表面硬度的特殊处理，使其具有更高的硬度和更好的耐磨性；钩体下方增设了磨耗板，防止钩体磨耗，降低了检修的工作量和成本。

（4）连挂间隙小。

17 号车钩的连挂间隙为 9.5 mm，比 13 号车钩的 19.5 mm 减少了约 52%，比 13A 型车钩的间隙减少了约 17%，可降低列车的纵向冲动，改善列车的纵向动力学性能，延长车辆及其零件的使用寿命。

（5）曲线通过性能好。

17 号车钩尾部设有球形端面，可以使车钩在运行中经常保持正位，同时改善了车辆及列车的曲线通过性能；采用竖圆销与钩尾框垂直连接，提高了车辆的曲线通过能力。

（6）连挂性能好。

17 号车钩可与我国现有铁道机车车辆使用的 13 号车钩、13A 型车钩及 15 号车钩等正常连挂使用。

（7）具有联锁功能。

17 号车钩的钩体头部设有联锁装置，车钩连挂后可自动实现联锁，可减少车钩的相对运动，具有类似牵引杆装置的作用；联锁装置还可以在车钩转动作业中起到附加旋转功能以降低对车钩的损坏。

4）车钩三态作用

（1）闭锁位。

车辆连挂后，车钩必须处于闭锁位才能传递牵引力。

当钩舌转动到闭锁位时，锁铁坐于钩舌尾部的座锁面上，钩舌不能绕钩舌销转动打开。

① 如图 5-1-44 所示，锁铁坐于钩舌座锁面上。

② 如图 5-1-45 所示，钩舌未打开。

图 5-1-44　锁铁坐于钩舌座锁面上

图 5-1-45　钩舌未打开

（2）开锁位。

请扫描下面的二维码，观看“开锁试验”视频。

两连挂着的车辆欲分开时，必须有一个车钩处于开锁位。

提起车钩提杆手柄，带动锁铁上升到一定的高度，此时放下车钩提杆，锁铁停留在钩舌推铁的座锁面上，此时钩舌不能自动打开，如果钩舌受到牵引力就能绕钩舌销转动，此时为开锁位。

① 如图 5-1-46 所示，操作车钩提杆。

② 如图 5-1-47 所示，钩舌打开。

图 5-1-46　操作车钩提杆 1

图 5-1-47　钩舌打开

（3）全开位。

请扫描下面的二维码，观看“全开试验”视频。

在车辆彼此连挂之前，必须有一个车钩处于全开位，才能进行自动连挂操作。

继续扳动车钩提杆至极限位置，钩舌绕钩舌销转动打开，此时为全开位。

① 如图 5-1-48 所示，操作车钩提杆。

② 如图 5-1-49 所示，钩舌转动打开。

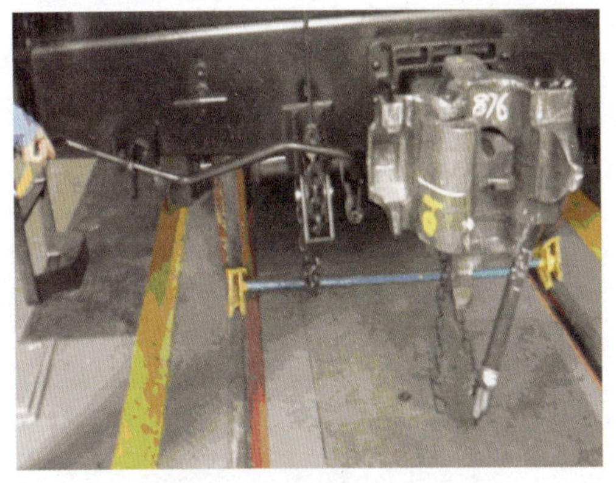

图 5-1-48 操作车钩提杆 2

图 5-1-49 钩舌转动打开

知识点 5. 1. 3 客车车钩

我国铁路客车速度小于 120 km/h 的普通车辆采用 C 级低合金铸钢的 15 号车钩，速度小于 160 km/h 的普通客车采用 C 级低合金铸钢的 15 号小间隙车钩，速度大于 200 km/h 的高速客车，采用密接式车钩。

1. 15 号车钩

15 号车钩使用在客车上时，由钩体、钩舌及钩头配件等组成，其中钩体分为钩头、钩身、钩尾三部分。钩头与钩舌通过钩舌销相连接，钩舌可绕钩舌销转动，钩头内部装有钩锁铁、钩舌推铁、钩推销等零件。

1） 车钩结构

（1） 钩体。

钩体是车钩的基础部分，其他零件与其配合共同完成车钩的作用。

15 号车钩钩体结构如图 5-1-50 所示。

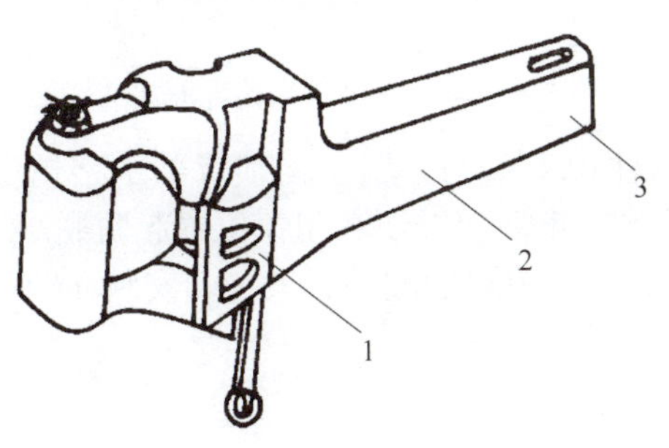

1—钩头；2—钩身；3—钩尾。

图 5-1-50 15 号车钩钩体结构

15 号车钩钩锁腔结构如图 5-1-51 所示。

钩头是车辆摘挂的重要部分；钩身是传递牵引力和冲击力的部位，它做成中空方形结构，具有较大的强度和刚度；钩尾供安装钩尾框用，其有钩尾销孔，钩尾端面为圆弧面。

（2） 钩舌及钩舌销。

钩舌装在上、下钩耳之间，插入钩舌销后以钩舌销为轴而转动，利用钩舌的开闭可进行车辆互相连挂和摘解。其上有牵引突缘，可传递牵引力。

钩舌销穿过钩耳孔及钩舌销孔，将钩舌与钩体联系在一起，钩舌可绕其转动。正常情况下，钩舌销仅起到转轴作用。

15 号车钩钩舌结构如图 5-1-52 所示。

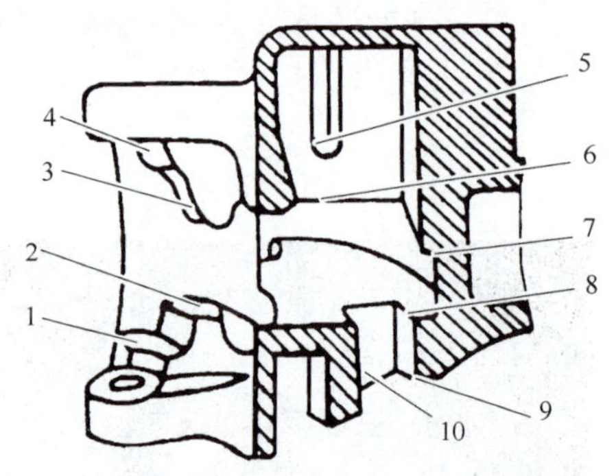

1—下冲击突肩；2—下牵引突缘；3—上牵引突缘；4—上冲击突肩；5—钩舌推铁槽；6—导向挡；7—上防脱（跳）台；8—开锁座锁面；9—下防脱（跳）台；10—下锁销孔。

图 5-1-51　15 号车钩钩锁腔结构

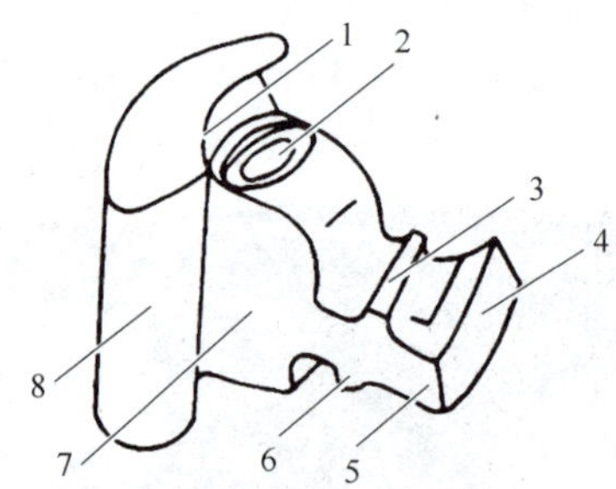

1—钩腕牵引面；2—钩舌销孔；3—上牵引突缘；4—钩舌尾端面；5—钩舌锁面；6—下牵引突缘；7—内腕；8—钩舌鼻。

图 5-1-52　15 号车钩钩舌结构

（3）钩头内部零件。

钩头内部零件包括钩锁、钩舌推铁和下锁销。

钩锁：钩锁装在钩锁腔内钩舌尾部侧面，在闭锁位时挡住钩舌尾部，起锁钩作用，在全开位时，推动钩舌推铁使钩舌张开。

钩舌推铁：钩舌推铁悬挂在钩锁腔内，上部嵌入钩舌推铁槽内，下端靠在钩舌尾部侧面，全开位时能踢动钩舌转动。

15 号车钩钩锁铁结构如图 5-1-53 所示。

15 号车钩钩舌推铁结构如图 5-1-54 所示。

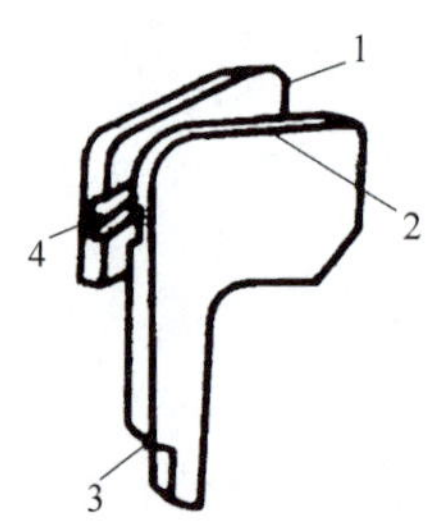

1—导向角；2—全开作用面；3—开锁座锁面；4—锁销作用槽（十字销凹槽）。

图 5-1-53　15 号车钩钩锁铁结构

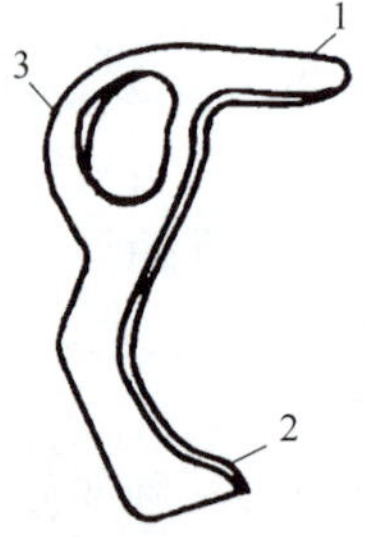

1—全开作用端；2—推铁踢足；3—全开支点。

图 5-1-54　15 号车钩钩舌推铁结构

下锁销及下锁销杆：钩锁销在其一端两侧有圆柱形十字销，置于钩锁背部十字销凹槽内，以便推起钩锁。端部除十字销外，还有防脱（跳）止端，以便在闭锁位置起防脱（跳）作用。下锁销杆是下作用式车钩用以保持下锁销正确作用位置的配件，其一端安装在钩舌销下部，另一端与下锁销及下作用式车钩提杆套装在一起。

下锁销上、下防脱（跳）台如图 5-1-55 所示。

2）车钩三态作用

（1）闭锁位。

钩舌转入钩锁腔内，钩锁靠自重落下，坐在钩锁腔底部，卡在钩舌尾部侧面和钩锁腔侧壁之间，挡住钩舌的转动。这时，下锁销沿着钩锁背部的锁销槽下滑，下锁销上防跳台卡在钩锁腔后壁防跳台下；下防跳台卡在下锁销孔的后缘下防跳台处，起防跳作用，形成闭锁位。

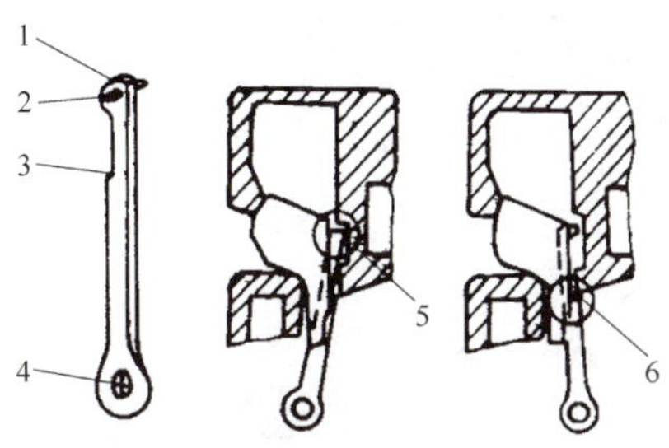

1—上防脱（跳）止端；2—十字销；3—下防脱（跳）止端；
4—下锁销杆销孔；5—上防脱（跳）位置；6—下防脱（跳）位置。

图 5-1-55　下锁销上、下防脱（跳）台

15 号车钩闭锁位如图 5-1-56 所示。

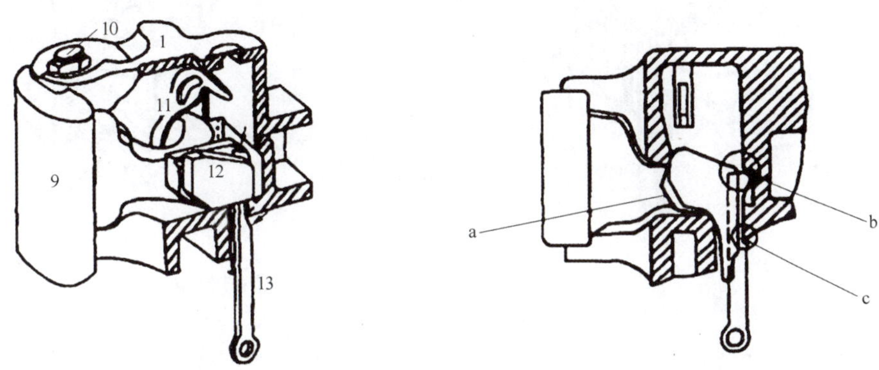

1—钩头；9—钩舌；10—钩舌销；11—钩舌推铁；12—钩锁铁；13—下锁销
a—钩锁位置；b—上防跳位置；c—下防跳位置。

图 5-1-56　15 号车钩闭锁位

（2）开锁位。

在闭锁位提起车钩提杆，推动下锁销，锁销轴沿着钩锁背部的锁销槽上移，使下锁销上、下防跳台脱离防跳位置。当下锁销继续上移时，则顶动钩锁上移。由于钩锁的上部向前倾转，而腿部向后转动，当放下车钩提杆时，钩锁的开锁座锁面就坐在下锁销孔后部的锁座上，钩锁不能落下，形成开锁位，将连挂的车辆分开。

15 号车钩开锁位如图 5-1-57 所示。

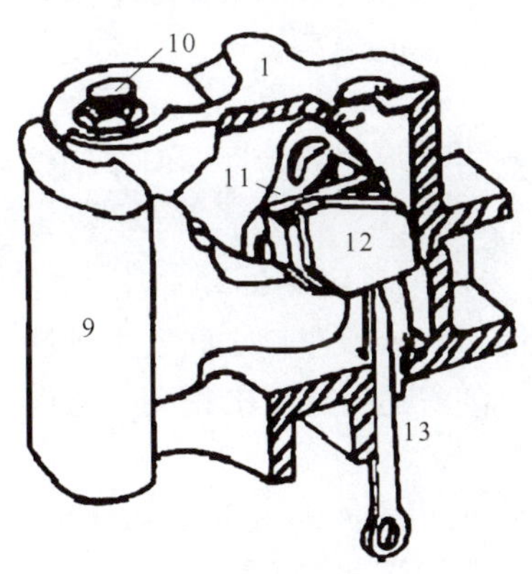

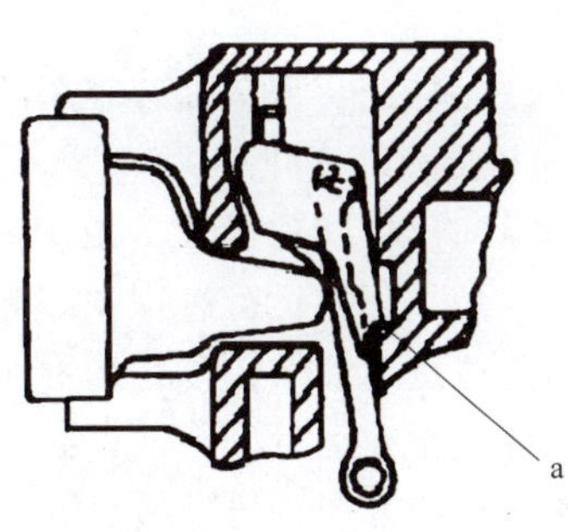

1—钩头；9—钩舌；10—钩舌销；11—钩舌推铁；12—钩锁铁；13—下锁销
a—开锁座锁面位置。

图 5-1-57　15 号车钩开锁位

（3）全开位。

在闭锁位或开锁位时用力提起车钩提杆，使钩锁被充分顶起，钩锁的全开作用面顶动钩舌推铁的全开作用端，钩舌推铁以背部全开支点和钩锁腔内壁接触面为支点回转，其下部推舌端踢动钩舌尾部侧面，使钩舌以钩舌销为轴转动张开，放下车钩提杆后，钩锁靠自重落下，坐在钩舌尾部上，形成全开位。

15 号车钩全开位如图 5-1-58 所示。

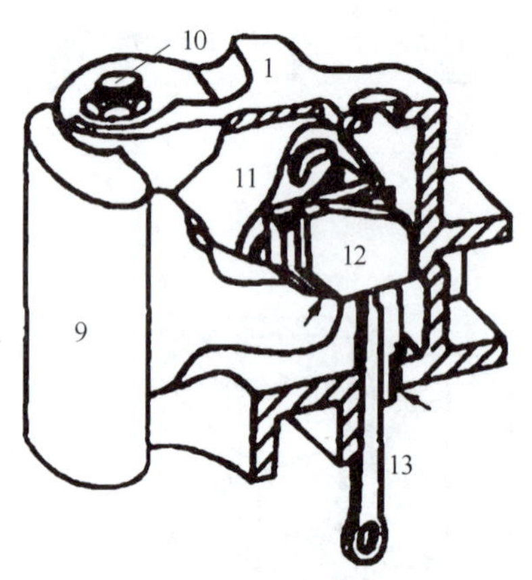

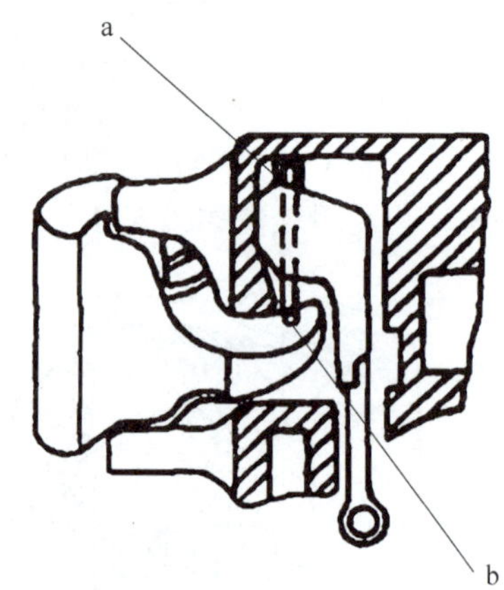

1—钩头；9—钩舌；10—钩舌销；11—钩舌推铁；12—钩锁铁；13—下锁销
a—钩锁顶动钩舌推铁；b—钩舌推铁踢动钩舌尾。

图 5-1-58　15 号车钩全开位

3）新型 15 号车钩

随着列车的运行速度、牵引总重的提高，作用在车钩上的载荷也随之加大，从而对车钩强度、运行的平稳性提出了更高的要求，因此，目前新型客车上均采用小间隙 15 号车钩、15 号高强度车钩。

小间隙 15 号车钩在结构、作用原理方面与 15 号车钩基本相同，不同之处是改变了车钩钩头轮廓，缩小了两车钩连挂之间的间隙及车钩尾部和前从板的间隙；15 号高强度车钩采用低合金铸钢，其主要分为材质为 ZG25MnCrNiMo 的 15C 型车钩和材质为 ZG15H1、ZG15H2 的 15H 型车钩。

15 号高强度车钩及大容量缓冲器不允许与其他类似配件混装，否则将直接影响其作用特性。

2. 25T 用密接式车钩

由于铁路提速，现有提速客车的其他关键部件都有了很大的发展，但车钩缓冲装置直到 2001 年都与提速前变化不大。

列车纵向连挂间隙过大，由于间隙累积效应，造成列车纵向冲动加剧。缓冲器初压力大、刚度太高，正常运行过程中缓冲器基本不吸收能量，导致车钩之间发生刚性碰撞，提速后车钩的磨耗速度加快，车钩钩舌非正常磨耗严重。随着运行速度的提高，纵向冲动问题成为提速旅客列车在运行平稳性方面的严重问题之一。

中车青岛四方车辆研究所有限公司研制的密接式车钩缓冲装置从 1999 年开始在动车组上运用。实际运行中的平稳性测试表明，采用密接式车钩缓冲装置可以大大减小不同工况下的列车纵向加速度，并基本消除纵向冲动现象，列车的纵向动力学性能与 25K 提速客车相比有了质的提高。

随着我国第四次铁路提速工作的开展，为了采用既有技术提高提速客车的纵向动力学性能，按铁道部和主机厂的要求，中车青岛四方车辆研究所有限公司从2003年年底开始，在原有动车组用密接式车钩缓冲装置技术的基础上，研制铁路提速客车用密接式车钩缓冲装置。

密接式车钩的构造和作用原理与普通自动车钩完全不同，两车钩连挂后，其间没有横向、垂向移动，纵向间隙亦控制在很小范围内。

密接式车钩的连挂状态如图5-1-59所示。

图5-1-59 密接式车钩的连挂状态

1）主要技术参数

25T密接式车钩的主要技术参数见表5-1-3。

表5-1-3 25T密接式车钩的主要技术参数

项目		指标
车钩连挂间隙/mm		≤1.5
最小整体抗拉强度/kN		2 000
组装后最大相对转角	在水平面内	≥±17°
	在垂直面内	≥±4°
车钩回转中心至连接面长度/mm		11.5
整体长度/mm		88
整体重量/kg		75
缓冲器初压力/kN		≤30
缓冲器阻抗力/kN		≤800
缓冲器容量/kJ		≥30
缓冲器行程/mm		≤73

2）车钩结构

25T密接式车钩主要由连挂系统、缓冲系统、安装吊挂系统三部分构成。

25T密接式车钩的结构如图5-1-60所示。

连挂系统包括钩体、钩舌、解钩手柄、解钩风缸、防尘装置等。

车钩连挂系统的主要作用是实现车钩自动连接和分解；提速客车用的车钩连挂系统只完成机械连挂功能。

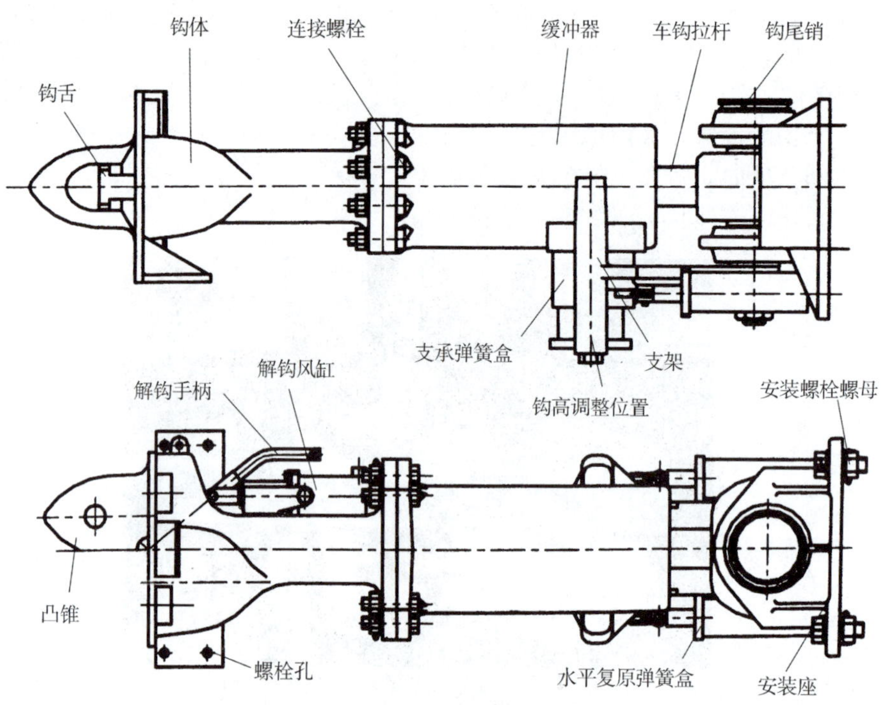

图 5-1-60 25T 密接式车钩的结构

连挂系统组成如图 5-1-61 所示。

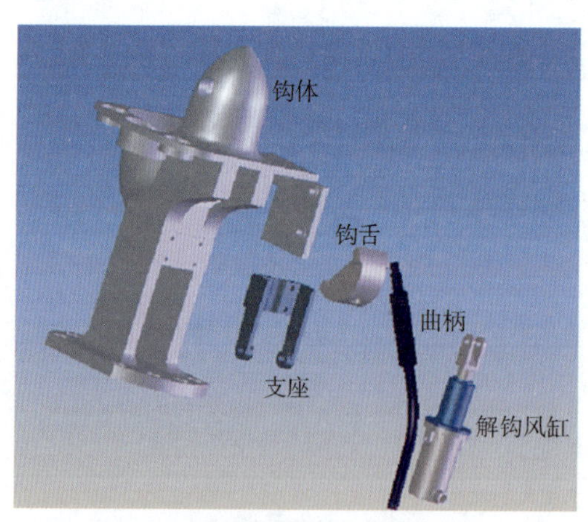

图 5-1-61 连挂系统组成

（1）连挂。

两车连挂时，凸锥插入对侧车钩凹锥内，凸锥内侧面压迫对方，半圆钩舌沿逆时针方向转动 40°，并压缩解钩风缸弹簧。两钩连接到位后，车钩连接面相互接触，两钩钩舌在解钩风缸弹簧作用下恢复原位，车钩处于闭锁状态。

自动车钩连挂前的准备状态如图 5-1-62 所示，此时，解钩杆、钩舌和弹簧均处于自然状态。

如图 5-1-63 所示，当需要连挂时，对应的两车辆相互靠近，或其中的某一车辆向另一车辆移动靠近，在车钩的钩头斜端面与另一车钩的钩舌接触的同时，推压钩舌使其向逆时针方向转动。

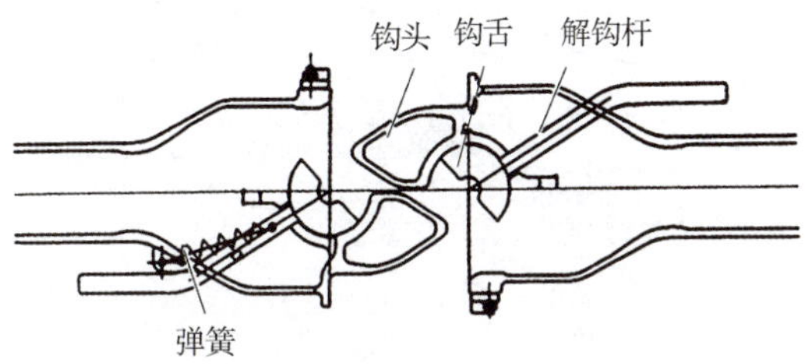

图 5-1-62　自动车钩连挂前的准备状态

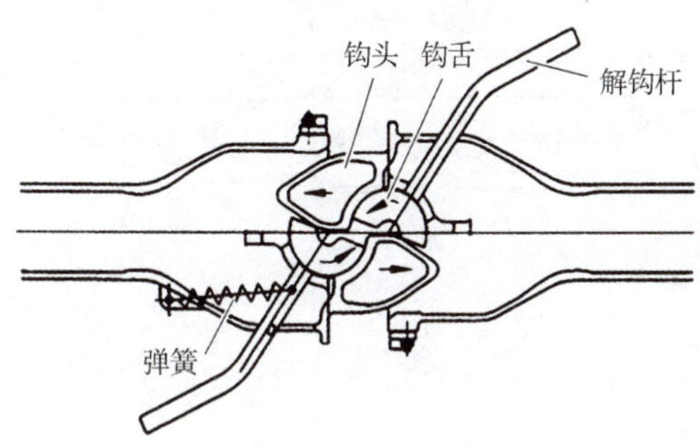

图 5-1-63　自动车钩连挂 1

如图 5-1-64 所示，车辆进一步移动，直至钩头完全进入钩舌腔内，此时两车钩的相对运动停止。

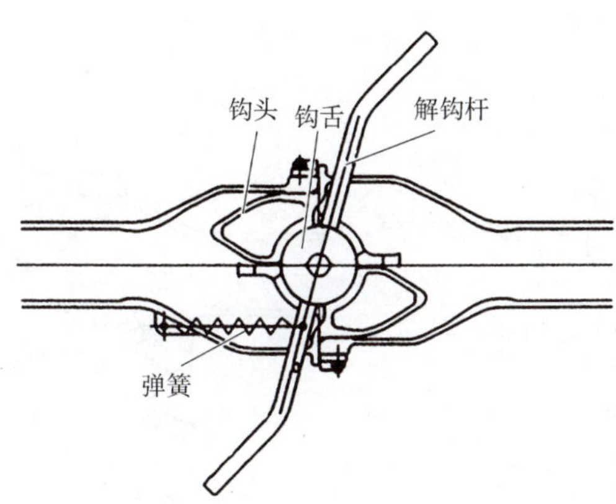

图 5-1-64　自动车钩连挂 2

如图 5-1-65 所示，钩头完全进入钩舌腔内的同时，弹簧拉动解钩杆并带动钩舌顺时针转动，待转动停止后，球形钩舌和钩舌腔相互嵌套，完成连挂。

车钩锁闭后具有“车钩连挂密接后，解钩杆在复位弹簧拉力作用下自动回到连挂位置，半圆形钩舌与钩舌腔相互嵌套，两车钩完全密接”等特点。

（2）解钩。

当需要摘挂时，钩舌锁放在解钩位。按图 5-1-66 所示箭头方向拉解钩杆（通过向解钩风缸充气由风缸推动，当然也可手拉，采用手动拉解钩杆的车钩属于半自动车钩），使车钩处于解钩前的准备状态。

如图 5-1-67 所示，继续拉动解钩杆，直到限位，此时钩舌锁会自然地挂在对方解钩杆

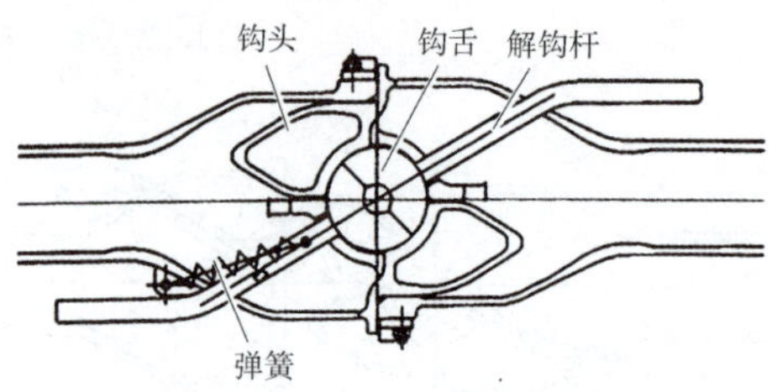

图 5-1-65　自动车钩连挂 3

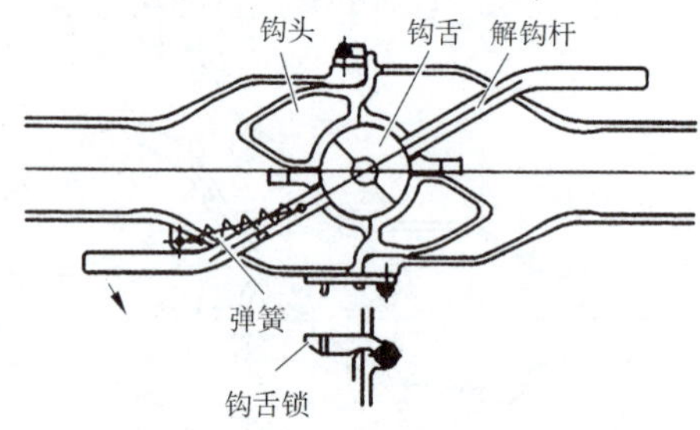

图 5-1-66　自动车钩解钩前的准备状态

的凸台上，解钩杆被固定，呈解钩状态。

如图 5-1-68 所示，车辆后退，逐步释放车钩，通过车辆的后退，钩舌锁从对方的解钩杆上自然分离，车辆不断后退直到车钩完全脱开。

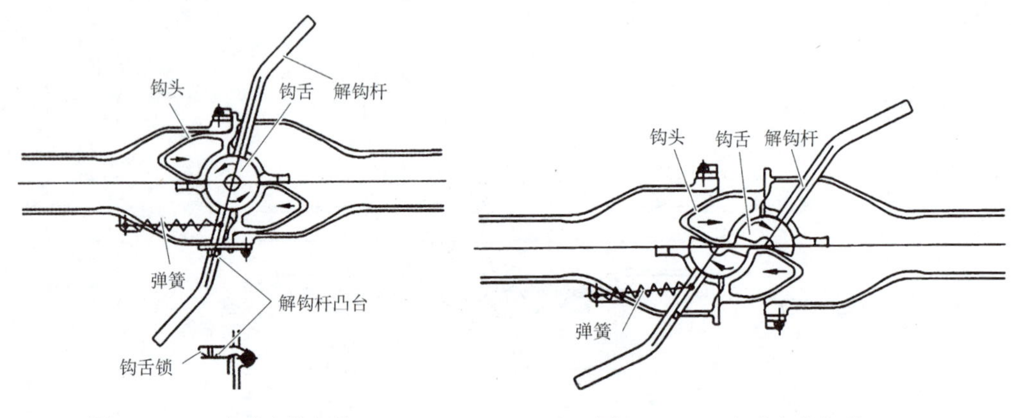

图 5-1-67　自动车钩解钩 1

图 5-1-68　自动车钩解钩 2

任务 5.2　缓冲器

任务目标

1. 掌握缓冲器结构及原理知识
2. 掌握缓冲器类型知识

知识点

1. 缓冲器的基础知识
2. 常见的缓冲器类型

知识点 5. 2. 1　缓冲器的基础知识

缓冲器的作用是缓和列车在运行中由于机车牵引力的变化或在起动、制动及调车作业时车辆相互碰撞而引起的纵向冲击和振动。缓冲器有耗散车辆之间冲击和振动的功能，其可以减轻对车体结构和货物的破坏作用，提高列车运行的平稳性。

缓冲器的工作原理是借助压缩弹性元件来缓和冲击作用力，同时在压缩弹性元件变形过程中利用摩擦和阻尼吸收冲击能量。

铁道车辆对缓冲器的基本要求如下。

（1）应当具备足够的容量。

（2）应能不可逆地吸收一部分冲击能量，冲击后的反力要小，吸收率不应小于 75%。

（3）缓冲器在行程开始时的阻力不能太大，以保证列车起动时有较好的缓冲性能。

（4）缓冲器性能应稳定可靠，在重复的冲击力作用下，容量和特性不应有明显变化。

（5）应有足够的强度和耐久性、耐磨性，新造缓冲器特性应保持 15 年。

（6）不允许有卡住现象，在压缩之后应立即恢复原来的形状。

（7）构造简单，成本低，制造、检修方便。

缓冲器主要种类有：弹簧式缓冲器、摩擦式缓冲器、橡胶式缓冲器、摩擦橡胶式缓冲器、黏弹性橡胶泥缓冲器、液压缓冲器、空气缓冲器。

缓冲器的性能直接影响着列车的牵引总重、运行速度、车辆的总重、编组作业效率、货物的完好率等涉及铁路运输效能的主要技术经济指标。决定缓冲器特性的主要参数有：缓冲器的行程、最大作用力、容量、能量吸收率及初压力等。

1. 行程

缓冲器受力后产生的最大变形量称为行程。弹性元件处于全压缩状态时，如再加大外力，变形量也不再增加。

缓冲器的行程不能超过车辆的钩肩间隙。

2. 最大作用力

缓冲器产生最大变形量时所对应的作用外力即缓冲器的最大作用力。

缓冲器的最大作用力要比车体容许的载荷要小，否则当发生超限载荷时，车体将发生永久变形而损坏。例如，动车组缓冲器的最大作用力通常为 600~800 kN。

缓冲器的容量设计：必须满足一定的车辆总重和调车允许的安全连挂速度要求。

3. 容量

缓冲器容量指缓冲器在全压缩或全拉伸过程中，作用力在其行程上所做的功的总和。它是衡量缓冲器能量大小的主要指标，如果容量太小，则当冲击力较大时就会使缓冲器全压缩或全拉伸而导致车辆刚性冲击。缓冲器容量主要取决于调车冲击工况。

车辆质量越大、冲击速度越高，则要求缓冲器的容量也越大。

4. 能量吸收率

缓冲器在全压缩过程中，有一部分能量被阻尼所消耗，其所消耗部分的能量与缓冲器容量之比称为能量吸收率。

能量吸收率越大，表明缓冲器吸收冲击能量的能力越大，反冲作用就越小；如果吸收率较小，则缓冲器必须往复工作几次方能将冲击能量消耗尽，这将加剧列车纵向冲动并导致车钩、车底架过早产生疲劳损伤。一般要求缓冲器的能量吸收率不低于 70%。

5. 初压力

初压力为缓冲器的静预压力。

初压力的大小将影响列车起动加速度。缓冲器在满足容量要求的前提下，应尽量减小初压力。

常见缓冲器的主要技术参数见表 5-2-1。

表 5-2-1 常见缓冲器的主要技术参数

项目	指标			
	G1 型缓冲器	G2 型缓冲器	MT-2 型缓冲器	MT-3 型缓冲器
最大作用力/kN	800	1 630	2 000~3 000	2 000
行程/mm	73	73	83	83
容量/kJ	18	42	54~65	45
吸收能量/kJ	13.5	37~41	46~55	37
能量吸收率/%	75	75	≥80	≥80
质量/kg	106	116	175	175

知识点 5.2.2 常见的缓冲器类型

1. MT-2 型和 MT-3 型缓冲器

MT-2 型缓冲器是根据我国铁路重载运输的需要，在总结国内外缓冲器研究、设计、制造、运用经验的基础上，研制的全钢摩擦式缓冲器，是纳入“八五”期间国家重点科技攻关计划的铁道部科研项目。

MT-2 型缓冲器从 1989 年开始研制，于 1992 年 8 月通过铁道部组织的技术审查，并开始批量装用在 C_{63} 型运煤专用敞车上进行运用考验。MT-2 型缓冲器具有大容量、低阻抗及性能可靠等特点，在 C_{63} 型、C_{76} 型及 C_{80} 型等重载货车上均装用了该缓冲器，我国 70 t 级货车也采用了 MT-2 型缓冲器。

MT-2 型和 MT-3 型缓冲器属于弹簧摩擦式缓冲器，两者结构和外形尺寸相同。

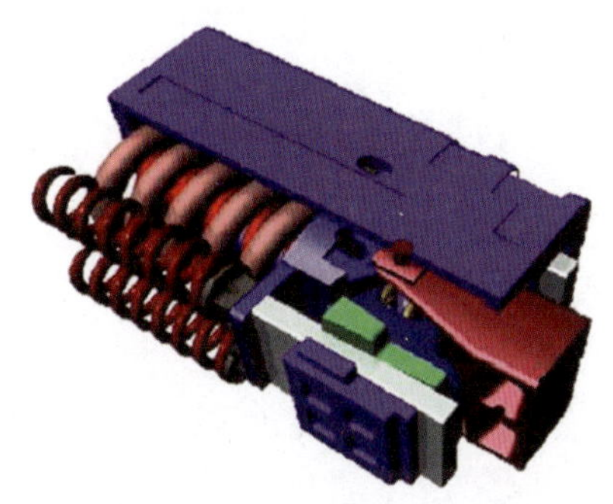

图 5-2-1 MT-2 型缓冲器

MT-2 型缓冲器容量为 54~65 kJ；MT-3 型缓冲器容量为 45 kJ，用于一般通用货车，其刚度较小、容量大、性能稳定，是目前较为理想的缓冲器。

MT-2 型缓冲器如图 5-2-1 所示。

MT-2 型缓冲器结构如图 5-2-2 所示。

MT-2 型缓冲器系摩擦式弹簧缓冲器，由摩擦机构、主系弹簧和箱体三部分组成。摩擦机构又分为两组。一组摩擦机构由两个形状相同并带有三个倾斜角的楔块、中心楔块、固定斜板和弹簧座组成。中心楔块承受来自从板的冲击力，楔块沿着固定斜板、中心楔块和弹簧座的斜面滑动，固定斜板置于箱体口部两个凸肩之间。另一组摩擦机构由动板、固定斜板、外固定板组成。外固定板也置于箱体口部两个凸肩之间。动板沿着固定斜板、外固定板的平面滑动。

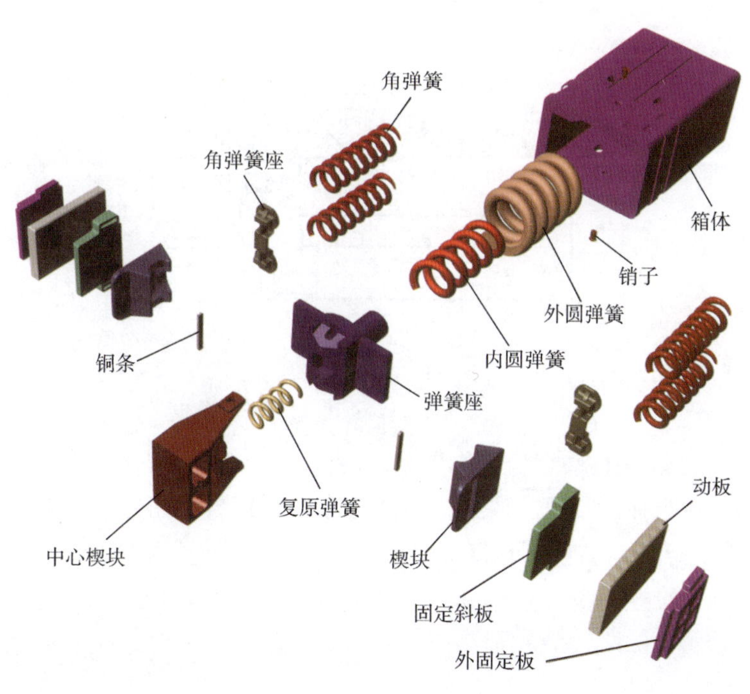

图 5-2-2 MT-2 型缓冲器结构

主系弹簧由一个外圆弹簧、一个内圆弹簧和四个角弹簧组成，主系弹簧有较大的刚度。复原弹簧置于中心楔块和弹簧座之间，用于受冲击后辅助中心楔块恢复原位，防止摩擦机构产生卡滞。楔块上压有铜条，其有润滑作用，对防止摩擦机构产生卡滞起积极作用。在冲击过程中，冲击力所做的功的一部分转化为缓冲器主系弹簧的弹簧能，另一部分转化为摩擦机构的摩擦功。冲击后，主系弹簧的弹簧能一部分消耗在摩擦机构复原过程中产生的摩擦功上，剩下的一部分能量传给从板，从而使缓冲器通过吸收冲击动能，起到降低作用在车辆上的冲击力的作用。

2. HM-1 型缓冲器

为了提高普通货车缓冲器的性能，我国近年来开发了 HM-1 型缓冲器，HM-1 型缓冲器结构如图 5-2-3 所示。

HM-1 型缓冲器是在 MT-2 型缓冲器的基础上采用弹性胶泥芯体替代螺旋弹簧，从而提高了缓冲器的性能。这种缓冲器正在通用货车上推广。

HM-1 型缓冲器是从 2004 年 5 月开始研制的，铁道部运输局装备部批准了缓冲器产品图样和技术条件，并在大秦线 C_{80} 型货车上开始装车运用。

为保证 HM-1 型缓冲器性能的稳定，2008 年铁道部运输局装备部批准了 HM-1 型缓冲器技术条件和胶泥芯体技术条件。

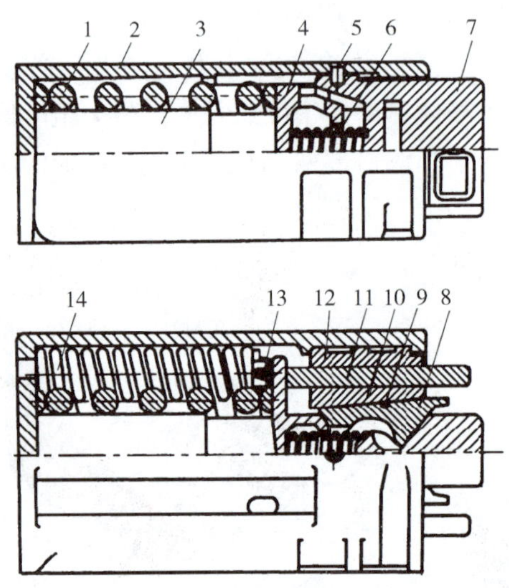

1—中心弹簧；2—箱体；3—弹性胶泥芯体；4—支撑座；5—缩短销；6—复原弹簧；7—中心楔块；8—楔块；9—铜条；10—固定斜板；11—动板；12—外固定板；13—角弹簧座；14—角弹簧。

图 5-2-3 HM-1 型缓冲器结构

HM-1 型缓冲器由箱体、摩擦机构（采用两楔块、单压头带两动板的摩擦机构）和弹性元件（采用钢弹簧与弹性胶泥芯体组合的弹性元件）组成。箱体不直接参与摩擦作用，缓冲器以预压缩状态出厂，方便了检修、维护。HM-1 型缓冲器有性能稳定、缓冲性能好、使用寿命长、检修方便等特点，可在-50~50 ℃的环境温度范围内正常使用。

3. HM-2 型缓冲器

HM-2 型缓冲器结构如图 5-2-4 所示，其由箱体、摩擦系统和弹性元件组成。摩擦系统是采用两楔块、两压头带一动板等零件组成的新型摩擦机构。弹性元件采用新型复合弹性体材料制造。HM-2 型缓冲器的箱体不直接参与摩擦作用，以预压缩状态出厂，方便了检修、维护。

HM-2 型缓冲器具有性能稳定、缓冲性能好、使用寿命长、检修方便等特点。

4. HN-1 型缓冲器

货物运输不仅要求车辆具备大容量的缓冲器，还要求车辆在受力变化时能进行可靠的动作对运输货物进行良好的保护。近年来我国开发了大容量的 HN-1 型缓冲器，HN-1 型缓冲器结构如图 5-2-5 所示。

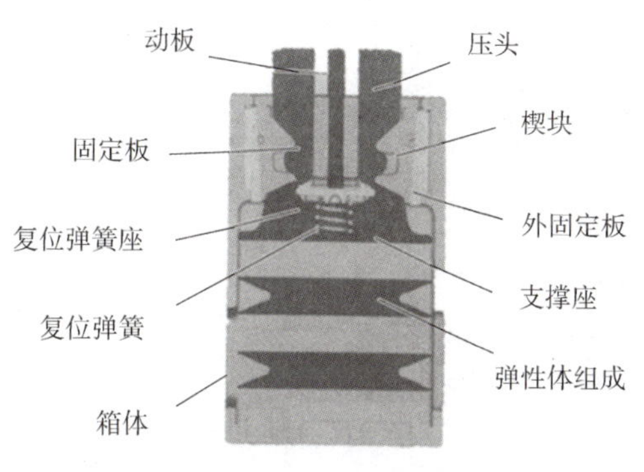

图 5-2-4　HM-2 型缓冲器结构

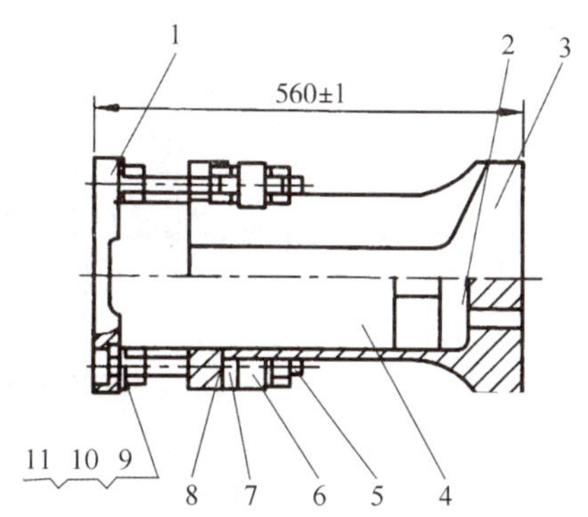

1—预压板；2—垫板；3—箱体；4—弹性胶泥芯体；5—螺杆；6—连接板；7—垫块；8—减磨套；9—螺母放松板；10—螺母；11—弹簧垫圈。

图 5-2-5　HN-1 型缓冲器结构

HN-1 型缓冲器为弹性胶泥缓冲器，具有容量大、阻抗小、结构简单、性能稳定的优点。弹性胶泥缓冲器是欧洲国家开发的一种新型缓冲器，在法国、德国、波兰的高速列车、客车和货车上应用并获得了成功。这种缓冲器采用一种未经硫化的有机硅化合物（弹性胶泥）作为介质，具有弹性、可压缩性和可流动性，其在-50～250 ℃范围内具有较高的稳定性。该种缓冲器抗老化、无臭、无毒，对环境无污染。

由于弹性胶泥具有流体的特性，因此，HN-1 型缓冲器具有良好的动态和静态特性。在编组场调车时的动态特性使得冲击速度很大，编组作业效率高，可以加速货车周转；在紧急制动等制动工况下的动态特性使得列车的车钩力大幅降低；在列车运行工况下的静态特性使车钩力和机车、车辆的纵向加速度很小，能够有效地保护载运的货物，特别是易碎品、危险品等货物。

5. G1 型缓冲器

我国客车原使用 1 号缓冲器，运用初期，未见有容量不足的问题发生。1985 年，大型旅客列车扩编的纵向动力学试验表明，在 20 辆编组情况下，1 号缓冲器容量可满足运用要求。20 世纪 80 年代，客运运能与运量矛盾突出，铁路部门提出了扩编 25 辆的目标，故研制了 G1 型缓冲器。G1 型缓冲器主要靠提高强度和缓冲器的初压力来提高缓冲器的容量，这对解决容量不足问题是必要的（但以后客车的扩编与 G1 型缓冲器的研制背景无关）。由于 G1 型缓冲器的初压力和刚度较高，牺牲了对小冲击的缓和，这是造成目前提速客车纵向舒适性差的原因之一。在解决这一问题时，一定要正确认识缓冲器特性与车辆舒适性的关系。

G1 型缓冲器分为前、后两部分。前部为圆弹簧，后部为内、外环弹簧，彼此以锥面相配合，两部分由弹簧座分隔。圆弹簧用来缓和冲击作用力，环弹簧两滑动斜面间的摩擦力用来消耗冲击功能，起到吸收能量的作用。如图 5-2-6 所示，G1 型缓冲器由弹簧盒盖、弹簧盒、圆弹簧、弹簧座、环弹簧及底板等组成。

当缓冲器受牵引力或冲击力作用时，弹簧盒盖向内移动，压缩圆弹簧并将力通过弹簧座传递给环弹簧。由于内、外环弹簧为锥面配合，受力后外环弹簧扩张，内环弹簧缩小，产生轴向弹性变形，能起到缓冲作用。与此同时，内、外环弹簧锥面间有相对滑动，因摩擦而做功，从而使部分冲击能变为摩擦功而耗散。当外力去除后，各内、外环弹簧由于弹力而复原，此时同样也要消耗部分冲击能量，从而起到缓和、消减冲击的作用。

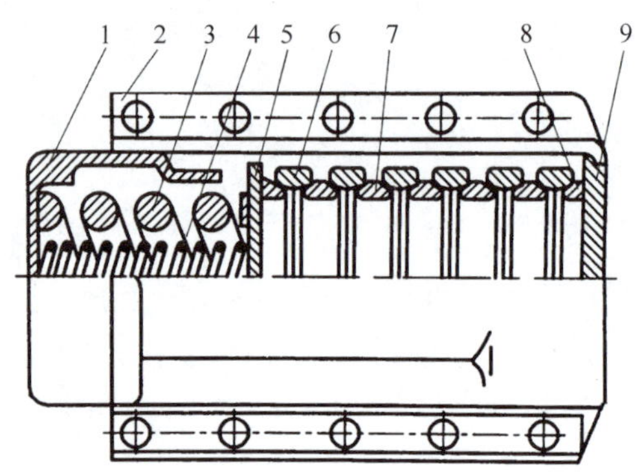

1—弹簧盒盖；2—弹簧盒；3—外圆弹簧；4—内圆弹簧；5—弹簧座；6—外环弹簧；7—内环弹簧；8—半环弹簧；9—底板。

图 5-2-6　G1 型缓冲器结构

6. 弹性胶泥缓冲器

弹性胶泥缓冲器如图 5-2-7 所示。

25T 型车上使用的缓冲器全部是弹性胶泥缓冲器，其有两种形式：一种是与密接式车钩配套使用的弹性胶泥缓冲器；另一种是与 15 号小间隙车钩配套使用的 KC15 弹性胶泥缓冲器。

弹性胶泥缓冲器的基本工作原理是：将弹性胶泥材料装进一个能够承受一定压力的缓冲器活塞缸体内，根据实际应用的需要增加一定的预压缩力，当弹性胶泥缓冲器活塞柱受到一定的压力（静压力或冲击力）时，活塞利用活塞缸内节流孔或节流间隙及弹性胶泥材料本身体积被压缩后的反作用力产生一定的阻抗力。当弹性胶泥材料受到的预压缩力越大、活塞的运动速度越快，则产生的阻抗力也越大，这有利于提高缓冲器在大冲击力作用下的容量。当作用在活塞柱上的外力撤销后，缓冲器体内处于压缩状态的弹性胶泥的体积则会自行产生膨胀，将活塞推回到原始位置，在这个过程中弹性胶泥材料以较慢的速度通过节流孔或节流间隙流回原位，实现缓冲器的回程动作。

弹性胶泥缓冲器结构如图 5-2-8 所示。

图 5-2-7　弹性胶泥缓冲器

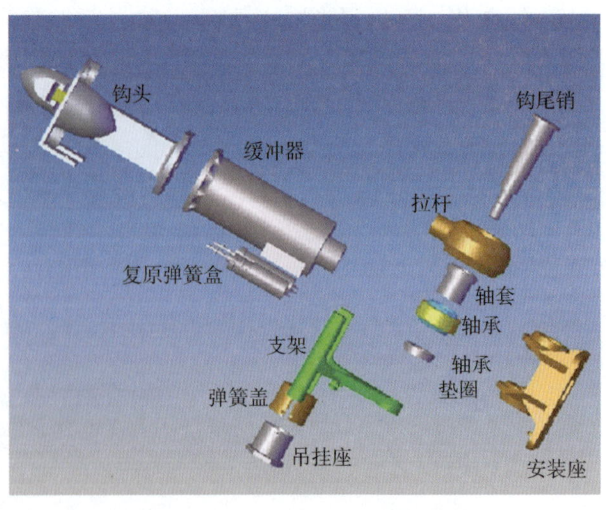

图 5-2-8　弹性胶泥缓冲器结构

在充满弹性胶泥材料的缓冲器内，设有带环形间隙（或节流孔）的活塞，因此弹性胶泥材料受压缩产生阻抗力时，通过环形间隙（或节流孔）的节流作用和胶泥材料的压缩变形吸收冲击能量。由于胶泥材料的特性，冲击力越大，缓冲器的容量也随之增大。这种缓冲器的力-位移特性曲线呈凸形，其与普通缓冲器相比较，有如下主要优点：容量大、体积小、质量轻、检修周期长，兼有液压和橡胶缓冲器两者的优点，同时克服了液压缓冲器制造比较复杂、密封困难及橡胶缓冲器吸收率低等缺点。

弹性胶泥缓冲器具有以下优点。

①容量大；②阻抗小；③结构简单；④性能稳定；⑤检修周期长。

任务 5.3 客车风挡及阻尼装置

任务目标

掌握 25T 型车车端连接装置的组成知识

知 识 点

1. 风挡装置
2. 车端阻尼装置

知识点 5. 3. 1 风挡装置

为了防止风、沙、雨、水等侵入车内，便于旅客安全地在列车内通行，同时由于客车在高速运行时，客车箱体内外极易形成负压，冷空气及灰尘易通过车辆连接处进入车厢，造成客车热量损失和车内空气浑浊，直接影响到列车的运用质量，因此，车辆两端连接处装有风挡装置（简称风挡），风挡装置也称折棚装置。

风挡如图 5-3-1 所示。

图 5-3-1 风挡

我国铁路客车对风挡有以下要求。

(1) 风挡的空气阻力应尽量小，要做到车辆连接处的平整光滑，以减少列车运行的空气阻力。

(2) 要有良好的气密性，以保证车内的舒适性。

(3) 要有足够的强度。为了适应车外气压波的急剧变化，除保证气密性要求外，还要满足气动载荷下的强度要求。

(4) 风挡的隔音性能要好。这也是保证车内舒适性的需要。

(5) 为了防火，风挡所用非金属材料阻燃性要好。在紧急情况下风挡还应能自动分解。

我国使用的风挡有铁风挡、橡胶风挡和折棚风挡 3 种类型。

铁风挡由面板、风挡、风挡弹簧、缓冲杆和圆弹簧组成。车辆连挂后，借弹簧的弹力，使两风挡面板紧密贴合，在列车通过曲线时，面板左右滑动，不会产生间隙，从而保证安全。

橡胶风挡主要由橡胶板组成的横橡胶囊和立橡胶囊及下部缓冲装置构成。

折棚风挡（又称密接式风挡）由连接框架、拉紧杆、折棚、拉紧扳手、渡板、板簧等组成。

此处着重介绍25T型客车折棚风挡。

折棚风挡能够使乘客安全地穿行于车厢之间，保护乘客不受外力损害，同时可适应车体转动及穿越路口时车厢之间产生的移动。

1. 主要技术参数

折棚风挡的主要技术参数见表5-3-1。

表5-3-1　折棚风挡的主要技术参数

项目	参数
工作温度/℃	-45~40
工作环境相对湿度	≤95%
适用运行速度/（km/h）	≤180
最小通过曲线半径/m	145
连挂时钩差/mm	≤75
连接长度/mm	1 076
最大压缩量/mm	180
最大伸长量/mm	230
最小通过宽度/mm	970
最小通过高度/mm	2 000
横向错位量/mm	524
折棚收起固定厚度/mm	≤220
气密性	压力从3 600 Pa降至1 350 Pa的时间为52 s以上
传热系数/［W/（m^2·K）］	<5.0
隔音量/dB（A）	≥25

2. 主要结构

每组风挡由分别安装在两个车体上的两个风挡组成，折棚风挡组成如图5-3-2所示。折棚风挡如图5-3-3所示。

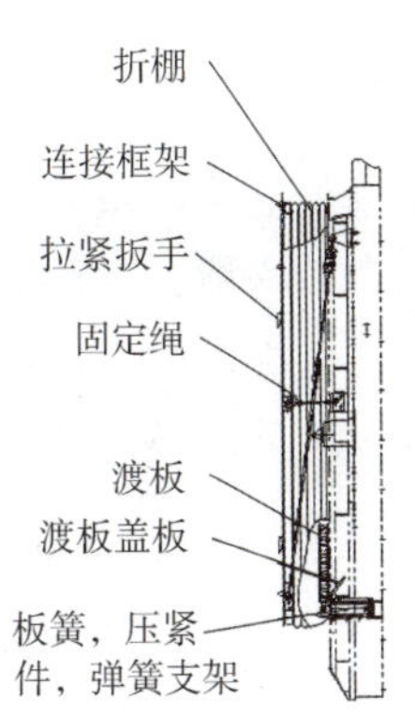

图5-3-2　折棚风挡组成

图5-3-3　折棚风挡

折棚风挡由相同的可以连接在一起的两个部分组成，每一部分包括 1 个折棚和 1 个连接框架。折棚及连接框架上装有一套十分牢靠的锁闭装置。

每个连接框架都装有一个连接系统。拉紧扳手将两风挡牢固地锁在一起。连接框架分别装有导向头和导向座，可准确地将两部分连接起来。

每一个渡板装有一个活节式连接架，踏板及滑动部分由侧板支撑。这种特殊设计使渡板可在左右方向有大约 45°的位移。

渡板各滑动架之间装有关节式连接装置，滑动架装于车厢滑动面上，由板弹簧固定于中间位置。

在风挡的内部装有柔性钢丝绳，当风挡折起时，起固定作用。

知识点 5. 3. 2　车端阻尼装置

为了弥补折棚风挡刚度和阻尼特性的不足，2000 年，我国开始在 25K 和 25T 型客车上安装车端阻尼装置。

车端阻尼装置安装在提速客车车端密封折叠风挡的上方，依靠摩擦板间的摩擦力和弹簧的纵向力来耗散能量，约束车端的相对运动，减轻车辆在运行中的横向摆动和车钩撞击现象，提高车辆运行品质和旅客乘车的舒适度。

车端阻尼装置如图 5-3-4 所示。

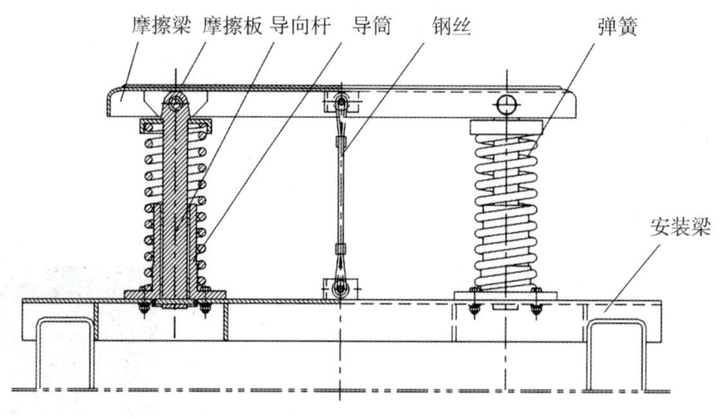

图 5-3-4　车端阻尼装置

由于列车端部空间有限，又不能影响列车的自动连挂和分解，车端阻尼装置只能安装在风挡的顶部，由于安装位置太高，作用点距车体断面中心太远，作用力不均衡，因此对约束车辆间的点头和侧滚振动颇为不利。圆弹簧本身不吸收能量，只能靠磨耗板提供横向和垂向的等效摩擦阻尼，这种结构导致阻尼不足，所以这种车端阻尼装置可以对某些类型的车端的相对运动起到一定的约束作用，但效果并不理想。

实训 车钩分解与认知实训

实训名称	车钩分解与认知实训（以 16 号车钩为例）	
实训目标	1. 掌握车钩类型知识 2. 掌握车钩的结构知识	
实训设备	16 号车钩一台	
实训要求	1. 穿好实训服，做好自身安全防护 2. 实训期间不得随意翻越、攀爬实训设备，不得随意离开实训场地	
实训内容	作业前准备（30%） （1）工具准备：防护信号旗、油盒、拔销器、手锤、钢丝刷、油刷、专用样板尺、扁撬棍、钢板尺。 （2）个人准备 ①观察车辆周围是否有影响作业安全的因素存在； ②观察并试验插设防护信号的位置及技术状态是否妨碍作业； ③对作业程序、技术标准及其他事宜做到心中有数	完成情况：
	分解及组装（70%） （1）插设防护信号； （2）提起车钩提杆，使车钩处于开锁位； （3）卸下开口销； （4）卸下钩舌销、钩舌，取出钩舌锁铁组件、钩舌推铁； （5）卸下挡圈、下锁销转轴及下锁销组件； （6）检查钩腔内部及各配件的技术状态； （7）清扫钩腔内部及各配件； （8）钩腔内部及各配件磨耗部给油； （9）顺次装入下锁销组件、下锁销转轴及挡圈； （10）顺次装入钩舌推铁、锁铁组件及钩舌； （11）安装开口销； （12）试验下锁销杆防跳作用并测量防跳量； （13）试验车钩三态作用，测量闭锁位钩舌与钩腔正面的距离及全开位车钩开度； （14）收拾工具、材料； （15）撤除防护信号	完成情况：
实训考核结果	自我评价	
	教师考核	
备注	1. 实训是否分组进行，可根据实训条件进行调整 2. 教师考核方式可根据真实情况确定 3. 车钩类型可根据实际条件变更，实训过程可适当调整	

复习思考题

1. 刚性车钩与非刚性车钩各有什么优缺点？
2. 17 号车钩由哪些部件组成？
3. 车辆上常用的缓冲器类型有哪些？

项目6

车　体

导言

车辆的设计、制造须贯彻先进、成熟、经济、适用和安全可靠的方针，遵循标准化、系列化、模块化和信息化的原则。为了增强与公路、水运和航空运输竞争的能力，铁路必须保持快速、安全、节能和环保的特点。

客车车辆需要提高运行速度，缩短旅行时间，改善乘车旅行的舒适度，保证行车安全，因此要制造自重轻、速度快和运行平稳的铁路客车。

铁路货车以货物为主要运输对象，承运的货物有固体、液体、气体，有重达几百吨的机械，长达几千米的钢轨，珍贵的精密仪器，活的家禽，人们生活必需的粮食、日用百货，等等，货车车体要适应不同形状、不同性质货物的运输需要，既要保证运输安全，还要考虑装货、卸货的方便，以提高工作效率。

我国铁路车辆的自主设计从20世纪50年代开始，铁道车辆的设计制造一直贯彻先进、成熟、经济、适用和安全可靠的方针，遵循标准化、系列化、模块化和信息化的原则，虽然也经历了一些波折，但中国铁路装备制造企业在新中国的“轨道”上不断加速，再加速，直至风驰电掣，冲向世界最前列。中车浦镇车辆有限公司正是中国铁路装备制造企业中的一员，这个有着一百多年历史的传奇企业，至今还在为中国铁路源源不断地开发新产品。

1908年，清末民初，内外动乱，硝烟四起，津浦铁路由天津通往南京浦口，是清政府借款建成最长的一条铁路，也是旧中国铁路最为华彩的篇章。为了维护好沿线的车辆，当时已是强弩之末的清政府，纵使羸弱，也要坚持筹建机车修理厂。于是一南一北两个机车修理厂应势而生，北边的叫天津机厂，而南边的则叫浦镇机厂。在风雨飘摇的年代，工厂几经易主，经营者变成了英国人，之后又换成了日本人，抗战胜利后，国民政府接收时，浦镇机厂还是只能负责简单的客货车维修作业，距离独立自主设计车辆部件还很遥远。

1922年8月，南京地下党在浦镇机厂成立了第一个党组织，当时的领导人为沈雁冰（茅盾）和王荷波等人。浦镇机厂从此成为了开展沪宁两地工人运动的大本营，双重身份的工人们，一面完成机车的日常修理工作，一面与敌人进行激烈的周旋。

抗战胜利后，浦镇机厂工人和各行各业的工人一样，备受国民党在政治上的歧视和压迫，在经济上的掠夺和剥削。浦镇机厂工人要求生存权利，抗议反动当局迫害的斗争一直没有停止。

1949 年 4 月，南京解放，解放后的工厂回到人民手中，浦镇机厂从此进入一个新的历史时期。工厂复工不久，各地车辆段、机务段就送来大批需要抢修的机车、客车、货车，车型杂、品种多，破损程度不同，多数为战争受损的“死复车”和“重造车”，由于工厂设备陈旧，零部件和原材料匮乏，加上修理工艺落后，困难重重。“为了尽快恢复生产能力，抢修破损机车车辆，工厂党支部号召职工以实际行动支援正在进行的全国解放进程。广大职工满怀热情，焕发冲天干劲，很快自制了部分生产急需的简易设备，不分昼夜加班加点地抢修。”复工仅 3 个月，浦镇机厂就完成了 136 台机器设备的修理，18 000 件工具和备品的整修。广大职工发扬忘我的劳动精神和聪明才智，在两年时间里共修蒸汽机车 287 台、客车 291 辆、货车 608 辆，有力地支持了全国解放的进程和抗美援朝。

1953 年，在铁道部的安排下，工厂由修理铁路机车、客车、货车改为主修客车。从 1958 年起，工厂修造并举，制造了我国第一辆铁路客车——YZ_{21}型硬座车，其质量和成本均列行业榜首，填补了国内铁路客车制造的空白。此后，随着国民经济的飞速发展，浦镇车辆厂不断出厂一列列崭新的列车，为社会主义建设贡献了巨大力量。1978 年，浦镇车辆厂自主设计、自主研发的 25 型空调餐车，成为了我国客车车辆制造史上的一个里程碑。1985 年，浦镇车辆厂根据邮电部的需要，设计制造了适应大宗邮包的 23 型集装箱邮政车。20 世纪 90 年代末，浦镇车辆厂研发的双层客车，最高时速达到了 212. 6 km，获得国家科技进步一等奖。在改革开放的大潮中，浦镇车辆厂屡建奇勋。1999 年 9 月，一列造型新颖的“子弹头”列车从厂区缓缓驶出，随后，以 180 km/h 的速度驶向北京接受检测。这辆被命名为“新曙光”号的准高速列车，代表了当时国产列车的最高水平，由南京浦镇车辆厂、戚墅堰机车车辆厂和上海铁路局联合研制。李鹏同志特地题词：“发展机车车辆工业，为铁路现代化而努力。”

2007 年至今，中车南京浦镇车辆有限公司先后取得了格鲁吉亚、印度、马来西亚、突尼斯、阿根廷、几内亚、伊朗、喀麦隆、朝鲜等多个海外出口项目，市场延伸到了东南亚、中东、北非、南美等地区，成就卓越。

本项目介绍了常见通用、专用货车车体的结构，以及 25T 型客车车体的结构。

任务 6. 1　货车车体

任务 6. 2　客车车体

实训　车体结构认知实训

复习思考题

任务6.1 货车车体

任务目标

1. 掌握常见通用货车车体结构知识
2. 了解常见专用货车车体结构知识

知识点

1. 常见通用货车车体
2. 常见专用货车车体

知识点6.1.1 常见通用货车车体

货车按用途分通用货车和专用货车两类，通用货车有平车、敞车、棚车、罐车和保温车等，专用货车有长大货物车、漏斗车、自翻车等。

1. C_{70}（C_{70H}）型通用敞车

C_{70}型通用敞车装配了转K6型转向架，C_{70H}型通用敞车装配了转K5型转向架。C_{70}（C_{70H}）型通用敞车是供标准轨距铁路使用的，是用于装运煤炭、矿石、建材、机械设备、钢材及木材等货物的通用铁路车辆，其除能满足人工装卸外，还能适应机械化卸车作业。

1）主要技术特点

（1）采用屈服极限为450 MPa的高强度钢和新型中梁，载重大、自重轻；优化了底架结构，提高了纵向承载能力，适应万吨重载列车的运输要求。

（2）车体内长13 m，满足较长货物的运输要求；对底架结构进行了优化，车辆中部集载能力达到39 t，较C_{64}型敞车提高了70%，可运输的集载货物范围更广。

（3）采用新型中立门结构，提高了车门的可靠性。

（4）采用E级钢17号高强度车钩和大容量缓冲器，提高了车钩缓冲装置的使用可靠性。

（5）采用转K6型或转K5型转向架，确保车辆运营速度达120 km/h，满足提速要求；改善了车辆运行品质，降低了轮轨间作用力，减轻了轮轨磨耗。

（6）侧柱采用新型双曲面冷弯型钢，提高了强度和刚度，更适应翻车机作业。

（7）满足现有敞车的互换性要求，主要零部件与其他现役型号敞车通用，方便维护和检修。

2）主要技术参数

C_{70}型通用敞车的主要技术参数见表6-1-1。

表 6-1-1 C_{70}型通用敞车的主要技术参数

项目	指标	项目	指标
载重/t	70	车体内长/mm	13 000
自重/t	≤23.6	车体内宽/mm	2 892
容积/m^3	77	车体内高/mm	2 050
比容/（m^3/t）	1.1	地板面高/mm	1 083
自重系数	0.33	车辆最大高度/mm	3 143
每延米重/（t/m）	6.69	车辆最大宽度/mm	3 242
商业运营速度/（km/h）	120	车钩	17 号车钩
通过最小曲线半径/m	145	缓冲器	MT-2 型缓冲器
车辆长度/mm	13 976	转向架	转 K5 型转向架或转 K6 型转向架
车辆定距/mm	9 210	主要钢材牌号	Q450NQR1

3）车体结构

C_{70}型通用敞车车体结构如图 6-1-1 所示。

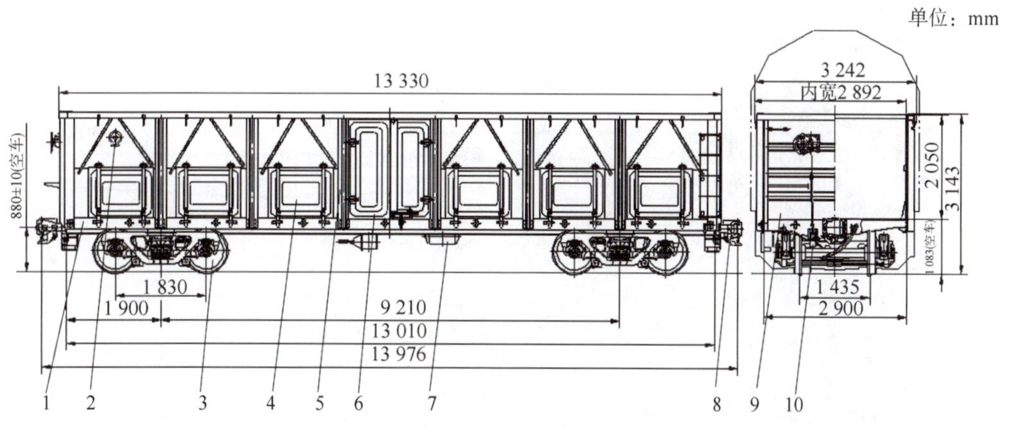

1—底架；2—标记；3—转向架；4—下侧门；5—侧墙；6—侧开门；7—风制动装置；
8—车钩缓冲装置；9—端墙；10—手制动装置。

图 6-1-1 C_{70}型通用敞车车体结构

C_{70H}型通用敞车实物如图 6-1-2 所示。

图 6-1-2 C_{70H}型通用敞车实物

（1）底架。

C_{70}型通用敞车底架由中梁、侧梁、枕梁、大横梁、端梁、纵向梁、小横梁及地板等组焊而成。中梁采用310乙字形钢组焊而成，允许采用冷弯中梁，侧梁为240 mm×80 mm×8 mm的槽形冷弯型钢；枕梁、横梁为钢板组焊结构，底架上铺6 mm厚的耐候钢地板；采用锻造上心盘（直径为358 mm）及材质为C级铸钢的前、后从板座，前、后从板座与中梁间，脚蹬与侧梁间均采用专用拉铆钉连接。

C_{70}型通用敞车底架结构如图6-1-3所示。

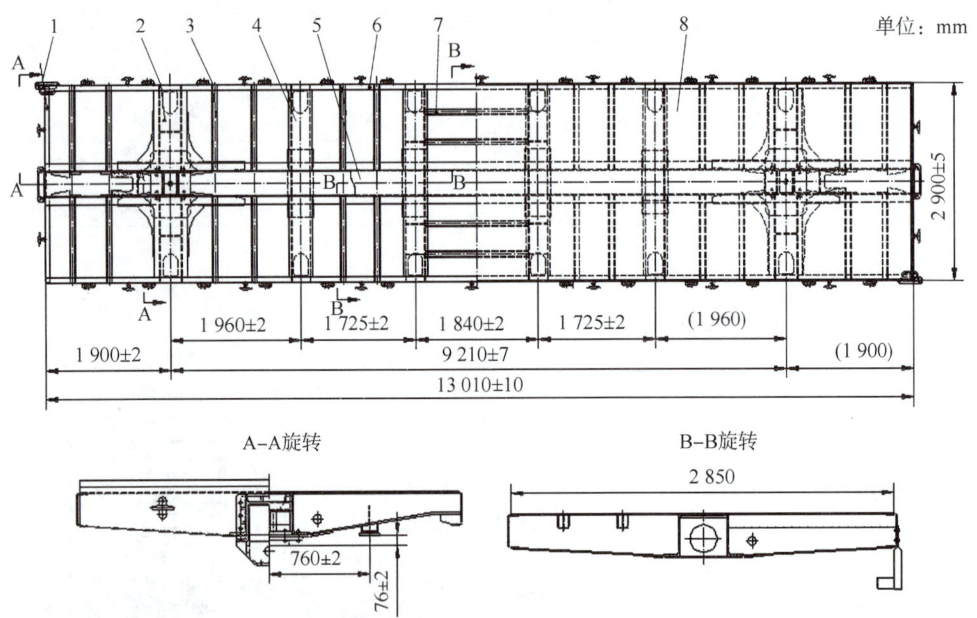

1—端梁；2—枕梁；3—小横梁；4—大横梁；5—中梁；6—侧梁；7—纵向梁；8—地板。

图6-1-3　C_{70}型通用敞车底架结构

（2）侧墙。

侧墙为板柱式结构，由上侧梁、侧柱、侧板、连铁、斜撑、侧柱补强板及侧柱内补强座等组焊而成。上侧梁采用140 mm×100 mm×5 mm的冷弯矩形钢管，侧柱采用8 mm厚冷弯双曲面钢。侧柱与侧梁采用专用拉铆钉连接。

C_{70}型通用敞车侧墙如图6-1-4所示。

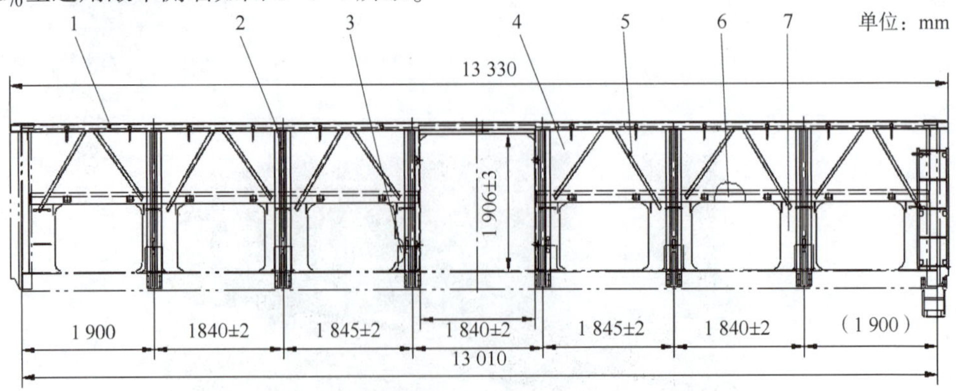

1—上侧梁；2—侧柱；3—侧柱内补强座；4—侧板；5—斜撑；6—连铁；7—侧柱补强板。

图6-1-4　C_{70}型通用敞车侧墙

（3）端墙。

C_{70}型通用敞车端墙由上端梁、角柱、横带及端板等组焊而成。上端梁、角柱采用160 mm×100 mm×5 mm的冷弯矩形钢管，横带采用断面高度为150 mm的冷弯型钢。

C_{70}型通用敞车端墙如图6-1-5所示。

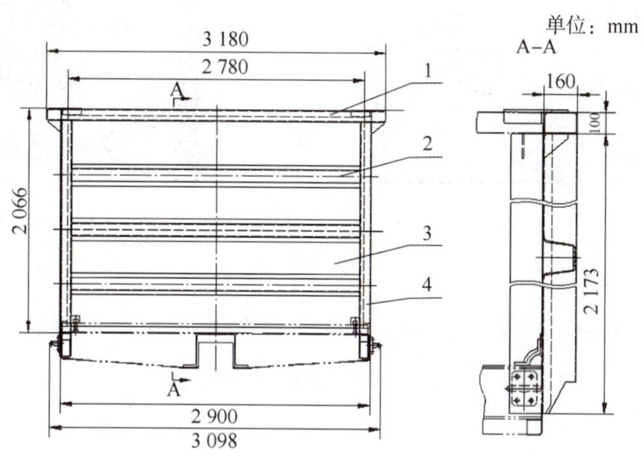

1—上端梁；2—横带；3—端板；4—角柱。

图6-1-5　C_{70}型通用敞车端墙

（4）侧开门及下侧门。

在C_{70}型通用敞车车体两侧的侧墙上各安装一对侧开门及6扇上翻式下侧门。

C_{70}型通用敞车侧开门采用新型锁闭装置，门边处组焊槽形冷弯型钢，增强了刚度并将通长式上锁杆封闭其中，防止其变形与磕碰。下门锁采用偏心压紧机构，当车门关闭后，通长式上锁杆可防止下门锁蹿出，其操作简单，安全可靠。

侧开门操作方式如下。

① 侧开门开闭机构分上下两部分，上门锁为带有偏心压紧机构的门锁装置，由上门锁杆、锁盒、手把支座、支撑弹簧、挡铁等组成。下门锁为带有偏心锁铁的门锁装置，由锁铁座和锁铁组成。

② 为防止门锁自动打开，上门锁手把设有手把支座，它可以阻止上门锁杆的转动和上下移动。下门锁铁靠自重落到最低位，上门锁手把可挡住下门锁铁向上窜动，在翻车机卸货时也可防止下门锁铁脱出，保证锁闭机构作用可靠。

③ 打开侧开门时，必须先打开上门锁，拨开上门锁手把支座，将上门锁杆向左旋转90°，然后向下拉即可打开上门锁。打开下门锁时，先将下门锁铁提起，然后向下翻转90°，下门锁铁提起困难时可锤击下门锁铁底部或用杠杆撬动。关闭侧开门时，应先关左侧门，再关右侧门，关门步骤与开门步骤顺序相反。

下侧门使用要求如下。

下侧门通过左右搭扣锁住折页，开闭下侧门只需打开或锁闭左右侧门搭扣即可。此结构与一般敞车的上翻式下侧门相同。下侧门开启后应将下侧门折页上的挂环挂到固定在上侧梁上的下侧门挂钩上，以固定下侧门，保证卸货安全。

下侧门关闭状态如图6-1-6所示。

下侧门打开状态如图6-1-7所示。

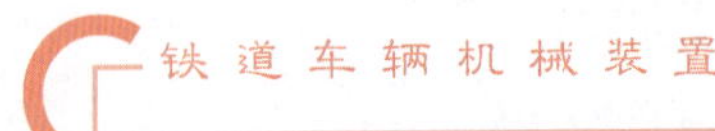

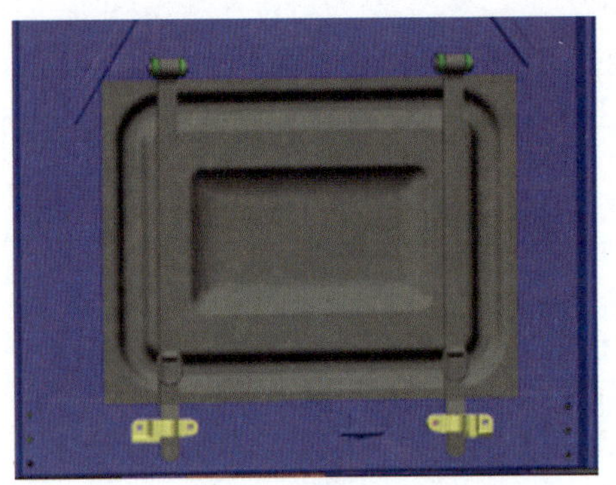

图 6-1-6　下侧门关闭状态

图 6-1-7　下侧门打开状态

2. P_{70}（P_{70H}）型通用棚车

P_{70}（P_{70H}）型通用棚车供在标准轨距铁路上使用，可装运各种须防日晒、雨雪侵蚀的贵重货物和箱装、袋装的货物，其添加辅助设施，便可运输人员。

1）主要技术特点

（1）采用高强度耐候钢及冷弯型钢，并应用可靠性设计理念优化断面结构，对大应力部位进行细部设计，对整车进行疲劳寿命预测，以提高结构可靠性，有效减轻车辆自重，满足铁路货车重载、提速的要求。

（2）车顶内部采用新型防腐隔热涂料，提高车辆抗传导隔热性能；车体外部涂装了隔热漆，提高车辆抗辐射隔热性能，取消了既有棚车的内衬板、压条及螺栓，有效减少了螺栓杆头部对装载货物的损坏。

（3）为加强车内空气流通、改善车内装货环境、避免聚集在车内的潮湿空气对车顶板的腐蚀，在车顶部增加了四个通风器。

（4）为确保重载编组和高速运行工况下从板座与中梁的连接强度及抗振、防松性能，提高车辆的运用可靠性，前后从板座与中梁之间采用专用拉铆钉铆接。

（5）为解决从棚车底部门缝进行盗窃散粒货物的问题，对推拉式车门下部结构进行了改进，提高了车门的防盗性能。

（6）车辆车窗、车门等与其他几种棚车通用，方便了维护和检修。

2）主要技术参数

P_{70}（P_{70H}）型通用棚车的主要技术参数见表 6-1-2。

表 6-1-2　P_{70}（P_{70H}）型通用棚车的主要技术参数

项目	指标	项目	指标
载重/t	70	车体内高/mm	2 855
自重/t	23. 8	地板面高/mm	1 136
容积/m^3	145	车辆最大高度/mm	4 770
每延米重/（t/m）	5. 5	车辆最大宽度/mm	3 300
商业运营速度/（km/h）	120	车钩	17 号车钩
车辆长度/mm	17 066	缓冲器	MT-2 型缓冲器
车辆定距/mm	12 100	转向架	转 K5 型转向架或转 K6 型转向架
车体内长/mm	16 094	主要钢材牌号	Q450NQR1
车体内宽/mm	2 800		

3）车体结构

P_{70}型通用棚车实物如图 6-1-8 所示。

图 6-1-8 P_{70}型通用棚车实物

P_{70}型通用棚车示意图如图 6-1-9 所示。

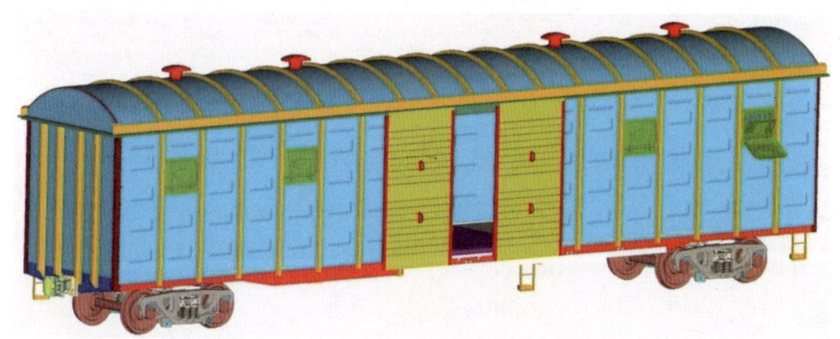

图 6-1-9 P_{70}型通用棚车示意图

（1）底架。

底架铺设符合相关标准的要求，门口处装 3 mm 厚扁豆形花纹钢地板，装有铁路货车车号自动识别系统能够识别的车辆标签，预留便器安装座及火炉安装孔。

中梁采用屈服强度为 450 MPa 的热轧 310 乙字形钢或冷弯中梁；采用直径为 358 mm 的锻钢上心盘和 C 级铸钢的前、后从板座；下侧梁为冷弯型钢组焊成的鱼腹形结构；枕梁为双腹板、单层上下盖板组焊而成的变截面箱形结构；大横梁为工字形组焊结构；前、后从板座与中梁间，脚蹬与侧梁间均采用专用拉铆钉连接。

P_{70}型通用棚车底架如图 6-1-10 所示。

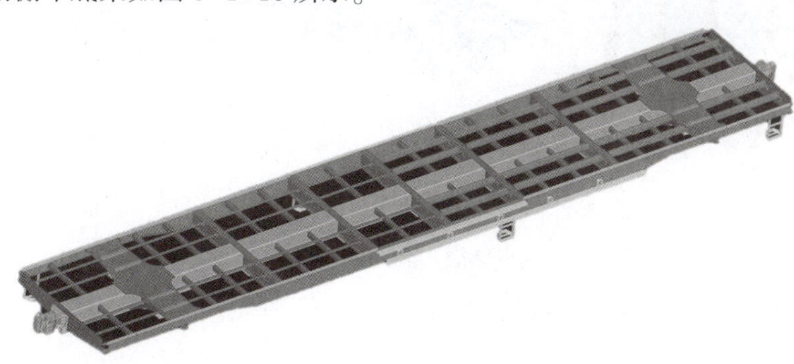

图 6-1-10 P_{70}型通用棚车底架

（2）侧墙。

侧墙为板柱式结构，由侧板、侧柱、门柱、上侧梁等组焊而成。侧板为 2.3 mm 厚钢板压型结构，侧柱采用 4 mm 厚的 U 形冷弯型钢，上侧梁由冷弯矩形钢管与冷弯角钢组焊而成。

P_{70}型通用棚车侧墙如图 6-1-11 所示。

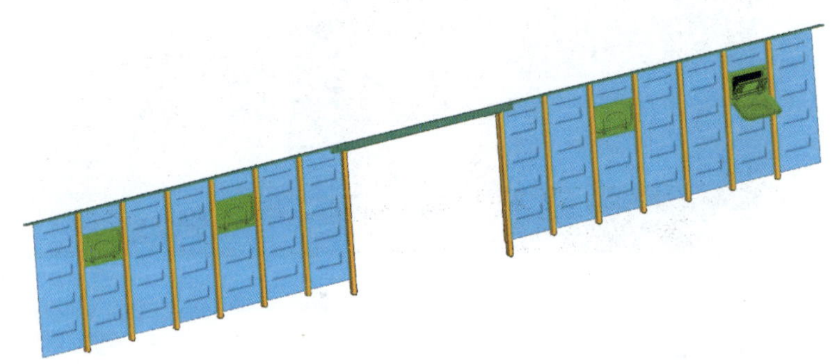

图 6-1-11　P_{70}型通用棚车侧墙

（3）端墙。

端墙为板柱式结构，由端板、端柱、角柱、上端梁等组焊而成，P_{70}型通用棚车端墙如图 6-1-12 所示。端板采用 3 mm 厚钢板，端柱采用热轧槽钢，角柱采用 125 mm×125 mm×7 mm 压型角钢，上端梁采用 140 mm×60 mm×6 mm 压型角钢，端板上预留电源线通过孔及照明设施安装座。

（4）车顶。

车顶由车顶板、车顶弯梁、车顶侧梁、端弯梁等组焊而成，P_{70}型通用棚车车顶如图 6-1-13所示。车顶弯梁为圆弧形结构，车顶侧梁采用冷弯型钢。车顶外部安装四个通风器和一个烟囱座，车顶弯梁处设有照明设施安装板。

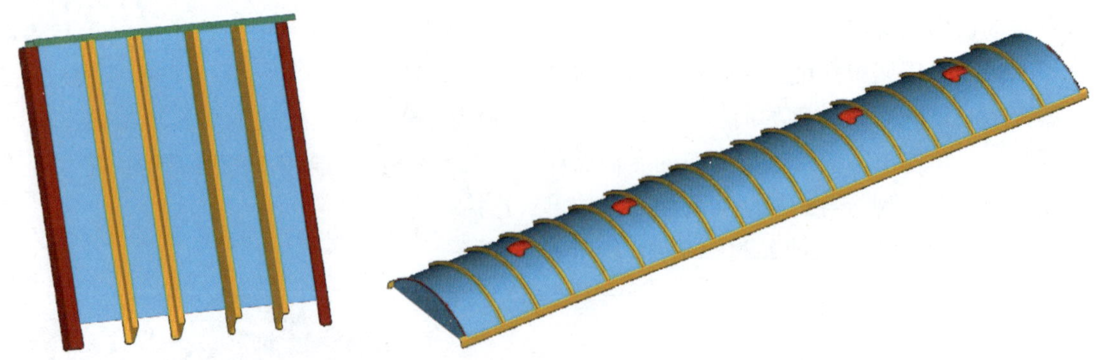

图 6-1-12　P_{70}型通用棚车端墙　　　图 6-1-13　P_{70}型通用棚车车顶

3. NX_{70}（NX_{70H}）型共用车

NX_{70}（NX_{70H}）型共用车为适合标准轨距、载重 70 t、具有装运多种货物功能的四轴平车，其可供装运各类集装箱，还可供装运钢材、汽车、拖拉机、军用装备等货物。

1）主要技术特点

（1）均载达 70 t，集载最大可达 55 t/5 m，运载适应性强。

（2）中梁采用 09CuPTiRE-B 耐候钢，全车大量采用屈服强度为 450 MPa 的高强度耐候钢 Q450NQR1，整车强度和抗腐蚀性能大大提高，可以有效提高车辆的寿命，降低维护费用。

（3）采用 17 号车钩及 MT-2 型缓冲器，车辆结构优化，可以适应开行万吨列车的要求。

（4）采用转 K6 型转向架或转 K5 型转向架，具有运行速度高、动力学性能稳定等特点。

2）主要技术参数

NX_{70}（NX_{70H}）型共用车的主要技术参数见表 6-1-3。

表 6-1-3　NX_{70}（NX_{70H}）型共用车的主要技术参数

项目		指标
载重/t		70
自重/t		≤23. 8
每延米重/（t/m）		≤5. 73
商业运营速度/（km/h）		120
集重/t	1 m	30
	2 m	35
	3 m	45
	4 m	50
	5 m	55

3）车体结构

NX_{70}（NX_{70H}）型共用车由底架、地板、集装箱锁闭装置、端门、制动装置、车钩缓冲装置、转向架等部分组成。

NX_{70}（NX_{70H}）型共用车运输集装箱如图 6-1-14 所示。

图 6-1-14　NX_{70}（NX_{70H}）型共用车运输集装箱

NX_{70}（NX_{70H}）型共用车运输坦克如图 6-1-15 所示。

图 6-1-15　NX_{70}（NX_{70H}）型共用车运输坦克

NX_{70}（NX_{70H}）型共用车结构如图 6-1-16 所示。

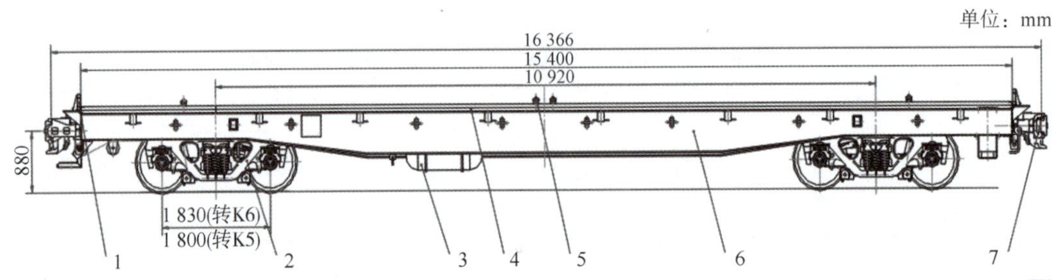

1—端门；2—转向架；3—制动装置；4—地板；5—集装箱锁闭装置；6—底架；7—车钩缓冲装置。

图 6-1-16　NX_{70}（NX_{70H}）型共用车结构

（1）底架。

底架为全钢焊接结构，由端梁、中梁、侧梁、枕梁、横梁和辅助梁等组焊而成。底架上铺有 70 mm 厚木地板或 45 mm 厚竹木复合层积材地板，底架上还设有集装箱锁闭装置，锁头可原位翻转。

NX_{70}（NX_{70H}）型共用车底架如图 6-1-17 所示。

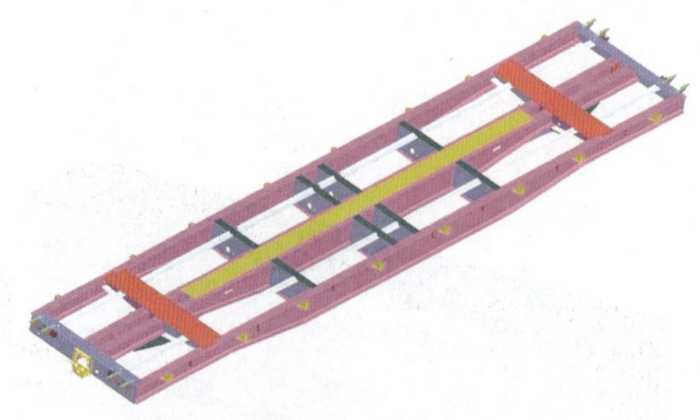

图 6-1-17　NX_{70}（NX_{70H}）型共用车底架

集装箱单锁及双锁如图 6-1-18 所示。

箱锁工作位如图 6-1-19 所示，箱锁非工作位如图 6-1-20 所示。

（2）端门。

端门关闭位如图 6-1-21 所示。

端门作为渡板使用示意图如图 6-1-22 所示。

（a）单锁

（b）双锁

图 6-1-18　集装箱单锁及双锁

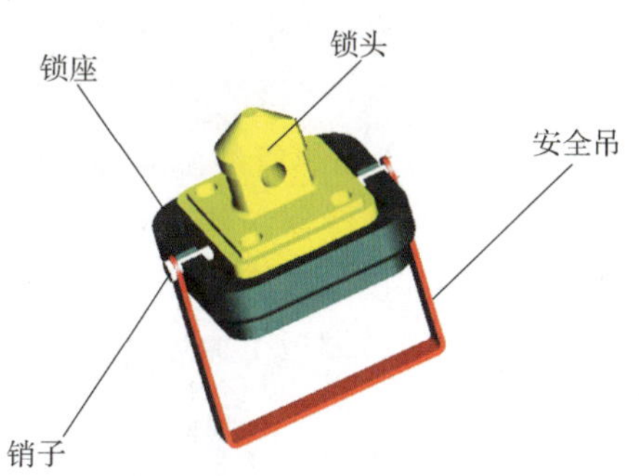

图 6-1-19　箱锁工作位

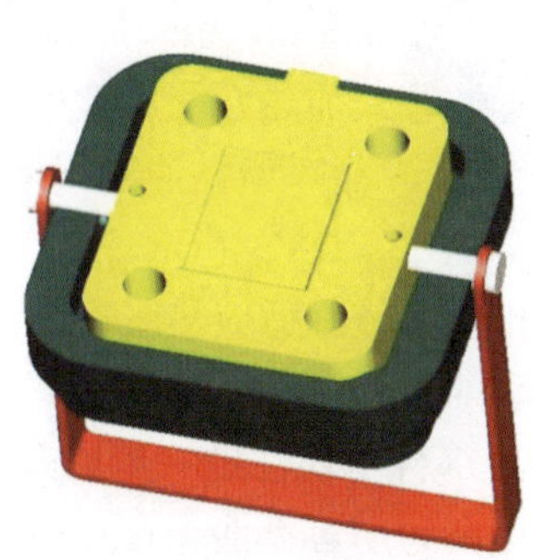

图 6-1-20　箱锁非工作位

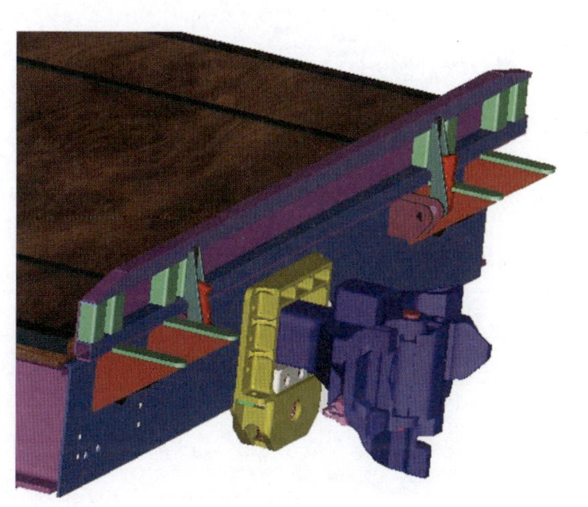

图 6-1-21　端门关闭位

图 6-1-22　端门作为渡板使用示意图

4. GN_{70}（GN_{70H}）型黏油罐车

GN_{70}（GN_{70H}）型黏油罐车供标准轨距铁路使用，主要用于装运原油、重柴油、润滑油等一般性黏油类介质，其装卸方式为上装下卸。

1）主要技术特点

（1）容积大，载重大。

GN_{70}型黏油罐车同G_{17BK}型黏油罐车相比，载重由 7 t/m 提高到 7.68 t/m，提高约 10%。

（2）能利用现有地面装卸设施成列装卸。

我国主要的罐车使用台位一般均采用固定台位，成列装卸。GN_{70}（GN_{70H}）型黏油罐车的车辆长度比G_{17BK}型黏油罐车加长 228 mm。经调查、计算，可以使用现有的地面装卸设施进行成列装卸作业。

（3）卸净率高。

现有黏油罐车筒体多为圆柱状，筒体中部容易产生上挠，卸油作业时油品卸不干净，留有残液。为方便用户使用，GN_{70}型黏油罐车采用了斜底结构，便于油品卸出，提高了卸净率。

（4）进一步改善了加热效果。

G_{17K}型黏油罐车采用外加温套式加热系统，蒸汽利用率低，能源浪费。G_{17BK}型黏油罐车采用内置蛇管式加热系统，管程长，易积水。

GN_{70}（GN_{70H}）型黏油罐车采用内置排管式加热系统。加热管线随罐体底部倾斜，管程短，不会积水。GN_{70}（GN_{70H}）型黏油罐车具有“Z”形补偿器结构，合理布置管路支撑，使加热排管可较好适应热胀冷缩，减小热应力。罐外底部设加热槽钢，减少加热盲区。采用带蒸汽套的下卸阀座，改善了下卸阀附近黏油的加热效果，缩短了加热时间。

（5）部件可靠性进一步提高。

为提高运用可靠性，在总结我国无中梁罐车设计及运用经验的基础上，参考欧美同类罐车的成熟结构和先进产品标准，对关键结构进行了大量的计算、分析和对比后，确定了GN_{70}（GN_{70H}）型黏油罐车的牵枕结构。

（6）采用高强度车钩和大容量缓冲器，提高了车钩缓冲装置的使用可靠性，可解决车钩分离、钩舌过快磨耗等问题。

（7）采用转 K6 型或转 K5 型转向架，确保车辆运营速度达 120 km/h，满足提速要求；改善了车辆运行品质，降低了轮轨间作用力，减轻了轮轨磨耗。

2）主要技术参数

GN_{70}（GN_{70H}）型黏油罐车的主要技术参数见表 6-1-4。

表 6-1-4　GN_{70}（GN_{70H}）型黏油罐车的主要技术参数

项目	指标	项目	指标
载重/t	70	车体内长/mm	16 094
自重/t	23.8	车辆最大高度/mm	4 466
罐体总容积/m^3	78.1	车辆最大宽度/mm	3 320
每延米重/（t/m）	7.68	筒体形状	内径 ϕ3 000~ϕ3 100 mm， 中部下斜 100 mm
商业运营速度/（km/h）	120	筒体材质	Q345A
车辆长度/mm	12 216	人孔	带助开机构
车辆定距/mm	8 050	安全阀	不锈钢阀芯

3）车体结构

GN_{70}（GN_{70H}）型黏油罐车（试验车）车体如图 6-1-23 所示。该车采用无中梁结构，主要由罐体装配、牵枕装配、加热及排油装置、车钩缓冲装置、制动装置、转向架、安全附件等部件组成，车端不设通过台。

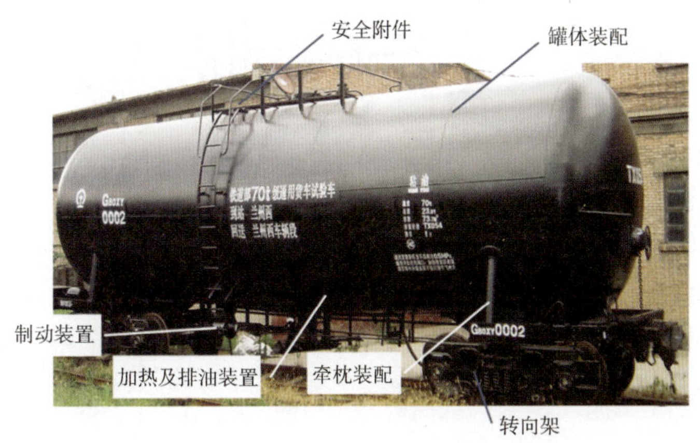

图 6-1-23 GN_{70}（GN_{70H}）型黏油罐车（试验车）车体

（1）罐体装配。

罐体装配主要由封头、筒体、人孔等组成。罐体采用直锥圆截面斜底结构，底部由筒体两端向中间截面下斜，斜度为 1.2°。封头采用 1∶2 标准椭圆封头（内径为 3 000 mm，壁厚为 10 mm，材质为 Q295A 低合金高强度结构钢）。筒体两端内径为 3 000 mm，中部内径为 3 100 mm，其上板壁厚 8 mm，下板壁厚 10 mm，材质为 Q345A 低合金高强度结构钢，罐体顶部设助开式人孔。

GN_{70}（GN_{70H}）型黏油罐罐体如图 6-1-24 所示。

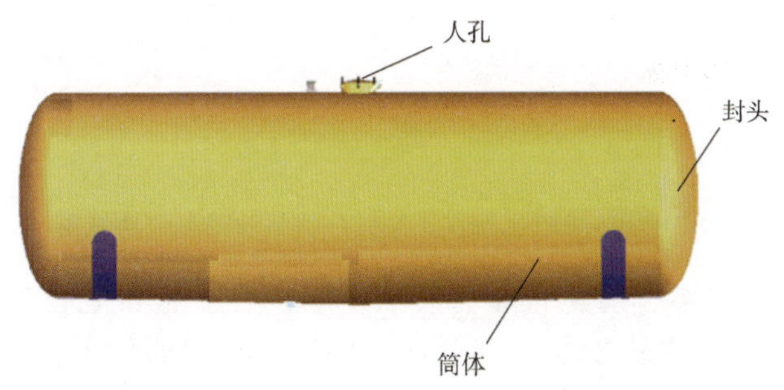

图 6-1-24 GN_{70}（GN_{70H}）型黏油罐罐体

助开式人孔如图 6-1-25 所示。呼吸式安全阀如图 6-1-26 所示。

图 6-1-25 助开式人孔

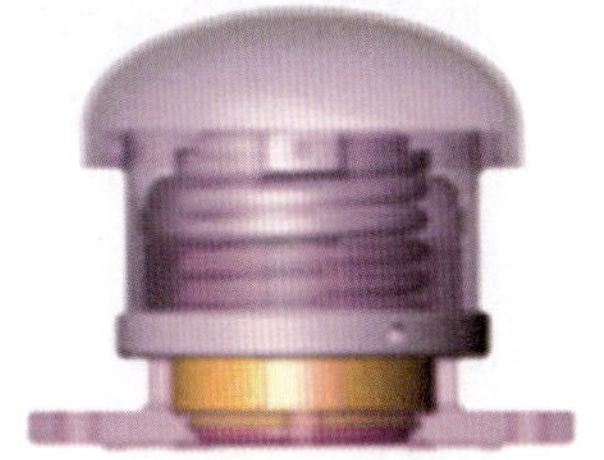

图 6-1-26 呼吸式安全阀

呼吸式安全阀结构如图 6-1-27 所示。

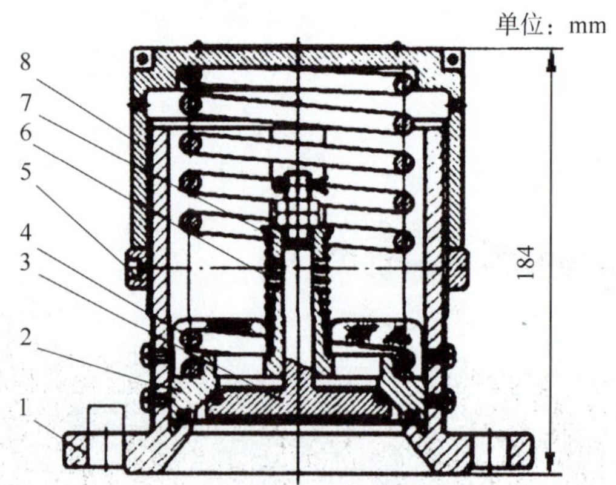

1—阀体；2—放泄阀；3—吸入阀；4—大弹簧；5—锁紧螺母；6—小弹簧；7—弹簧座；8—阀盖。

图 6-1-27　呼吸式安全阀结构

（2）牵枕装配。

牵枕装配主要由牵引梁装配、枕梁装配、边梁装配、端梁装配等组成。

GN_{70}（GN_{70H}）型黏油罐车牵枕装配如图 6-1-28 所示。

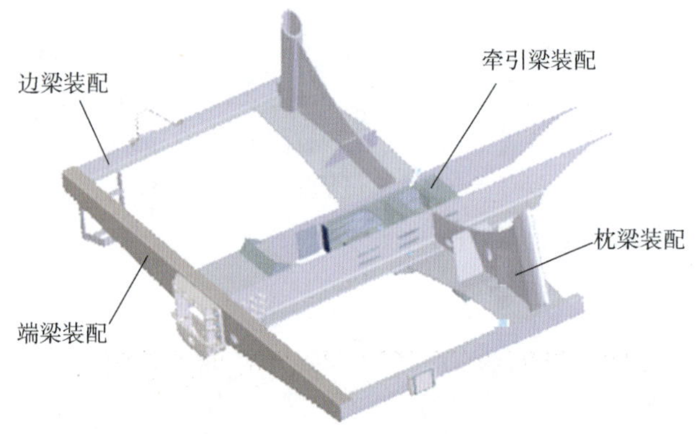

图 6-1-28　GN_{70}（GN_{70H}）型黏油罐车牵枕装配

牵引梁装配由牵引梁、前从板座、后从板座、心盘座和上心盘等组成。牵引梁采用屈服强度为 450 MPa 的热轧 310 乙字形钢，保证-40 ℃时的低温冲击功不小于24 J。前从板座、后从板座及心盘座材质采用 C 级铸钢，上心盘采用锻钢。前从板座与中梁间，脚蹬、扶手与侧梁间均采用专用拉铆钉连接，牵引梁装配如图 6-1-29 所示。

枕梁采用单腹板、侧管支撑结构，枕梁包角 120°。枕梁腹板、下盖板壁厚 16 mm，材质为 Q345A 低合金高强度结构钢，枕梁装配如图 6-1-30 所示。

（3）加热及排油装置。

GN_{70}（GN_{70H}）型黏油罐车加热及排油装置由内置排管式加热系统和排油装置组成。

内置排管式加热系统主要由两组排管式加热器组成，其装设于罐内底部，沿罐体纵向中部截面对称布置，并沿罐壁向下倾斜。每组加热器主要由进气管、回水管、加热排管、进气集管、回水集管组成，材质为 20 钢，罐外底部设加热槽钢。

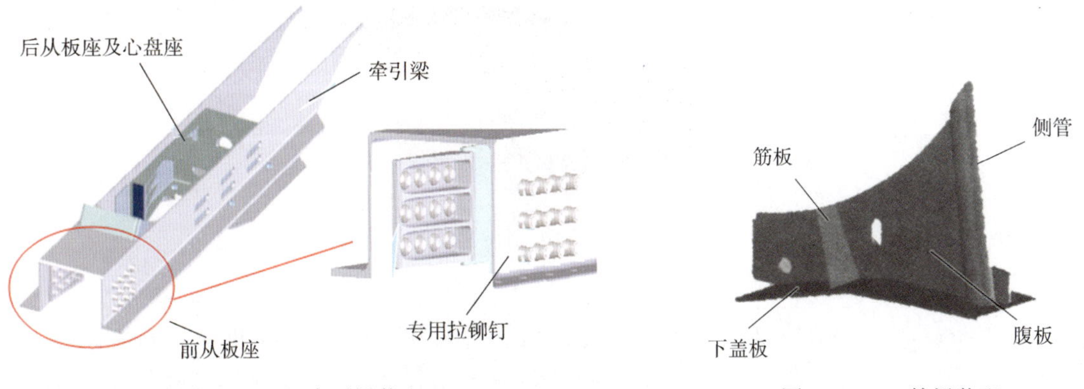

图 6-1-29　牵引梁装配

图 6-1-30　枕梁装配

该排油装置采用了带蒸汽加热套下卸阀座和改进型下卸阀，开闭轴和排油接头均满足防盗或防脱的要求。

加热及排油装置如图 6-1-31 所示。

图 6-1-31　加热及排油装置

加热排管结构如图 6-1-32 所示。

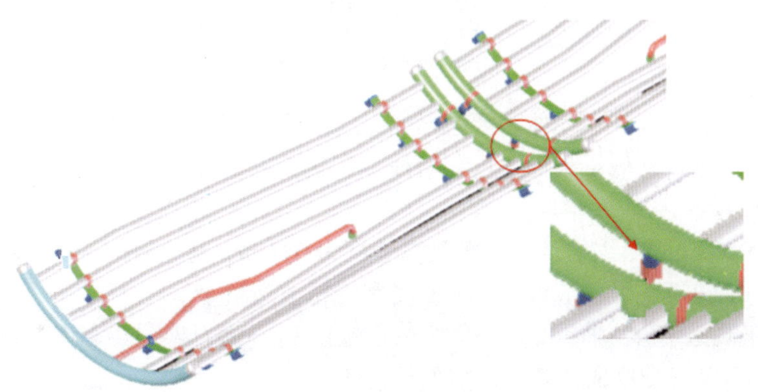

图 6-1-32　加热排管结构

带蒸汽加热套的下卸阀座如图 6-1-33 所示。

（4）车钩缓冲装置。

GN_{70}（GN_{70H}）型黏油罐车采用 E 级钢 17 号车钩或新型车钩、17 号铸造或锻造钩尾框、合金钢钩尾销、MT-2 型缓冲器、含油尼龙钩尾框托板磨耗板。

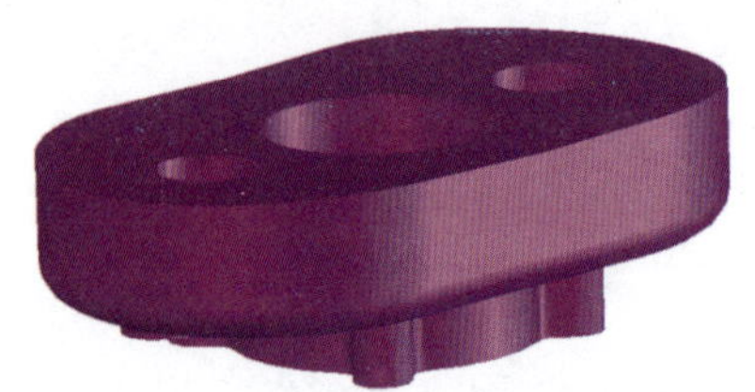

图 6-1-33　带蒸汽加热套的下卸阀座

（5）制动装置。

GN_{70}（GN_{70H}）型黏油罐车采用主管压力满足 500 kPa 和 600 kPa 的空气制动装置，主要由座式 120 型控制阀、直径为 254 mm 的整体旋压密封式制动缸、ST2-250 型双向闸调器、KZW-A 型空重车自动调整装置等组成；采用编织制动软管总成、奥-贝球铁衬套、高摩擦系数合成闸瓦、不锈钢制动配件和管系。手制动装置采用 NSW 型手制动机。

（6）转向架。

GN_{70}（GN_{70H}）型黏油罐车采用转 K6 型转向架或转 K5 型转向架。

知识点 6. 1. 2　常见专用货车车体

1. KZ_{70}（KZ_{70H}）型石砟漏斗车

KZ_{70}（KZ_{70H}）型石砟漏斗车适用于在标准轨距线路上运行，供新、旧线路铺设石砟或装运散粒货物时使用。

KZ_{70}型石砟漏斗车是为增加车辆载重、有效提高铁路货物运输能力而开发研制的新型重载漏斗车。该车在设计结构上继承了 K_{13NK}型石砟漏斗车的优点，同时，在车体，风、手制动系统，车钩缓冲装置，卸砟系统和走行部等各方面均采用目前国内铁道车辆的先进技术和新型高强度耐腐蚀材料，具有车体强度高、车辆载重大、耐腐蚀性强、检修周期长等特点，是国内现有 60 t 级石砟漏斗车的更新换代产品。

1）主要技术特点

（1）KZ_{70}型石砟漏斗车车体主要承载件均采用屈服强度为 450 MPa 的高强度耐候钢及专用冷弯型钢，有效降低了车辆自重，增加了车辆的净载重（增加了 10 t），提高了车辆的技术经济指标。

（2）按 5 000 t 列车编组计算，车辆总长度为 644 m，适合既有 850 m 站场及线桥条件，在提高运能的前提下，可以节省大量的站场和线桥改造资金。

（3）该车载重 70 t，轴重 23 t，单车载重量比 K_{13NK}型石砟漏斗车增加 10 t，载重量提高了 16. 7%，按每天 3 000 辆计算，可增加运能 3 万 t。

（4）对车体钢结构进行了优化，加大了强度储备；侧柱采用双曲面 U 形冷弯型钢，提高了侧墙的刚度、强度和使用可靠性。

（5）采用 E 级钢 17 号车钩和 MT-2 型缓冲器，提高了车钩缓冲装置的使用可靠性，可解决车钩分离、钩舌过快磨耗等问题。

（6）采用转 K5 型或转 K6 型转向架，确保车辆运营速度达 120 km/h，满足提速要求；改善了车辆运行品质，降低了轮轨间作用力，减轻了轮轨磨耗。

（7）满足互换性要求，主要零部件与现有 K_{13NK}型石砟漏斗车通用，方便维护和检修。

2）主要技术参数

KZ_{70}型石砟漏斗车的主要技术参数见表 6-1-5。

表 6-1-5 KZ_{70}型石砟漏斗车的主要技术参数

项目	指标	项目	指标
载重/t	70	通过最小曲线半径/m	145
自重/t	23.8	车钩	17 号车钩
容积/m^3	42	缓冲器	MT-2 型缓冲器
比容/（m^3/t）	0.6	转向架	转 K5 型转向架或转 K6 型转向架
自重系数	0.34	主要钢材牌号	Q450NQR1
商业运营速度/（km/h）	120		

3）车体结构

KZ_{70}型石砟漏斗车主要由车体、卸砟系统、除尘装置、车钩缓冲装置、制动装置及转向架等组成。该车车体为无中梁全钢焊接结构，由底架、侧墙、端墙、漏斗、操纵室等部分组成。

KZ_{70}型石砟漏斗车如图 6-1-34 所示。

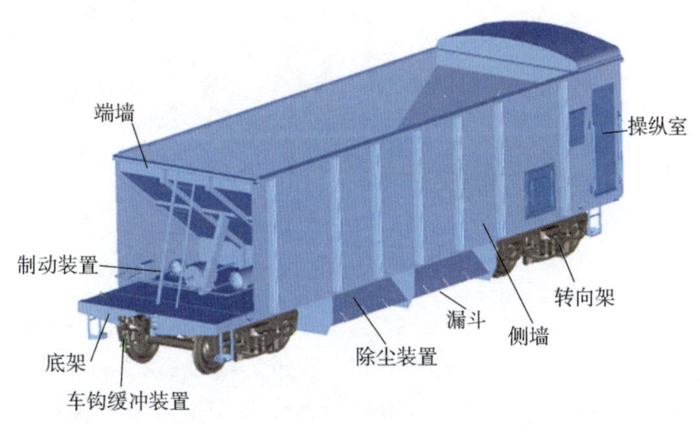

图 6-1-34 KZ_{70}型石砟漏斗车

（1）底架。

KZ_{70}型石砟漏斗车底架由牵引梁、侧梁、枕梁、端梁、小横梁及地板等组焊而成。牵引梁采用屈服强度为 450 MPa 的热轧 310 乙字形钢，保证-40 ℃时的低温冲击功不小于 24 J；枕梁为由上、下盖板及双腹板组焊而成的变截面箱形结构；侧梁为 180 mm 高矩形钢管；采用直径为 358 mm 的锻造上心盘及材质为 C 级钢的前从板座；心盘座与后从板座为一体结构，材质为 C 级钢。脚蹬、牵引钩与侧梁间，扶手与地板及托梁间均采用符合要求的专用拉铆钉连接。

KZ_{70}型石砟漏斗车底架如图 6-1-35 所示。

（2）侧墙。

KZ_{70}型石砟漏斗车侧墙为板柱式结构，由上侧梁、侧板、侧柱等组焊而成。侧板厚度为 4 mm；侧柱采用 U 形双曲面高强度冷弯型钢；上侧梁采用专用冷弯异形钢管，以防止石砟残存伤及作业人员。

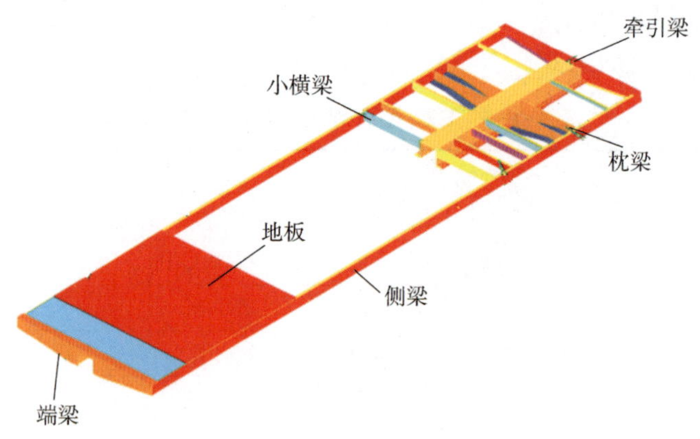

图 6-1-35　KZ_{70}型石砟漏斗车底架

KZ_{70}型石砟漏斗车侧墙如图 6-1-36 所示。

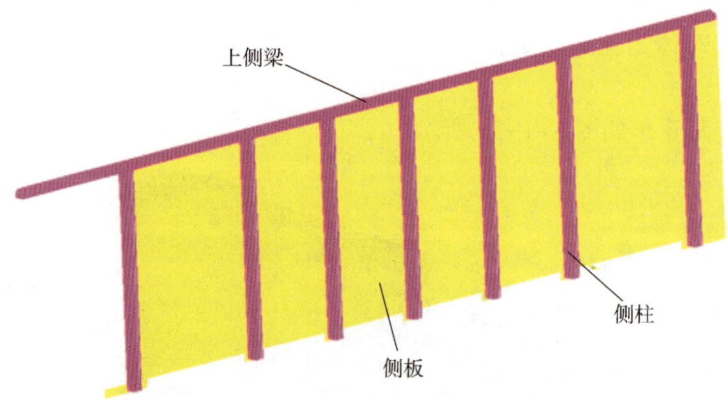

图 6-1-36　KZ_{70}型石砟漏斗车侧墙

（3）端墙。

KZ_{70}型石砟漏斗车端墙由上端梁、端板、腰带、端柱、斜撑等组焊而成，端板厚度为 6 mm，上端梁、腰带、端柱、斜撑均采用高强度冷弯型钢。一位端墙上设有观察孔，推开观察孔盖可观察车内余砟情况。

KZ_{70}型石砟漏斗车端墙如图 6-1-37 所示。

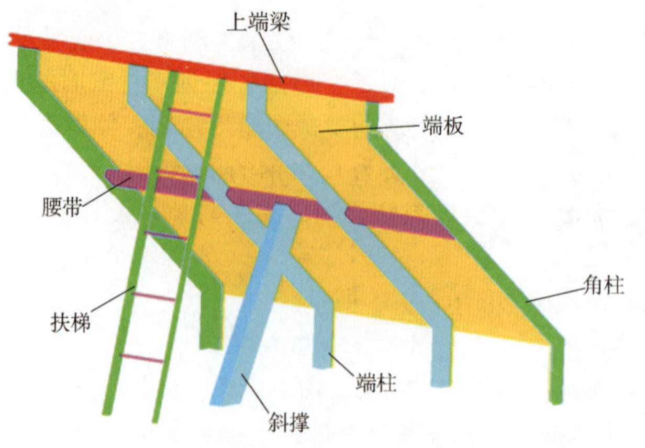

图 6-1-37　KZ_{70}型石砟漏斗车端墙

（4）漏斗。

KZ_{70}型石砟漏斗车漏斗由中漏斗板、侧漏斗板、中隔板、端隔板、分砟梁等组焊而成。在中隔板上安装铁路货车车号自动识别系统能够识别的车辆标签。

KZ_{70}型石砟漏斗车漏斗如图 6-1-38 所示。

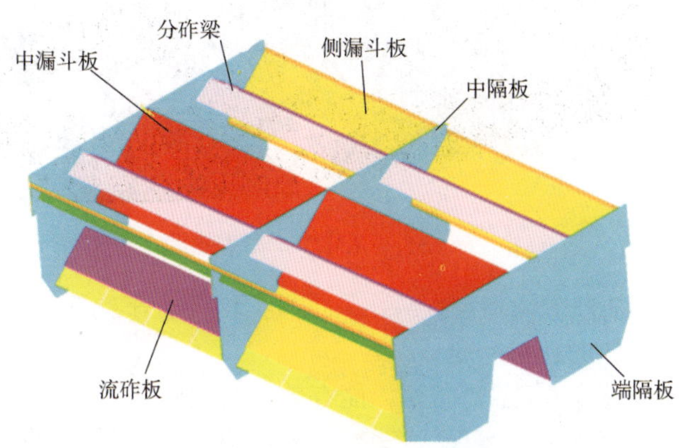

图 6-1-38 KZ_{70}型石砟漏斗车漏斗

（5）操纵室。

KZ_{70}型石砟漏斗车操纵室采用圆弧顶、内外全钢结构，内壁衬装阻燃型隔热材料，内贴仿布纹装饰板，设有侧门、活动式侧窗等，侧门外装有安全链；端部设有端门，供操作人员同时操纵前后连挂车辆。

（6）卸砟系统。

KZ_{70}型石砟漏斗车卸砟系统采用以风动为主、手动为辅的机械传动装置，风动、手动操纵能各自单独进行。KZ_{70}型石砟漏斗车共有 6 个卸砟门，每侧各 2 个，底部中间 2 个。风动操纵通过 3 个 254 mm×220 mm 旋压式双向风缸，由 3 个操纵阀分别开关两侧底门和中间底门。手动操纵只能分别控制两侧底门，中间底门无法手动操作。

手动操纵采用减速箱机构。

（7）除尘装置。

KZ_{70}型石砟漏斗车除尘装置由上水管、水箱、风源、波纹管式减压阀、管路、喷嘴及各种控制塞门等组成。通过储风缸中的压力空气使水箱中的水通过喷嘴喷出，以抑制卸砟粉尘。

2. KM_{70}（KM_{70H}）型煤炭漏斗车

KM_{70}（KM_{70H}）型煤炭漏斗车适用于在标准轨距线路上运行，供装运煤炭、矿石等散装货物使用，符合固定编组、循环使用、定点装卸等作业环境要求，满足大量转运的电站、港口、煤炭、钢铁等企业的需求。

KM_{70}（KM_{70H}）型煤炭漏斗车适用于地面设有受料坑传输装置的供两侧同时卸煤、容量足够的卸煤沟或高栈台，可自动、快速卸车，在无风源的情况下也可以手动卸车。

KM_{70}（KM_{70H}）型煤炭漏斗车实物如图 6-1-39 所示。

1）主要技术特点

（1）车体主要承载部件采用屈服强度为 450 MPa 的高强度耐候钢，中梁采用直梁结构，提高了强度储备和结构可靠性。通过车体疲劳寿命分析和结构的优化，减轻了车体自重，使载重达 70 t，满足了铁路运输发展的要求。

（2）底门开闭装置在成熟顶锁机构的基础上进行了优化，提高了运用可靠性。

（3）对车体扶梯、檐板等附属设施进行了人性化设计，提高了操作安全性。

图 6-1-39　KM_{70}（KM_{70H}）型煤炭漏斗车实物

（4）采用 E 级钢 17 号车钩和 MT-2 型缓冲器，提高了车钩缓冲装置的使用可靠性，可解决车钩分离、钩舌过快磨耗等问题。

（5）采用转 K5 型或转 K6 型转向架，能有效减小轮轨间的作用力，减轻各部分的磨耗，使该车在预防性计划修基础上，实现状态修、换件修和主要零部件的专业化集中修，建立了按走行千米和当量千米相结合的检修模式，显著减少了车辆的检修费用，提高了车辆的使用效率。其商业运营速度达到 120 km/h，满足了铁路货车提速需要。

（6）侧柱采用新型双曲面冷弯型钢，提高了强度和刚度。

（7）在中央漏斗脊设有拉杆装置，提高了侧墙防外胀能力，并消除了因抑制侧墙外胀变形而引起的应力集中现象。

（8）底门开闭机构主要零部件与 K_{18K} 型煤炭漏斗车通用，方便了日常维护和检修。

2）主要技术参数

KM_{70}（KM_{70H}）型煤炭漏斗车的主要技术参数见表 6-1-6。

表 6-1-6　KM_{70}（KM_{70H}）型煤炭漏斗车的主要技术参数

项目	参数	项目	参数
载重/t	70	底架长度/mm	13 434
自重/t	23.8	底架宽度/mm	3 180
容积/m^3	75	底门长度/mm	2 800
比容/（m^3/t）	1.07	底门开度/mm	460
自重系数	0.34	两漏斗板间距/mm	2 200
每延米重/（t/m）	6.5	漏斗板下缘距轨面高（空车）/mm	210
商业运营速度/（km/h）	120	端板与水平面夹角/（°）	50
通过最小曲线半径/m	145	漏斗板与水平面夹角/（°）	50
车辆长度/mm	14 400	底门数量/个	4
车辆定距/mm	10 500	开闭机构连杆自锁偏心距/mm	15
地板面高/mm	1 083	车钩	17 号车钩
车辆最大高度/mm	3 780	缓冲器	MT-2 型缓冲器
车辆最大宽度/mm	3 200	转向架	转 K5 型转向架或转 K6 型转向架
上侧梁上平面距轨面高（空车）/mm	3 690	主要钢材牌号	Q450NQR1

3）车体结构

KM_{70}（KM_{70H}）型煤炭漏斗车主要由车体、底门开闭机构、风动管路装置、车钩缓冲装置、制动装置及转向架等组成。该车车体为全钢焊接结构，由底架、侧墙、端墙、漏斗、檐板及扶梯、底门等组成。

KM_{70}（KM_{70H}）型煤炭漏斗车如图 6-1-40 所示。

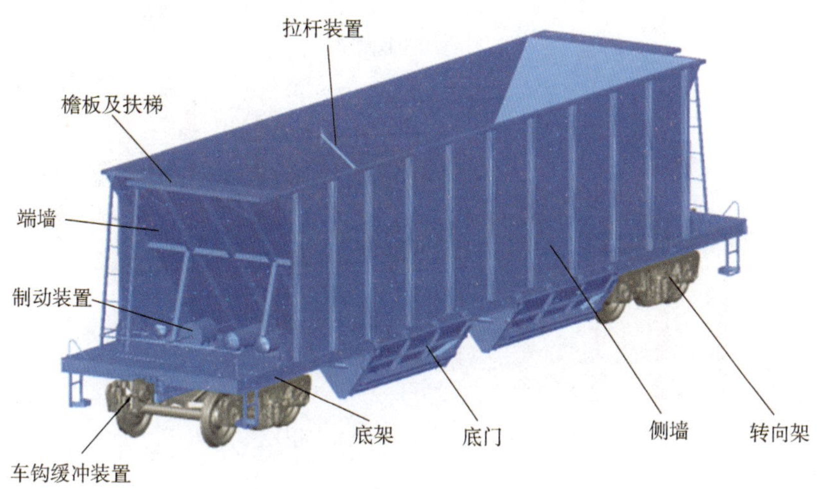

图 6-1-40　KM_{70}（KM_{70H}）型煤炭漏斗车

（1）底架。

KM_{70}（KM_{70H}）型煤炭漏斗车底架由中梁、侧梁、枕梁、端梁等组成。中梁采用符合要求的屈服强度为 450 MPa 的热轧 310 乙字形钢，保证-40 ℃时的低温冲击功不小于 24 J；侧梁采用 200 mm×75 mm×7 mm 的冷弯槽钢。采用直径为 358 mm 的锻造上心盘及材质为 C 级铸钢的前从板座；心盘座与后从板座为 C 级钢一体式结构；前从板座与中梁间，脚蹬、牵引钩与侧梁间，扶手与端梁、地板间均采用符合要求的专用拉铆钉连接；底架中梁上安装铁路货车车号自动识别系统能够识别的车辆标签。

KM_{70}（KM_{70H}）型煤炭漏斗车底架如图 6-1-41 所示。

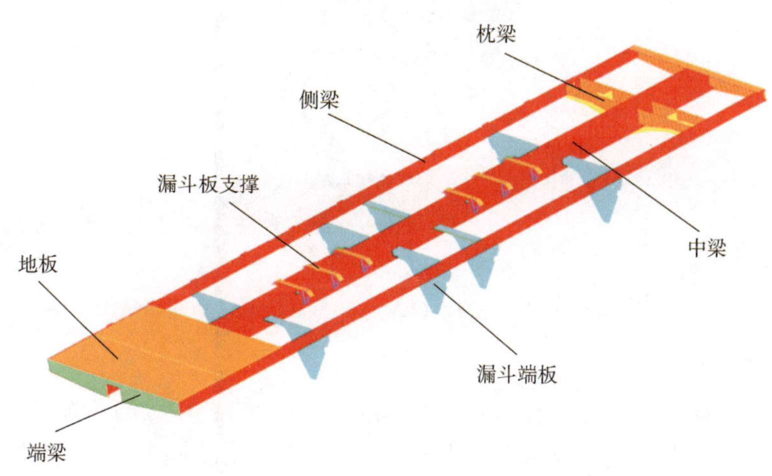

图 6-1-41　KM_{70}（KM_{70H}）型煤炭漏斗车底架

（2）侧墙。

KM_{70}（KM_{70H}）型煤炭漏斗车侧墙为板柱式结构，由侧板、侧柱和上侧梁等组焊而成。侧柱采用U形双曲面冷弯型钢，上侧梁采用120 mm×60 mm×4 mm的冷弯矩形空心型钢，侧板厚度为4 mm。

KM_{70}（KM_{70H}）型煤炭漏斗车侧墙结构如图6-1-42所示。

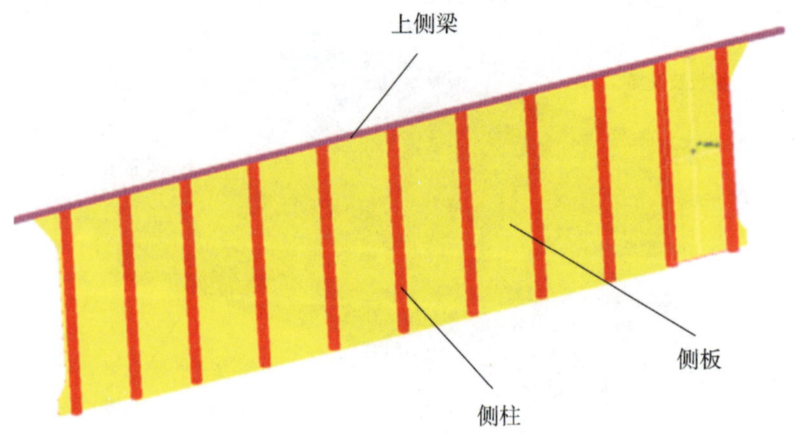

图6-1-42　KM_{70}（KM_{70H}）型煤炭漏斗车侧墙结构

（3）端墙。

KM_{70}（KM_{70H}）型煤炭漏斗车端墙由端板、上端梁、端柱、角柱、腰带和斜撑等组焊而成。上端梁采用专用异形冷弯型钢，端柱、腰带和斜撑等采用U形冷弯型钢，角柱采用冷弯角钢，上端板厚度为4 mm，下端板厚度为5 mm，端板与水平面的夹角为50°。

KM_{70}（KM_{70H}）型煤炭漏斗车端墙结构如图6-1-43所示。

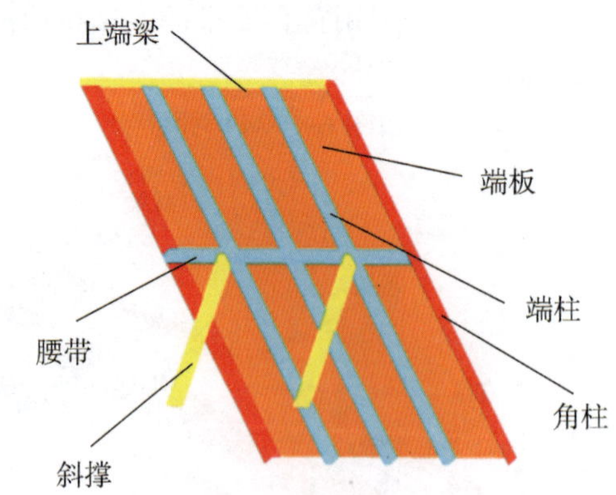

图6-1-43　KM_{70}（KM_{70H}）型煤炭漏斗车端墙结构

（4）漏斗。

在KM_{70}（KM_{70H}）型煤炭漏斗车车体中心设一个横向的中央漏斗脊背，其与中梁上设置的纵向漏斗脊背将全车划分成多个漏斗区。各漏斗脊背由4 mm的“∧”形钢板和筋板组焊而成。漏斗板由5 mm的钢板和纵梁、横梁等组焊而成，其与水平面的夹角为50°。纵梁、横梁等采用U形冷弯型钢。

KM_{70}（KM_{70H}）型煤炭漏斗车漏斗结构如图6-1-44所示。

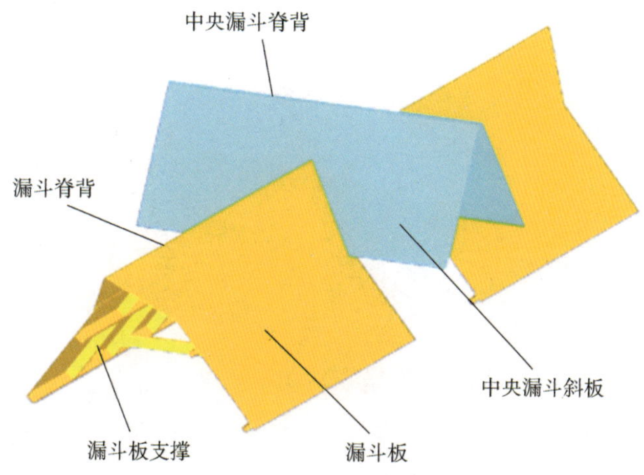

图6-1-44 KM_{70}（KM_{70H}）型煤炭漏斗车漏斗结构

（5）檐板及扶梯。

在KM_{70}（KM_{70H}）型煤炭漏斗车端墙顶部的外端设有檐板及扶梯，檐板由3 mm厚扁豆形花纹钢板与支持梁、边梁等组焊而成，支持梁、边梁等采用冷弯角钢。

KM_{70}（KM_{70H}）型煤炭漏斗车檐板及扶梯结构如图6-1-45所示。

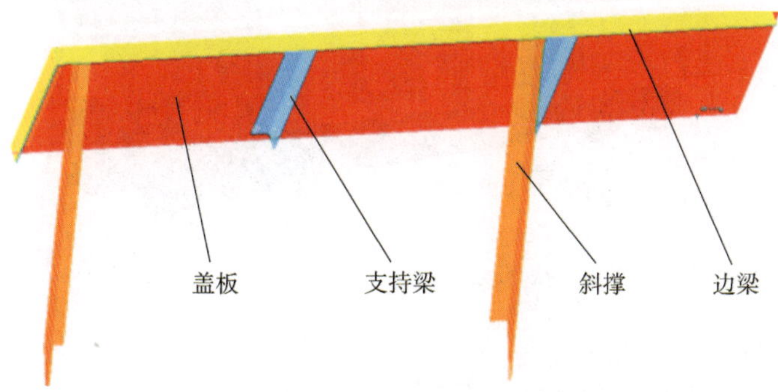

图6-1-45 KM_{70}（KM_{70H}）型煤炭漏斗车檐板及扶梯结构

（6）底门。

KM_{70}（KM_{70H}）型煤炭漏斗车底门由门板、大横梁、横梁、立柱、上门框、下门框和立门框等组焊而成，大横梁采用140 mm×80 mm×5 mm的矩形冷弯空心型钢，立门框采用140 mm×60 mm×5 mm的冷弯槽钢，横梁和立柱采用U形冷弯型钢，门板厚度为4 mm。

KM_{70}（KM_{70H}）型煤炭漏斗车底门结构如图6-1-46所示。

KM_{70}（KM_{70H}）型煤炭漏斗车采用两级传动顶锁式底门开闭装置，风动、手动两用，此种底门开闭装置由上部传动装置、连杆、下曲拐、下部传动轴、双联杠杆、长短顶杆和左右锁体等组成。手动传动机构与风动控制管路系统均设在车体1位端的底架上，风、手动控制机构相互独立，其转换通过离合器来控制。

3. C_{80}（C_{80H}）型双浴盆式铝合金运煤专用敞车

C_{80}型双浴盆式铝合金运煤专用敞车是我国专门为大秦线设计制造的专用敞车。其主要职能是运载煤炭，同时其也是为提高运量而设计的重载型货车。C_{80}型双浴盆式铝合金运煤专用敞车能与秦皇岛运煤码头的翻车机及附属设备相匹配，实现不摘钩连续翻卸作业；并能适应环形装车、直进直出装车、解体装车作业及运行时机车动力集中牵引要求。

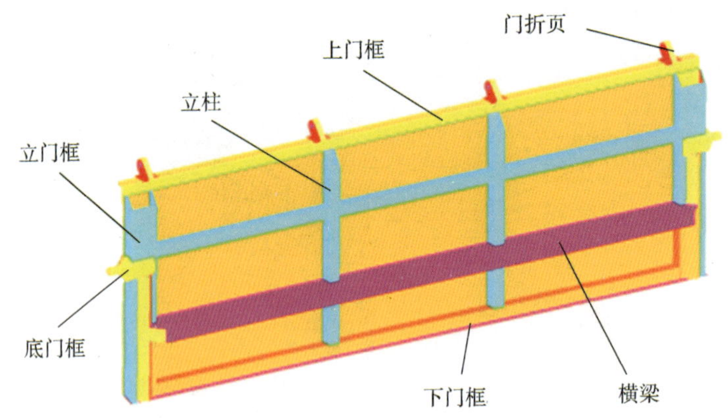

图 6-1-46　KM_{70}（KM_{70H}）型煤炭漏斗车底门结构

C_{80H}型双浴盆式铝合金运煤专用敞车如图 6-1-47 所示。

图 6-1-47　C_{80H}型双浴盆式铝合金运煤专用敞车

1）主要技术特点

（1）C_{80}型双浴盆式铝合金运煤专用敞车在我国铁路货车设计史上首次采用了铝合金及高分子非金属轻型新材料、国外流行的双浴盆式车体及专用拉铆钉铆接结构，这大大减轻了车辆自重，降低了车辆重心，载重达到了 80 t，较大秦线原来的 C_{63A}型运煤敞车提高运能约 31.1%，具有显著的经济及社会效益，是我国铁路货运发展史上的一次飞跃。

（2）走行部采用了国际先进的 25 t 轴重低动力作用转向架（转 K5 型转向架或转 K6 型转向架），改善了车辆动力学性能和运行品质；较 C_{63A}型运煤敞车运行速度提高约 37.5%。

（3）车钩缓冲装置采用了符合美国 AAR 标准的高强度车钩，不仅可满足大秦线 2 万 t 重载列车运输要求，而且还可适应不摘钩连续翻卸作业，提高了卸车效率约 25%。

（4）采用了可靠性设计理念，提高了关键零部件的使用可靠性，延长了检修周期，降低了检修成本，提高了运输效率和市场竞争能力，可实现运行 160 万 km 内不大修的修制改革目标。

（5）提高了制造标准，采用整体组合数控钻孔等先进工艺及装备，实现“以装备保工艺、以工艺保质量、以质量保安全”的方针，确保了车辆性能稳定和运用安全。

(6) C_{80}型双浴盆式铝合金运煤专用敞车具有显著的综合经济效益和良好的社会效益。

2) 主要技术参数

C_{80}型双浴盆式铝合金运煤专用敞车的主要技术参数见表 6-1-7。

表 6-1-7 C_{80}型双浴盆式铝合金运煤专用敞车的主要技术参数

项目	指标	项目	指标
载重/t	80	车辆长度/mm	12 000
自重/t	≤20	车辆定距/mm	8 200
容积/m^3	87	车辆最大高度/mm	3 793
比容/(m^3/t)	1.09	车辆最大宽度/mm	3 184
自重系数	0.34	车钩	16 号车钩或 17 号车钩
商业运营速度/(km/h)	100	缓冲器	MT-2 型缓冲器
通过最小曲线半径/m	145	转向架	转 K5 型转向架或转 K6 型转向架

3) 车体结构

C_{80}型双浴盆式铝合金运煤专用敞车底架（中梁、枕梁、端梁）为全钢焊接结构，浴盆、侧墙和端墙均采用铝合金板材与铝合金挤压型材的铆接结构。

C_{80}型双浴盆式铝合金运煤专用敞车结构如图 6-1-48 所示。

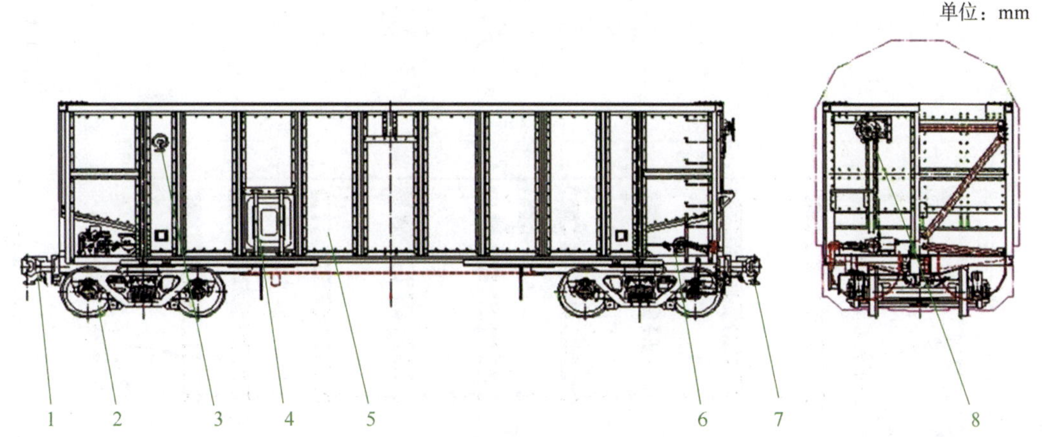

1—旋转车钩缓冲装置；2—转向架；3—标记；4—下侧门；5—车体；6—制动系统；7—固定车钩缓冲装置；8—手制动装置。

图 6-1-48 C_{80}型双浴盆式铝合金运煤专用敞车结构

(1) 底架。

C_{80}型双浴盆式铝合金运煤专用敞车底架由中梁、枕梁、端梁等组成。中梁采用材料屈服强度为 450 MPa 的高强度耐大气腐蚀 310 热轧乙字形钢或冷弯中梁，保证-40 ℃时的低温冲击功不小于 23.2 J；枕梁为双腹板箱形变截面结构；采用 C 级钢整体式上心盘及整体式冲击座。

C_{80}型双浴盆式铝合金运煤专用敞车底架结构如图 6-1-49 所示。

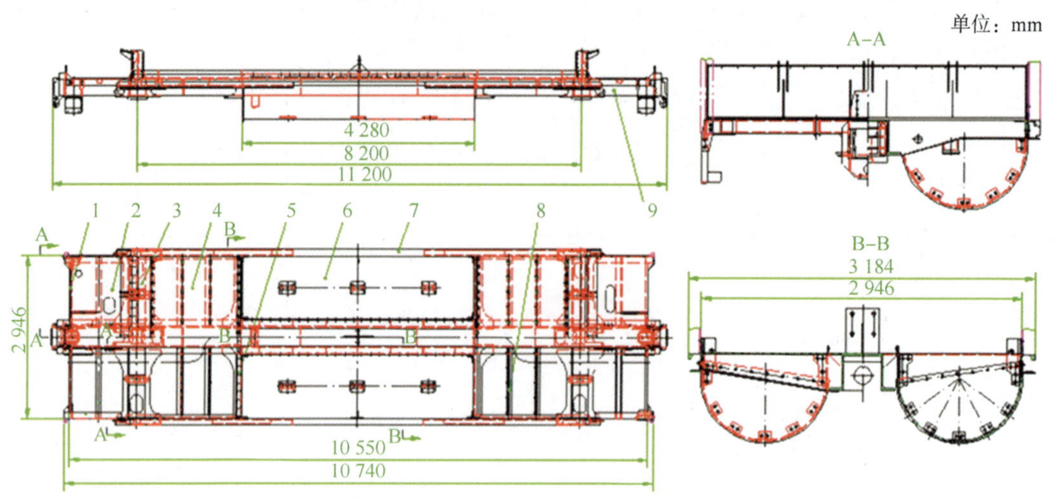

1—端梁；2—铝地板；3—枕梁；4—铝地板；5—大横梁；6—浴盆；7—下侧梁；8—小横梁；9—中梁。

图 6-1-49 C_{80}型双浴盆式铝合金运煤专用敞车底架结构

（2）侧墙。

C_{80}型双浴盆式铝合金运煤专用敞车侧墙由上侧梁、侧柱、侧板、辅助梁等组成。上侧梁、侧柱、辅助梁采用专用挤压铝型材，侧板为铝合金板，下侧门门口内部设置钢质护板，外部设置钢制压条，门口周边涂专用密封胶。各零部件之间连接的专用拉铆钉及铝铆钉应按照相关文件批准的图样进行生产。

C_{80}型双浴盆式铝合金运煤专用敞车侧墙结构如图 6-1-50 所示。

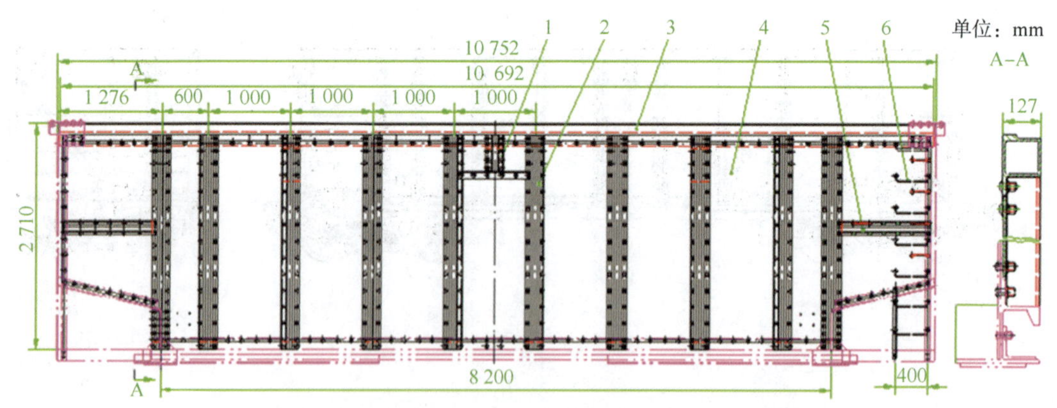

1—短侧柱；2—侧柱；3—上侧梁；4—侧板；5—辅助梁；6—扶手。

图 6-1-50 C_{80}型双浴盆式铝合金运煤专用敞车侧墙结构

（3）端墙。

C_{80}型双浴盆式铝合金运煤专用敞车端墙由上端梁、端柱、侧端柱、角柱、辅助梁和端板等组成。上端梁、端柱、侧端柱、角柱、辅助梁采用专用挤压铝型材，端板为铝合金板。各零部件之间连接的专用拉铆钉及铝铆钉应按照相关文件批准的图样进行生产。

C_{80}型双浴盆式铝合金运煤专用敞车端墙结构如图 6-1-51 所示。

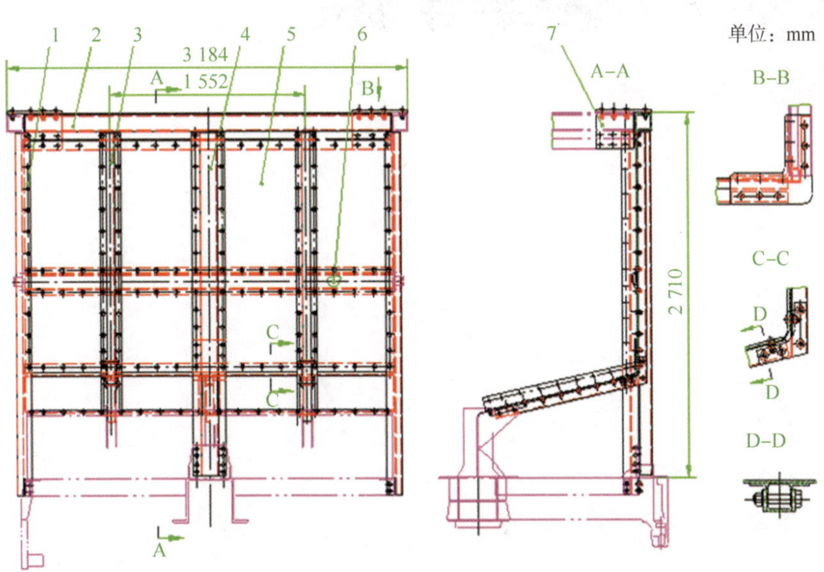

1—角柱；2—上端梁；3—侧端柱；4—端柱；5—端板；6—辅助梁；7—铆钉。

图 6-1-51 C_{80}型双浴盆式铝合金运煤专用敞车端墙结构

任务 6.2　客车车体

任务目标

掌握 25T 型客车的车体结构知识

知 识 点

1. 25T 型客车概况
2. 25T 型客车车体结构

知识点 6.2.1　25T 型客车概况

2004 年 4 月 18 日我国铁路成功实施了第五次大提速。参加这次提速的主型客车为 25T 型客车。25T 型客车是根据 2003 年 12 月 27 日发布的《铁道部 2004 年第一次新型 160 km/h 速度级客车议标标书》进行设计制造的。其主要车型包括：YZ_{25T}型硬座车、YW_{25T}型硬卧车、CA_{25T}型餐车及 RW_{25T}型软卧车，“T”代表提速型，属 25K 型客车的后继版本。

25T 型客车分为普通型及青藏高原型两种。

25T 型客车普通型列车如图 6-2-1 所示。

图 6-2-1　25T 型客车普通型列车

25T 型客车青藏高原型列车如图 6-2-2 所示。

1. 主要技术特点

（1）可以满足以 160 km/h 速度持续运行 20 h 不停站的运行需要。

（2）一次库检作业满足 5 000 km 无须检修的要求。

（3）主要部件满足 200 万 km 内无须修换的要求。

（4）最高运营速度为160 km/h，平直道紧急制动距离（当初速度为160 km/h 时）不大于1 400 m。

（5）最大编组数19辆，采用了机车供电技术，实现了机车向客车供电，编组中取消了发电车。

（6）车底两侧设裙板以减小运行时的空气阻力，车体板梁柱间采取减振隔音密封措施。

（7）列车设有监控系统和可集中控制的信息系统。

图 6-2-2　25T 型客车青藏高原型列车

2. 主要技术参数

25T 型客车的主要技术参数见表 6-2-1。

表 6-2-1　25T 型客车的主要技术参数

项目	指标
轴重/t	≤15.5
客室内噪声	速度 140 km/h 时，≤68 dB（A）
运行平稳性指标	≤2.5
最高运营速度/（km/h）	160
通过最小曲线半径/m	145
车辆长度/mm	25 500
车辆定距/mm	18 000
车辆宽度/mm	3 104
车钩连接线间距离/mm	26 576
通过台渡板面距轨面高（当空车时）/mm	1 333

知识点 6.2.2　25T 型客车车体结构

25T 型客车车体采用整体承载全钢焊接无中梁筒形结构，由端墙钢结构、侧墙钢结构、底架钢结构和车顶钢结构四大部分组成，车下设裙板。

车顶两侧设雨檐，1 位端车顶设置空调机组安装座，排水管，送、回风口；2 位端车顶安装水箱用盖板。

车体钢结构中板材及型材厚度不超过 6 mm 的采用镍铬系耐候钢；车顶空调机组座处平顶板、厕所、洗脸室地板、翻板脚蹬、调车脚蹬等易腐部位采用不锈钢板。

25T 型客车采用无木结构，并做了防寒、防腐、防火处理，提高了客车的安全性、通用性、互换性。

（1）车内骨架采用无木结构，螺钉连接，墙、顶板和间壁板的安装减少了明钉和压条的使用。

（2）车内防寒材料采用超细玻璃棉毡，并加铝箔，各接缝均用塑料胶带密封。

（3）各板、梁、柱之间均采取隔音减振措施，减小车辆在运行过程中发生的声响。

（4）客室、走廊墙板和顶板采用玻璃钢板，乘务员室、播音室、行车备品室墙板采用塑贴胶合板。车内间壁板、平顶板均采用塑贴胶合板。客室地板表面覆橡胶地板布（可采用分幅组焊形式），地板布厚度 4 mm，具有良好的抗灼烧能力，各项性能均符合规定的技术条件，保证地板布黏结牢固，正常使用情况下，在一个厂修期内不出现鼓泡、开胶、褪色、破损等缺陷。

1. 硬卧车

硬卧车两端设通过台；1 位端设配电柜、乘务员室、一个厕所及小走廊；车体中部设 11 个半敞开硬卧间及侧走廊；2 位端设敞开式三人洗脸室、电开水炉间、一个厕所及小走廊。

25T 型空调硬卧车平面布置如图 6-2-3 所示。

单位：mm

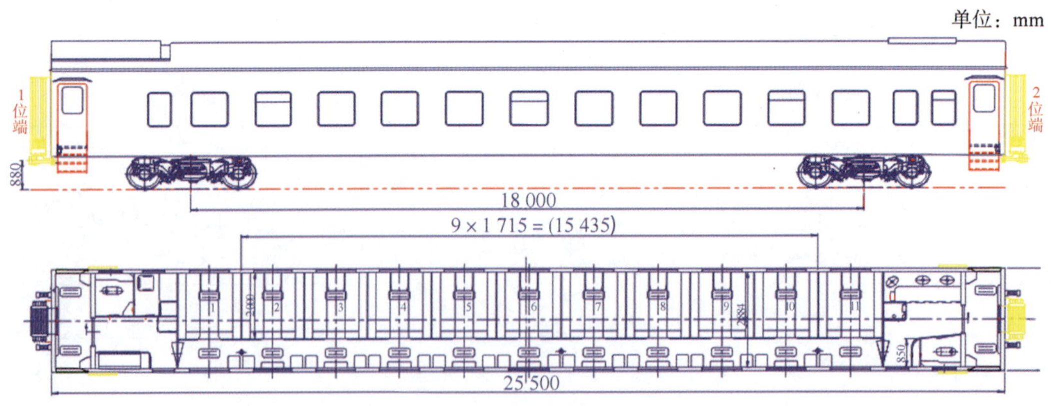

图 6-2-3　25T 型空调硬卧车平面布置

残疾人车中部设 10 个半敞开硬卧间及侧走廊；1 位端设一个残疾人厕所、敞开式二人洗脸室、电开水炉间、洁具柜及小走廊。

25T 型空调硬卧残疾人车平面布置如图 6-2-4 所示。

25T 型空调硬卧车走廊如图 6-2-5 所示。

25T 型空调硬卧车硬卧间如图 6-2-6 所示。

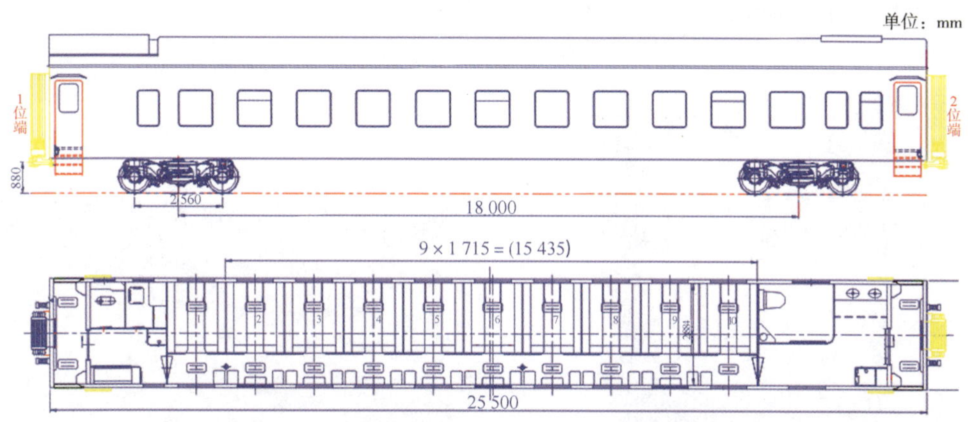

图 6-2-4　25T 型空调硬卧残疾人车平面布置

图 6-2-5　25T 型空调硬卧车走廊

图 6-2-6　25T 型空调硬卧车硬卧间

2. 软卧车

软卧车两端设通过台；1 位端设厕所、乘务员室及小走廊，小走廊内设多功能电气控制柜、电开水炉间；车体中部设三人洗脸室、9 个软卧包间及侧走廊；2 位端设厕所及小走廊。

25T 型空调软卧车平面布置如图 6-2-7 所示。

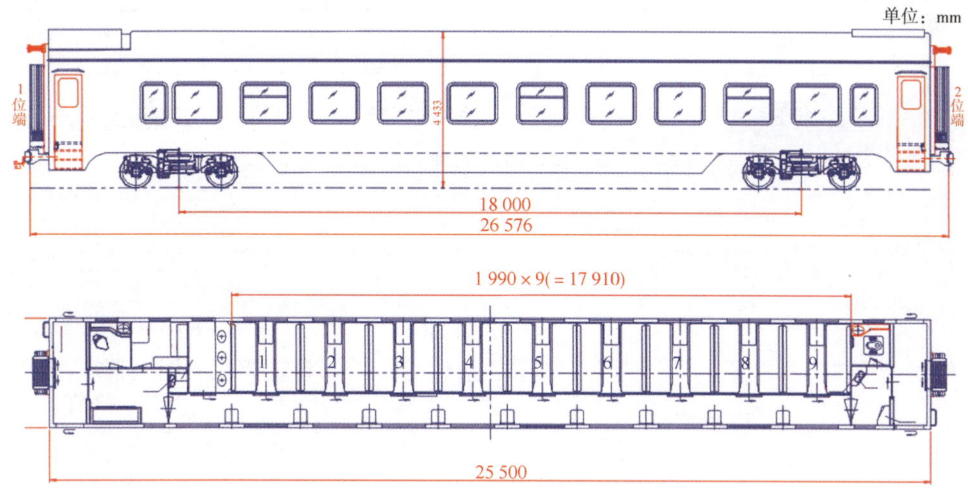

图 6-2-7　25T 型空调软卧车平面布置

25T 型空调软卧车走廊如图 6-2-8 所示。

25T 型空调软卧车软卧铺位如图 6-2-9 所示。

图 6-2-8　25T 型空调软卧车走廊

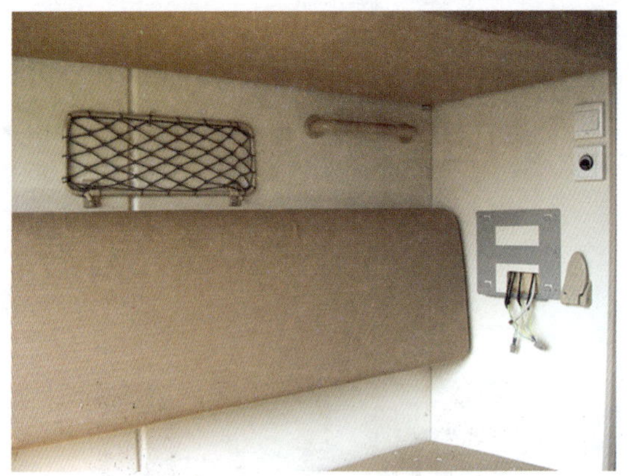

图 6-2-9　25T 型空调软卧车软卧铺位

3. 餐车

餐车 1 位端设储藏室、配电柜、小走廊；2 位端设电气化厨房、电气控制柜、侧走廊；中部为两种方案，一种方案为 16 人定员，设酒吧、休闲区和餐厅，另一种方案为 40 人定员，设酒吧和餐厅。

1 位端小走廊设顶灯、空调回风口、紧急制动阀、总风表、制动管压力表和灭火器等设施。设置存放送餐小车的区域。

16 人定员餐车的中部分为三个部分，即酒吧、休闲区和餐厅，其 1 位端设酒吧、休闲区，配置吧台、酒柜、散席吧凳等设施；2 位端设餐厅，配置 4 张餐桌，16 个座椅，另设吸尘器插座、液晶电视机等。40 人定员餐车的中部取消休闲区。

25T 型空调餐车（16 人定员）平面布置如图 6-2-10 所示。

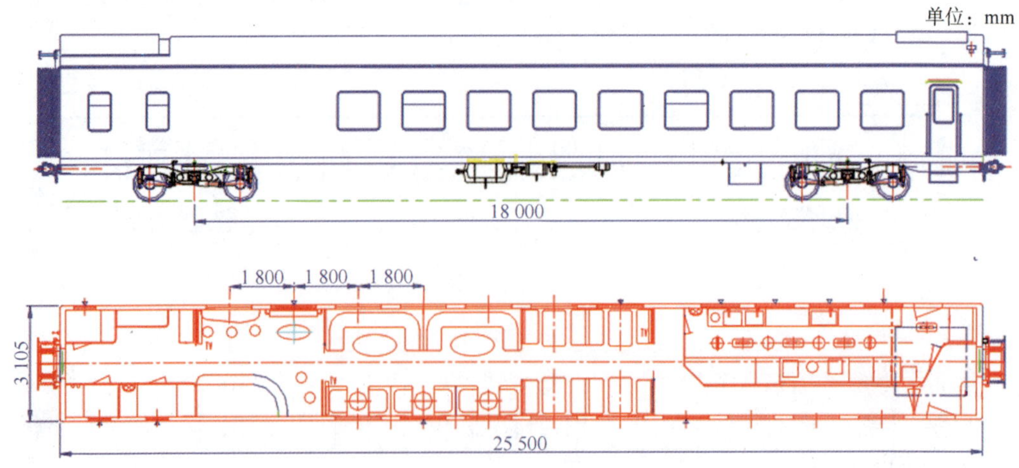

图 6-2-10　25T 型空调餐车（16 人定员）平面布置

25T 型空调餐车厨房如图 6-2-11 所示。

图 6-2-11 25T 型空调餐车厨房

25T 型空调餐车餐厅如图 6-2-12 所示。

图 6-2-12 25T 型空调餐车餐厅

4. 硬座车

硬座车设有乘务员室、配电室、电开水炉间、2 个厕所和 1 个洗脸室，中部为 19 m 长的客室空间。

请扫描下面的二维码，查看 25T 型空调硬座车平面布置。

实训 车体结构认知实训

实训名称	车体结构认知实训	
实训目标	1. 掌握敞车的基本构造知识 2. 掌握 25T 型空调硬座车车体构造知识	
实训设备	C_{70}（C_{70H}）型敞车一辆、25T 型空调硬座车一辆	
实训要求	1. 穿好实训服，做好自身安全防护 2. 实训期间不得随意翻越、攀爬铁道车辆，不得随意离开实训场地	
实训内容	C_{70}（C_{70H}）型敞车的基本构造（50%） 1. 敞车的基本结构组成 2. 侧墙的结构组成 3. 底架的结构组成 4. 端墙的结构组成	完成情况：
	25T 型空调硬座车的车体构造（50%） 1. 25T 型空调硬座车的基本结构 2. 25T 型空调硬座车的平面布置	完成情况：
实训考核结果	自我评价	
	教师考核	
备注	1. 实训是否分组进行，可根据实训条件进行调整 2. 教师考核方式可根据真实情况确定	

复习思考题

1. 敞车车体一般由哪些部分构成？
2. 一体化车体与模块化车体有什么区别？

项目7

动力集中动车组

导言

1956 年 1 月，毛泽东同志等党和国家领导人及 1 300 多名领导干部，在中南海怀仁堂听取中国科学院 4 位学部主任关于国内外科技发展的报告，党中央向全党全国发出“向科学进军”的号召。其后的 10 年，在各方共同努力下，我国建立了学科齐全的科学研究体系、工业技术体系、国防科技体系、地方科技体系，取得了以“两弹一星”为标志的一批重大科技成果。

1978 年，党中央召开全国科学大会，邓小平同志在大会上作出科学技术是生产力的重要论断，我国迎来“科学的春天”。1995 年，党中央、国务院召开全国科学技术大会，江泽民同志发表重要讲话，号召大力实施科教兴国战略，形成实施科教兴国战略热潮。2006 年，党中央、国务院再次召开全国科学技术大会，胡锦涛同志发表重要讲话，部署实施《国家中长期科学和技术发展规划纲要（2006—2020 年）》，动员全党全社会为建设创新型国家而努力奋斗。2012 年，中共中央、国务院印发《关于深化科技体制改革加快国家创新体系建设的意见》，党中央、国务院召开全国科技创新大会，号召我国科技界奋力创新、为全面建成小康社会提供有力的科技支撑。

2012 年，中国共产党第十八次全国代表大会在北京召开，习近平同志发表重要讲话，提出实现社会主义现代化和中华民族伟大复兴的宏伟目标。在这一宏伟目标的激励下，中国铁路总公司召集国内相关企业、高校科研单位开始了中国标准动车组的研发工作，于 2014 年完成了总体方案设计。这是一个以自主化为标准、以标准化为前提、以需求为牵引来开展的正向设计的创新过程。标准动车组的下线和试验，为我国高铁技术全面自主化、标准化打下坚实基础，标志着中国高速列车进入了正向研发时代。

中国标准动车组于 2015 年 6 月 30 日正式下线，时速 350 km，具有完全自主知识产权。2015 年 11 月 18 日，中国标准动车组在大西客运专线上的试验时速达 385 km，各项技术性能表现优异，取得重要阶段性成果。经过努力，中国标准动车组试验团队成员完成了包括高压试验、网络试验、限界试验、称重试验、电气保护试验、安全措施和设备检查试验、弓网试验、动力学试验等多项试验项目。

2016 年 5 月，习近平同志在全国科技创新大会、两院院士大会、中国科协第九次全国代表大会上指出，我国科技事业发展的目标是：到 2020 年时使我国进入创新型国家行列，到 2030 年时使我国进入创新型国家前列，到新中国成立 100 年时使我国成为世界科技强国。

2016 年 7 月 15 日，世界高速铁路诞生了一项崭新的世界纪录，上午 11 时 20 分 CRH-0207 与 CRH-0503 在郑徐高铁河南省商丘市民权县境内，分别以超过 420 km 的时速成功实现交会。这是世界高速铁路史上首次进行类似试验。

在此次试验中，对向行驶的列车交会瞬间相对时速超过了 840 km，即 233 m/s，两车交会时间不足 2 s。其产生的压力波之强大对于中国标准动车组而言绝对是一个巨大的考验。世界上还没有任何一列高速列车，经受过如此大的交会压力波的考验。

中国标准动车组除了在技术方面取得众多突破外，在乘坐舒适度方面也有众多让我们欣喜若狂的创新。首先座椅更加宽大了，乘坐空间更大了，旅途的舒适度也更高了。二等座座椅间距统一调整为 1 020 mm，一等座座椅间距为 1 160 mm，比现有的“和谐号”动车组都大。座椅色彩搭配时尚活泼，更有特色了，更为关键的是每个座椅都配备了插座。其次，列车上实现了 WiFi 全覆盖，旅客可随时上网，旅途不再寂寞。最后，车内照明更加人性化了。中国标准动车组的车内照明有十几种模式，亮度从高到低，光线从暖到冷，每个旅客都能使用阅读灯，亮度和色温都可以手动或自动调节，人性化设计更加突出。

此次列车试验的成功，标志着我国已全面掌握高速铁路核心技术，高铁动车组技术实现全面自主化，中国高铁总体技术水平跻身世界先进行列，部分技术达到世界领先水平，对打造中国标准动车组品牌，助力中国高铁“走出去”有重要意义。

复兴号系列动车组列车的英文代号为 CR，由中国铁路总公司牵头组织研制，具有完全自主知识产权，是达到世界先进水平的动车组列车，其中，由 CR400 系列担当的部分车次是世界上运营时速最高的动车组列车。2017 年 6 月 26 日，在京沪高铁两端的北京南站和上海虹桥站，“复兴号”标准动车组双向首发。2017 年 9 月，复兴号标准动车组在京沪高铁实现时速 350 km 商业运营，我国再次成为世界上高铁商业运营速度最高的国家，树起了世界高铁建设和运营新标杆。2019 年 1 月 5 日零时起，全国铁路实行新列车运行图，时速 160 km 动力集中动车组——复兴号 CR200J 型电力动车组，开始逐步替代传统普速列车在京沪线上线运营。2019 年 12 月 30 日，CR400BF-C 智能复兴号动车组在京张高铁实现时速 350 km 自动驾驶。

中国标准动车组整体设计及车体、转向架、牵引、制动、网络等关键技术都由我国自主研发，具有完全自主知识产权。我国建立了基于自主知识产权的高速动车组技术平台和技术标准体系。中国铁路已经掌握了设计、制造适应各种运行需求的不同速度等级的高速动车组列车成套技术，具备极强的系统集成、适应修改、综合解决并完成本土化的自主创新能力，最终形成自主技术标准体系，完成了从“中国制造”向“中国创造”的转身。

在“复兴号”这个响亮的名字中，凝聚了中国人民的期待和梦想，它所寓意的，正是中华民族的光明和未来。截至 2020 年 8 月，中国铁路装备“复兴号”动车组 695 标准组，复兴号动车组通达 27 个省会城市和香港特别行政区，将百姓生活带入了“坐地日行千万里，朝发夕至一日还”的美好时代。

复兴号系列动力集中动车组是复兴号电力动车组系列中速度较低的动车组产品。动力集中动车组是由中国铁路总公司和中国中车股份有限公司牵头，中车唐山机车车辆有限公司、中车南京浦镇车辆有限公司、中车大连机车车辆有限公司、中车青岛四方机车车辆股份有限公司、中车株洲电力机车有限公司、中车大同电力机车有限公司等单位联合研制的动车组列车，其研发与生产旨在提高既有铁路运输服务品质，满足人们越来越高的出行要求。

本项目主要介绍动力集中动车组的类型和机械装置。

任务 7. 1　动力集中动车组的类型

任务 7. 2　动力集中动车组机械装置

实训　动力集中动车组认知实训

复习思考题

任务 7.1　动力集中动车组的类型

任务目标

1. 掌握短编组动力集中动车组的特点
2. 掌握长编组动力集中动车组的特点

知 识 点

1. 短编组动力集中动车组
2. 长编组动力集中动车组

CR 系列动力集中动车组在车辆编号时，以 J 代表动力集中式（如 CR200J），以此和动力分散式的 CR300A(B)F、CR400A(B)F 等型动车组相区分。

从某种程度上说，动力集中动车组是复兴 1 型或复兴 3 型电力机车与 25T 型客车进行统一设计、统一编组，同时不可自由拆卸的一种电力动车组，属普通机辆形式列车编组的一种改良式产品。在内部布局上，动力集中动车组引入了高速复兴号动车组的设计，在技术接口上，也能实现一定程度的互通。

与复兴号动车组家族其他车型不同，动力集中动车组采用深草绿色车身，黑色车窗区，搭配明黄色腰线的设计，常被人们称为“绿巨人”。

请扫描下面的二维码，观看“绿巨人首发”视频。

动力集中动车组（绿巨人）如图 7-1-1 所示。

图 7-1-1　动力集中动车组（绿巨人）

动力集中动车组分为单端动力、可推挽运行的短编组动力集中动车组，以及双端动力，彼此共同推挽运行的长编组动力集中动车组。

知识点 7.1.1　短编组动力集中动车组

短编组动力集中动车组为仅一端具有动力的 9 辆编组列车，且在列车的另一端设有一节带有司机室的载客拖车。其典型的编组方式为 1Mc+7T+1Tc，其中，Mc 为带司机室的动力车，T 为拖车，Tc 为带司机室的拖车，即控制车。

短编组动力集中动车组编组示意图如图 7-1-2 所示。

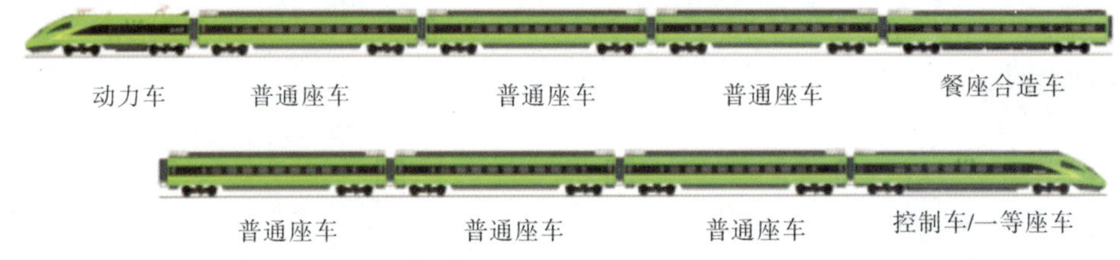

图 7-1-2　短编组动力集中动车组编组示意图

短编组动力集中动车组设动力车、普通座车、餐座合造车（餐吧式）和控制车，其中动力车不载客。普通座车两端设通过台及走廊，中部客室设“2+3”座椅；餐座合造车（餐吧式）1 位端设无障碍通过台及走廊，中部客室 1 位端设 2 个无障碍座椅，其余设“2+3”座椅，2 位端设餐吧区及侧走廊；控制车 1 位端设通过台及小走廊，中部客室设“2+2”座椅，2 位端设司机室和设备间，客室和设备间设通过台及小走廊。

1. 普通座车

普通座车定员 98 人，两端设通过台，1 位端设坐式便器厕所、乘务员室（或大件行李区）及小走廊，小走廊内设电气综合控制柜、电开水炉间；车体中部为客室，设“2+3”座椅及 4 个安全锤；2 位端设蹲式便器厕所、隐藏式垃圾箱、开敞式双人洗脸间及小走廊。

短编组动力集中动车组普通座车内部布局如图 7-1-3 所示。

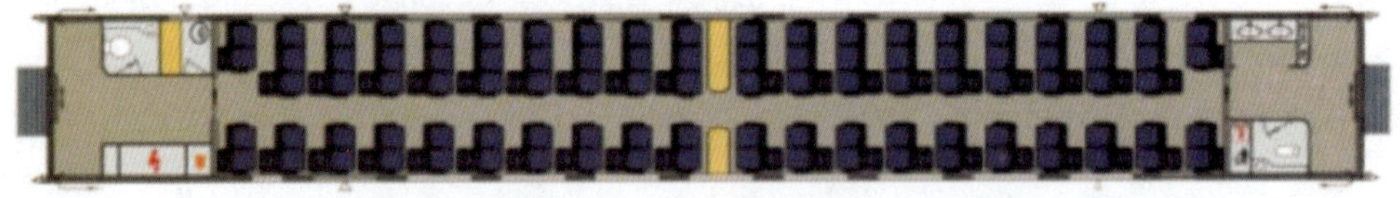

图 7-1-3　短编组动力集中动车组普通座车内部布局

“2+3”座椅如图 7-1-4 所示。

图 7-1-4　“2+3”座椅

2. 餐座合造车

餐座合造车定员 76 人，1 位端设通过台、隐藏式垃圾箱和一个无障碍厕所；车体中部为客室，设置“2+3”座椅及 4 个安全锤，客室设有无障碍座椅与轮椅存放区；2 位端设播音室、机械师室、电气综合控制柜、电开水炉间、餐吧区及侧走廊，餐吧区设用于售卖、展示、储藏商品的设备。

短编组动力集中动车组餐座合造车内部布局如图 7-1-5 所示。

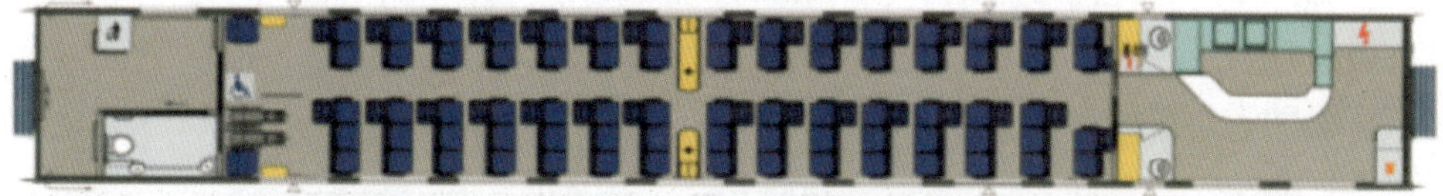

图 7-1-5　短编组动力集中动车组餐座合造车内部布局

3. 控制车/一等座车

控制车定员 56 人，车两端设通过台；1 位端设蹲式便器厕所、乘务员室及小走廊，小走廊内设电气综合控制柜、电开水炉间；车体中部为客室，设置“2+2”座椅及 4 个安全锤；2 位端设坐式便器厕所、隐藏式垃圾箱、开敞式双人洗脸间、小走廊及司机室。

短编组动力集中动车组控制车/一等座车内部布局如图 7-1-6 所示。

图 7-1-6　短编组动力集中动车组控制车/一等座车内部布局

知识点 7.1.2　长编组动力集中动车组

长编组动力集中动车组的两端均为动力车，不设带有司机室的拖车。其典型的编组方式为 1Mc+(9~18)T+1Mc，可灵活编组。其中 Mc 为带司机室的动力车，T 为拖车。

长编组动力集中动车组编组示意图如图 7-1-7 所示。

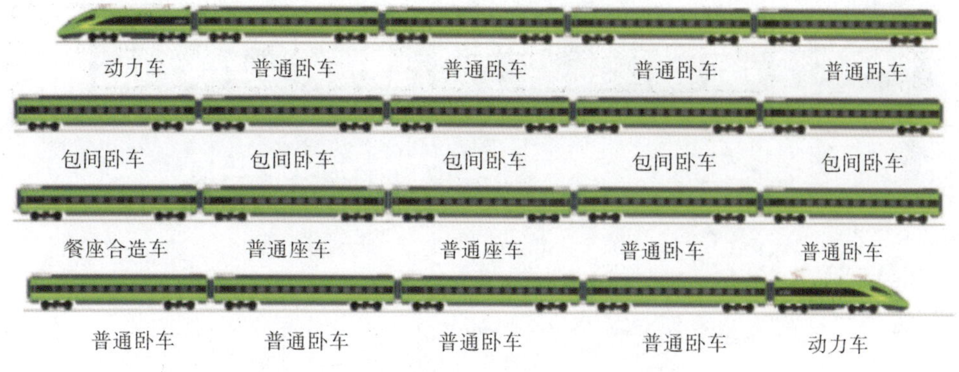

图 7-1-7　长编组动力集中动车组编组示意图

1. 普通座车

长编组动力集中动车组普通座车的内部结构与短编组动力集中动车组普通座车的内部结构一样，此处不再赘述。

2. 餐座合造车

长编组动力集中动车组的餐座合造车设有厨房，定员 46 人，1 位端设通过台、无障碍厕所、播音室及小走廊，小走廊内设电气综合控制柜；车体中部为客室，设置“2+3”面对面座椅，客室设有无障碍座椅与轮椅存放区；2 位端设一体化厨房配餐区，客室与配餐区之间设有机械师室。

长编组动力集中动车组餐座合造车内部布局如图 7-1-8 所示。

图 7-1-8　长编组动力集中动车组餐座合造车内部布局

3. 普通卧车

普通卧车定员 66 人，1 位端设通过台、坐式便器厕所、乘务员室、小走廊，小走廊内设电气综合控制柜、电开水炉间，车体中部设有 11 个半封闭式卧铺包间及侧走廊，2 位端设洗脸间、厕所及小走廊。

长编组动力集中动车组普通卧车内部布局如图 7-1-9 所示。

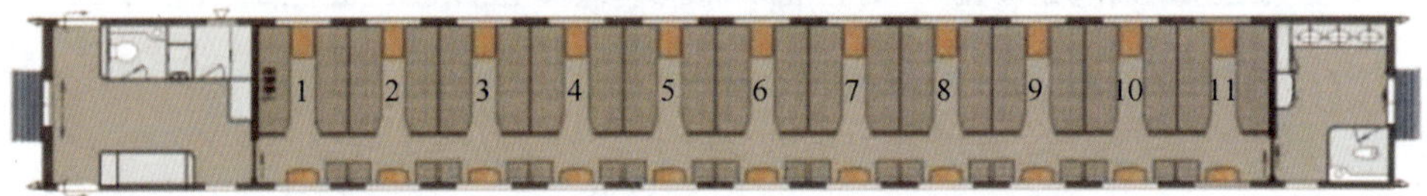

图 7-1-9　长编组动力集中动车组普通卧车内部布局

4. 包间卧车

包间卧车结构与普通卧车类似，定员 40 人，设有 10 个封闭式卧铺包间。

长编组动力集中动车组包间卧车内部布局如图 7-1-10 所示。

图 7-1-10　长编组动力集中动车组包间卧车内部布局

任务 7.2　动力集中动车组机械装置

任务目标

1. 掌握动力集中动车组的结构知识
2. 掌握动力集中动车组的技术特点

知识点

1. 动力集中动车组转向架
2. 动力集中动车组车体
3. 动力集中动车组车端连接装置

动力集中动车组车辆的组成与普速列车车辆类似，其结构包括转向架、车体、车端连接装置、制动装置、车辆电气设备等。下面重点介绍动力集中动车组转向架、车体、车端连接装置。

知识点 7.2.1　动力集中动车组转向架

动力集中动车组采用 SW-200K 型转向架，SW-200K 型转向架是在 SW-200 型转向架的基础上改进而成的，其采用了无摇动台、无摇枕等技术，适用于各种 160 km/h 速度等级的客车车辆。

SW-200K 型转向架实物图如图 7-2-1 所示。

图 7-2-1　SW-200K 型转向架实物图

SW-200K 型转向架侧面图如图 7-2-2 所示。

图 7-2-2　SW-200K 型转向架侧面图

SW-200K 型转向架结构示意图如图 7-2-3 所示。

1. 构架

SW-200K 型转向架的构架为钢板焊接结构，呈“H”形，主要由侧梁组成、横梁组成、纵向辅助梁、空气弹簧支撑梁和定位臂等构成。侧梁的中部为凹形，横梁的内腔与空气弹簧支撑梁的内腔组成空气弹簧的附加空气室。

SW-200K 型转向架的构架如图 7-2-4 所示。

图 7-2-3　SW-200K 型转向架结构示意图　　图 7-2-4　SW-200K 型转向架的构架

2. 轮对及轴箱装置

SW-200K 型转向架的轮对及轴箱装置由轮对轴箱组成、油压减振器、定位转臂、定位节点、轴箱弹簧、KKD 车轮、RD3A1 车轴、轴端接地装置、防滑器测速齿轮等构成。

SW-200K 型转向架采用单转臂无磨耗弹性定位，轴箱弹簧为顶置式。

SW-200K 型转向架的轴箱装置如图 7-2-5 所示。

SW-200K 型转向架的轴端接地装置如图 7-2-6 所示。

3. 中央悬挂装置

SW-200K 型转向架的中央悬挂装置由空气弹簧、横向减振器、牵引销、牵引拉杆、差压阀及其管路、抗蛇行减振器等构成。

图 7-2-5 SW-200K 型转向架的轴箱装置

图 7-2-6 SW-200K 型转向架的轴端接地装置

SW-200K 型转向架的中央悬挂装置示意图如图 7-2-7 所示。

图 7-2-7 SW-200K 型转向架的中央悬挂装置示意图

4. 基础制动装置

SW-200K 型转向架的盘形制动装置是列车安全运行的重要部件，它为列车停车或调速提供了保障，其主要由内、外侧杠杆，连杆，闸片托，制动缸，闸片及连接件等构成。

SW-200K 型转向架的盘形制动装置如图 7-2-8 所示。

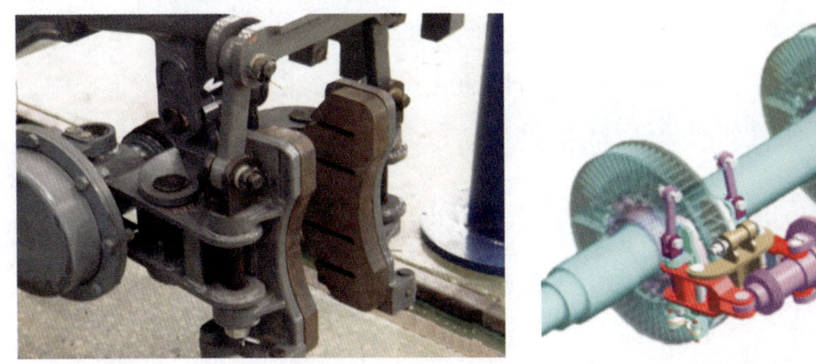

图 7-2-8 SW-200K 型转向架的盘形制动装置

知识点 7.2.2　动力集中动车组车体

动力集中动车组的车体钢结构采用薄壁筒形整体承载结构，与 25T 型客车相同。拖车车体由底架、侧墙、车顶、端墙等大部件组成；控制车除 2 位端设司机室外，1 位端和客室与拖车相同。侧墙、端墙主要由梁柱、墙板及附件等组成，梁柱为乙形断面，立面开减重孔。

动力集中动车组的车体如图 7-2-9 所示。

动力集中动车组的头车如图 7-2-10 所示。

图 7-2-9　动力集中动车组的车体

图 7-2-10　动力集中动车组的头车

知识点 7.2.3　动力集中动车组车端连接装置

1. 15 号托梁式钩缓装置

动力集中动车组的中部连接使用 15 号托梁式钩缓装置。15 号托梁式钩缓装置可以实现自动机械连挂及机械分解，主要用于车辆的救援和机械牵引。其在原 15 号车钩钩体的基础上将钩体的后端加工成卡环形状，可以与缓冲器的卡环进行连接，钩体侧面自带手动解钩功能，降低了脱钩风险；安装吊挂系统采用了橡胶支撑结构，考虑到列车运用途中因法兰盘车钩的垂向受力导致车钩“低头”易引发安全隐患，对橡胶堆采取了预压变形措施。

15 号托梁式钩缓装置如图 7-2-11 所示。

2. 25T 型密接式钩缓装置

部分动力集中动车组前部安装了 25T 型密接式钩缓装置。25T 型密接式钩缓装置，是中车青岛四方车辆研究所有限公司专为干线提速客车设计的新型密接式车钩缓冲装置，具有自动连挂和手动解钩功能。

25T 型密接式钩缓装置示意图如图 7-2-12 所示。

3. 过渡钩

过渡钩是在车辆进行救援或回送时使用的一种特殊产品。

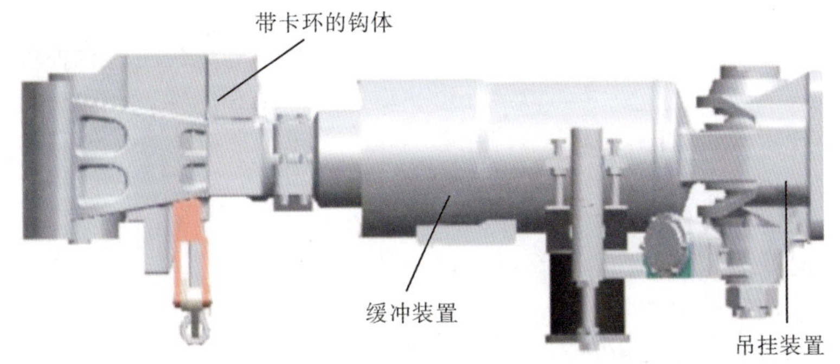

图 7-2-11　15 号托梁式钩缓装置

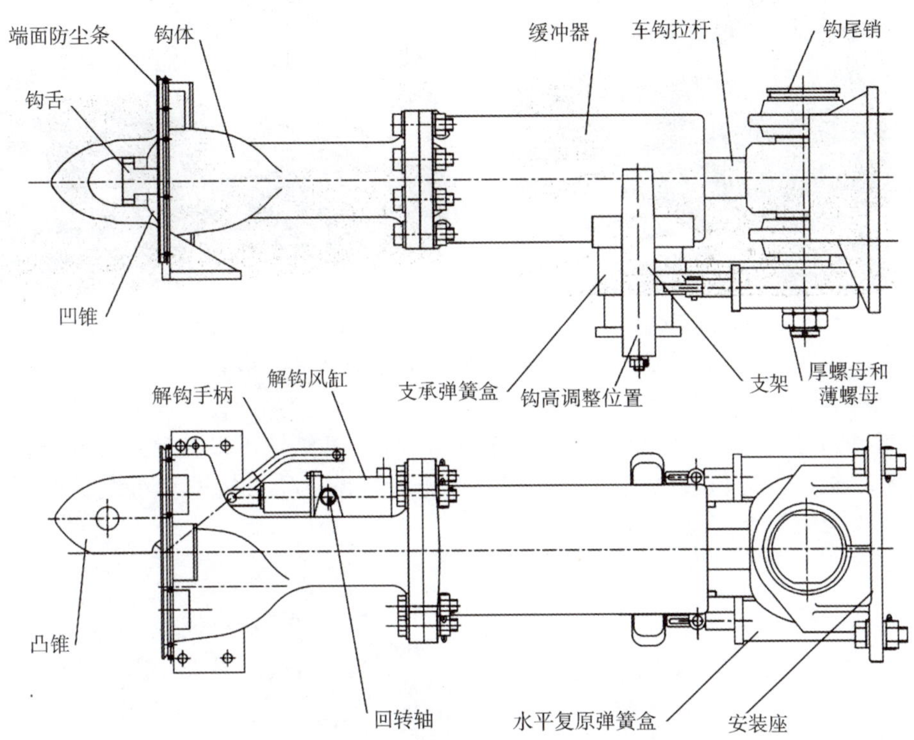

图 7-2-12　25T 型密接式钩缓装置示意图

如图 7-2-13 所示，动车组统型过渡车钩共包括 4 种模块：模块 1（880 mm 钩高的 10 型过渡钩模块，包括单管和双管结构）、模块 2（柴田式过渡钩模块）、模块 3（1 025 mm/1 000 mm 钩高的 10 型过渡钩模块，包括单管和双管结构）、模块 4（机车过渡钩模块）。

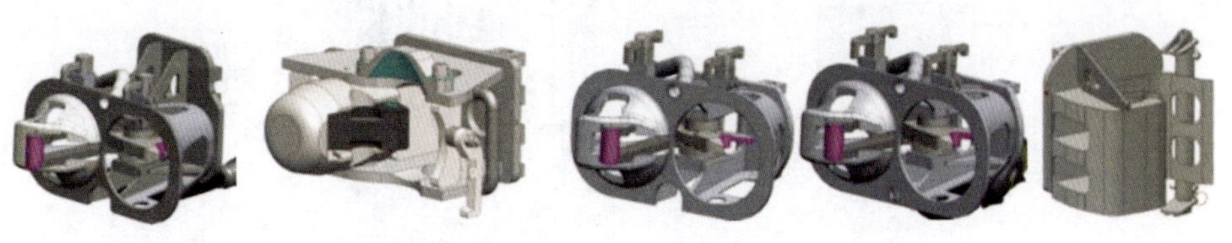

图 7-2-13　动车组统型过渡车钩示意图

4. 开闭装置

开闭装置作为动车组前端活动舱门的驱动机构，在单列运行时，其使前端活动舱门处于关闭状态，形成完整的列车空气动力学外形，以减小风阻和风噪；在需要重联运行时，其使前端活动舱门处于开启状态，以便车钩能够完全、无障碍联挂，并能够适应在不同曲线半径上运行时车钩摆角带来的影响。

开闭装置的操作包括自动操作和手动操作。自动操作时，由司机在司机室内进行远程控制；手动操作时，由人工手动操作解锁手柄并推动开闭机构。

动力集中动车组前端活动舱门如图 7-2-14 所示。

（a）关闭状态　　（b）开启状态

图 7-2-14　动力集中动车组前端活动舱门

5. 折棚风挡

折棚风挡是轨道客车两车厢间柔性连接的部件，其结构可以满足列车在规定路况下的相对运动，给旅客提供一个安全、可靠、舒适的通道。动力集中动车组折棚风挡结构示意图如图 7-2-15 所示。

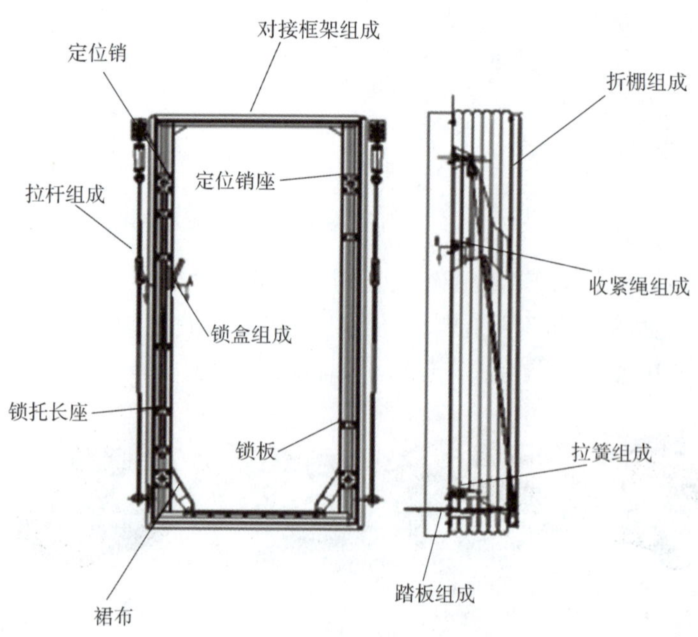

图 7-2-15　动力集中动车组折棚风挡结构示意图

实训　动力集中动车组认知实训

<table>
<tr><td>实训名称</td><td colspan="2">动力集中动车组认知实训</td></tr>
<tr><td>实训目标</td><td colspan="2">1. 掌握动力集中动车组的类型知识
2. 掌握动力集中动车组的构造知识</td></tr>
<tr><td>实训设备</td><td colspan="2">CR200J 型动力集中动车组普通座车一辆</td></tr>
<tr><td>实训要求</td><td colspan="2">1. 穿好实训服，做好自身安全防护
2. 实训期间不得随意翻越、攀爬铁道车辆，不得随意离开实训场地</td></tr>
<tr><td rowspan="2">实训内容</td><td>动力集中动车组的类型（30%）
1. 短编组动力集中动车组
2. 长编组动力集中动车组</td><td>完成情况：</td></tr>
<tr><td>动力集中动车组的构造（70%）
1. 转向架
2. 车体
3. 车端连接装置</td><td>完成情况：</td></tr>
<tr><td rowspan="2">实训考核结果</td><td colspan="2">自我评价</td></tr>
<tr><td colspan="2">教师考核</td></tr>
<tr><td>备注</td><td colspan="2">1. 实训是否分组进行，可根据实训条件进行调整
2. 教师考核方式可根据真实情况确定</td></tr>
</table>

复习思考题

1. 什么是动力集中型动车组？
2. 动力集中型动车组有哪些优点？

参考文献

[1] 袁清武，于值亲．车辆构造与检修．2 版．北京：中国铁道出版社，2016.
[2] 艾菊兰，徐冬，徐占山．车辆构造与检修：上册．成都：西南交通大学出版社，2016.
[3] 艾菊兰，徐冬，徐占山．车辆构造与检修：下册．成都：西南交通大学出版社，2018.
[4] 何文乔．车辆构造与检修：客车篇．北京：北京交通大学出版社，2015.
[5] 周磊，陈雷．铁路货车主要结构与使用．北京：中国铁道出版社，2011.